L'Or de l'Égypte ancienne

L'OR DE L'ÉGYPTE ANCIENNE

Hans Wolfgang Müller
Eberhard Thiem

Sélection du Reader's Digest

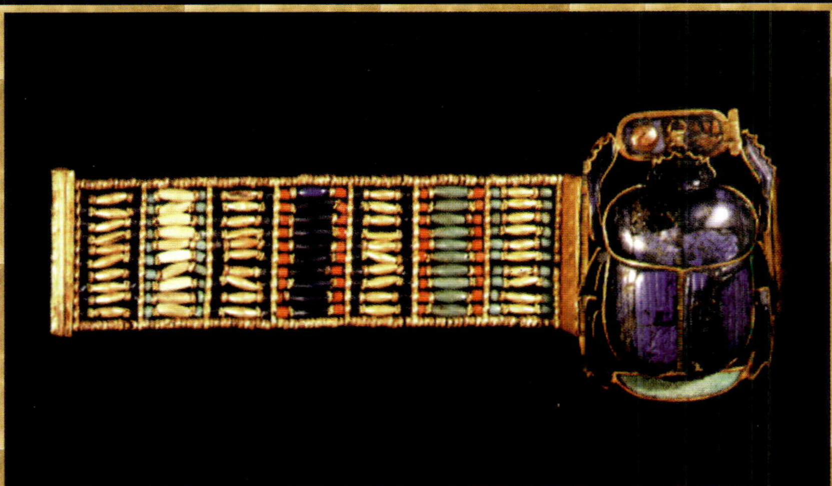

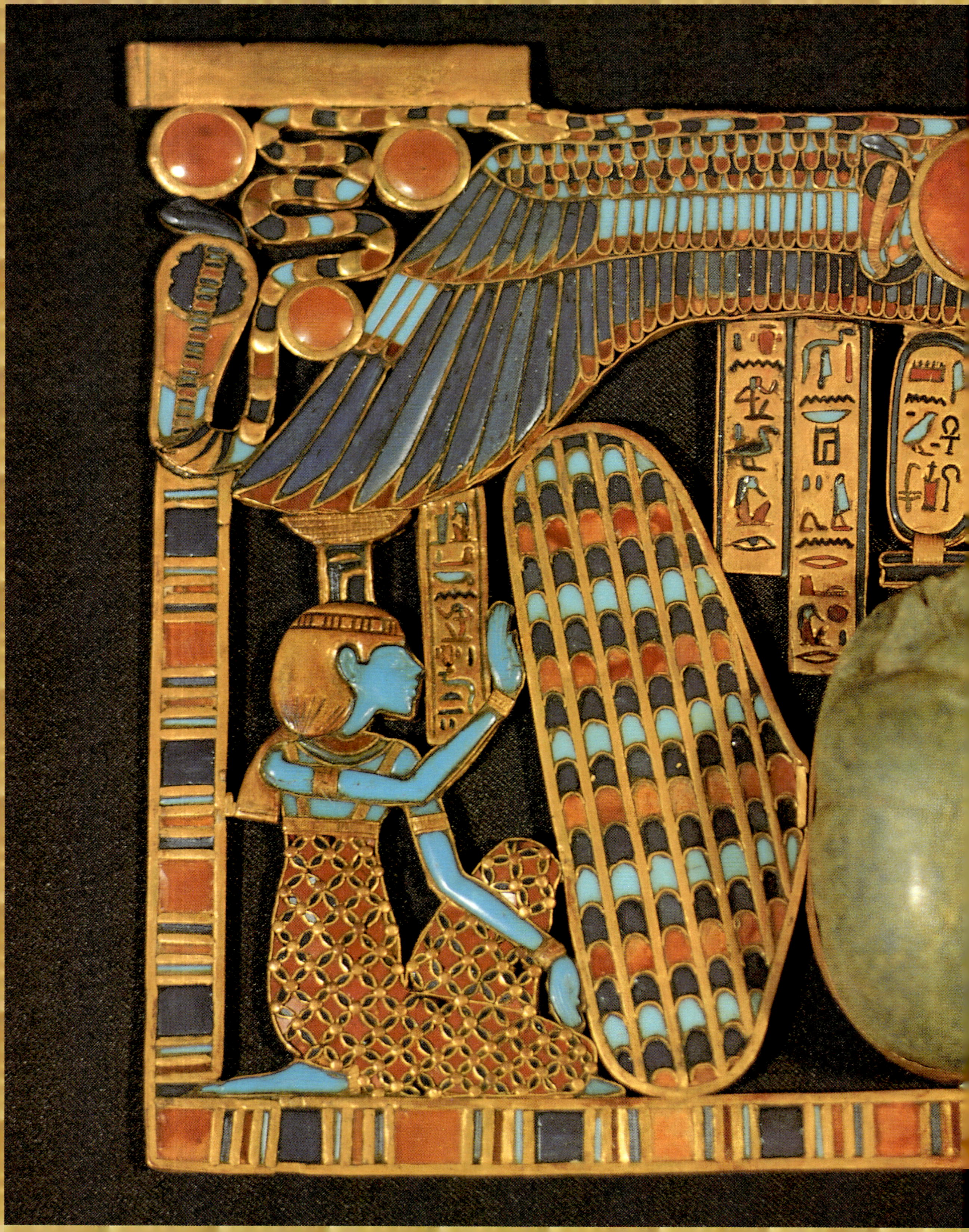

Remerciements

Hans Wolfgang Müller, malade, est décédé avant d'avoir achevé son manuscrit. Je remercie chaleureusement ses élèves et ses collègues, qui, en l'honneur de leur ancien professeur et mentor, ont offert leur temps et leurs compétences pour terminer l'ouvrage : le Dr Birgit Schlick-Nolte, qui a accepté, à la demande de Hans Wolfgang Müller, d'être le consultant pour l'ensemble du projet et de travailler sur la troisième période intermédiaire et la Basse Époque ; le Pr Abdel Ghaffar Shedid, qui a été le consultant pour les illustrations ; Petra Illenseer, qui s'est chargée des dessins ; le Dr Alfred Grimm, pour ses avis judicieux sur différents aspects du projet, Rosemarie Klemm MA et le Pr Dr Dietrich Klemm, pour leurs précieux conseils sur l'exploitation des anciennes mines et pour leur contribution sur les pierres de couleur et leurs origines. Je remercie particulièrement Karin Gruhl pour son soutien durant tout le projet, et naturellement Eberhard Thiem, qui a conçu l'ensemble du projet et rassemblé toutes les photographies.

Maleen Müller von Saalfeld

Illustrations des pages 1 à 19 :
Pages de garde : *1 Toutânkhamon et Ânkhesenpaamon sur une petite chapelle à statuette* ; page 1 : *2 tête d'Hathor en or de la tombe de Chéchonq* ; page 2 : *3 Toutânkhamon coiffé de la couronne de Basse-Égypte* ; pages 4-5 : *4 pectoral au vautour de Toutânkhamon* ; page 6 : *5 statuette de roi assis provenant de la tombe de Toutânkhamon* ; page 7 : *6 diadème de Toutânkhamon* ; page 8 : *7 pectoral avec Isis, Osiris et Nephthys, 8 contrepoids de collier avec le symbole de l'éternité, 9 bracelet orné d'un scarabée* ; page 9 : *10-11 boîte double en cartouche au nom de Toutânkhamon ; 12 bracelet décoré d'un scarabée ; 13 fermoir ou contrepoids au nom de Toutânkhamon, 14 pectoral au scarabée* ; pages 10-11 : *15 pectoral illustrant les transformations de Toutânkhamon* ; page 12 : *16 bracelet de Psousennès Ier, 17 bracelet de Chéchonq Ier* ; page 13 : *18 bracelet de la reine Iâhhotep, 19 bracelet en perles d'une épouse de Thoutmosis III* ; page 14 : *20 emblème du faucon Gemehsou et statuette d'Amon* ; page 15 : *21 tête de femme décorant le trône de la princesse Satamon* ; pages 16-17 : *22 dossier du trône de la princesse Satamon* ; pages 18-19 : *23-24 endroit et envers d'un pendentif au scarabée de Toutânkhamon.*

AVANT-PROPOS

Pendant plus d'un demi-siècle, Hans Wolfgang Müller s'est consacré passionnément à l'étude de l'histoire de l'art égyptien. Sa profonde compréhension et sa connaissance de cet art restent inégalées. En tant que professeur émérite d'égyptologie à Munich, il a fondé une école d'histoire de l'art égyptien de réputation mondiale. Directeur de la Collection égyptienne, il a supervisé le développement de l'école en musée. Grâce à une observation rigoureuse, à l'analyse des œuvres d'art ainsi qu'à sa maîtrise de l'ensemble du sujet, il a acquis un jugement très sûr tant en ce qui concerne la valeur que la datation des objets ; à tel point que les initiales HWM sont devenues une sorte de sceau faisant autorité dans le monde de l'histoire de l'art. Avec ses nombreuses publications, il a diffusé son savoir et sa méthodologie auprès de ses étudiants comme de ses collègues.

Ces dernières années, HWM s'était voué de plus en plus à l'étude du travail artistique des métaux. Il s'intéressait aussi bien aux techniques utilisées pour la fabrication des armes et des figurines de cuivre et de bronze qu'à la très ancienne tradition du travail de l'or en Égypte. La terre des pyramides, un « État forgé dans la pierre » et le berceau de formes d'art comme la sculpture monumentale ou le relief de pierre, est aussi l'eldorado de l'Antiquité. C'est le pays du pharaon, l'« Horus d'or », le « dieu de l'or », le roi qui détient le monopole du métal sacré. Dès le début de leur histoire, les Égyptiens ont mis au point les procédés d'extraction de l'or et les techniques nécessaires à la création des bijoux célébrant les images des dieux et participant à la préservation des corps momifiés des pharaons défunts. Celles-ci se sont progressivement perfectionnées.

Le dernier travail d'HWM était consacré à ce sujet. Les recherches devaient déboucher sur une publication. L'« or sacré » était le symbole égyptien de l'éternité. Puisse le dernier ouvrage de Hans Wolfgang Müller durer autant et ses réalisations devenir intemporelles et inoubliables.

Rainer Stadelmann
Ancien directeur de l'Institut allemand d'archéologie du Caire

PRÉFACE

Louange à toi, ô Rê,
Dans ta beauté et ta perfection,
Où que tu sois
Dans ton or étincelant.

L'OR DIVIN

L'or divin, cette expression ne se réfère pas à une adoration blasphématoire ou au culte biblique du veau d'or. Elle s'efforce de faire comprendre aux lecteurs modernes la croyance fondamentale des anciens Égyptiens dans le caractère sacré et le pouvoir magique de l'or, la matière des dieux et des rois. Le pouvoir symbolique attribué à l'or par les Égyptiens – en raison de sa brillance et de sa résistance – est comparable à celui accordé à l'alchimie, transmise à l'Europe au Moyen Âge par les alchimistes arabes.

L'Égypte ancienne est la terre du seul peuple au monde à avoir exprimé concrètement sa croyance dans la magie de l'or. On ne peut comprendre la forme et la signification des bijoux portés par les rois d'Égypte et leurs épouses, les princes et les princesses, les dignitaires et les serviteurs, de leur vivant et dans leur tombe, que si l'on a bien assimilé cette idée. Métal divin, l'or n'est pas simplement décoratif, il confère aussi un pouvoir magique.

Cette croyance dans le pouvoir divin de l'or ne peut exister que dans un pays où ce métal abonde.

Comme l'or, les pierres semi-précieuses et leurs imitations en verre coloré ou en faïence, fabriquées avec art, sont investies d'un caractère magique. Chaque couleur possède une fonction bénéfique et protectrice.

Les représentations et les textes des tombes et des temples sont riches d'informations : comptes rendus des expéditions parties à la recherche de l'or, décrets royaux concernant l'or, biographies et titres des dignitaires en rapport avec l'or et son traitement, images des orfèvres au travail dans leurs ateliers, usages et façon de porter les bijoux. Les scènes et les textes montrent l'importance sociale et religieuse des bijoux en or dans l'Égypte ancienne.

Dans la tombe, les sarcophages en or scintillants et les bijoux assurent l'immortalité au défunt, car l'or se compose de la même matière que le soleil éternel. Il est difficile d'imaginer aujourd'hui la valeur des trésors déposés dans les grandes pyramides ou dans les tombes de la vallée des Rois. Les incroyables richesses de Toutânkhamon, pharaon relativement insignifiant, ne permettent de s'en faire qu'une idée incomplète. On peut s'étonner qu'après des milliers d'années de pillage, on trouve encore des bijoux dans les tombes. Mais il ne subsiste qu'une infime partie des fabuleux trésors engrangés par les pharaons. Les œuvres, oubliées pendant des siècles, nous donnent une idée de l'habileté des orfèvres. Elles témoignent, en outre, des changements politiques, religieux et historiques. Chaque détail a une signification particulière. Chaque bijou rappelle les extraordinaires capacités d'organisation de l'État égyptien pour mobiliser la main-d'œuvre nécessaire à l'extraction et au transport de l'or. Cet ouvrage s'efforce de montrer au lecteur l'ampleur des réalisations impliquant l'or.

SOMMAIRE

LA MAGIE DE L'OR

Alors que les plus anciennes cultures du Proche-Orient remontent aux VIIe et VIe millénaires av. J.-C., la sédentarisation ne débute en Égypte qu'au Ve millénaire. En effet, jusqu'à cette époque, les hommes vivent dans le désert de Libye, arrosé par des pluies sporadiques et couvert d'une végétation de savane, arbres et herbes hautes, qui abrite une faune variée. Ils se nourrissent du produit de la chasse et de leurs maigres récoltes. Au paléolithique, les hommes occupent les plateaux bordant la vallée du Nil. Puis, quand les pluies se raréfient, transformant la savane en désert, ils se rapprochent du fleuve. Le Nil, qui a déjà son niveau actuel, traverse une plaine alluvionnaire. Ce paysage, inondé tous les étés par la crue du fleuve, n'est guère attirant. Aussi n'est-ce qu'à la fin du Ve millénaire av. J.-C., après s'être adaptés au rythme de la crue, que les hommes s'établissent dans la vallée. Ils prennent possession des terres qui restent hors d'atteinte des eaux de l'inondation. L'imaginaire de ces peuplades, désormais sédentaires, restera longtemps marqué par le souvenir de leur ancienne vie de chasseur.

25 Horus dressé sur la façade de palais ou serekh.

26 Lever de soleil sur le Nil.

Les bijoux à l'époque préhistorique

Les hommes préhistoriques façonnent leurs parures dans des cristaux, des coquillages, des pierres et des cailloux de diverses couleurs ramassés dans le désert. Ils utilisent parfois de l'or, de l'argent et du cuivre. Les paysans de la vallée du Nil se procurent ces métaux auprès des nomades du désert oriental, qui les échangent contre diverses denrées. Ils obtiennent ainsi la malachite et la turquoise des Sémites nomades de la péninsule du Sinaï. L'Égypte possède sans doute un peu de lapis-lazuli, pierre semi-précieuse travaillée par les artisans depuis les temps les plus reculés. Elle en importe également. Extrait en Afghanistan, le lapis-lazuli emprunte les routes commerciales très actives qui relient cette lointaine contrée à la Mésopotamie, d'où il gagne ensuite la vallée du Nil. La demande en pierres semi-précieuses est d'autant plus importante qu'elles servent à fabriquer des bijoux qui sont généralement destinés à disparaître avec leur propriétaire. Les parures sont, en effet, déposées à côté du mort en guise d'offrande funéraire.

C'est d'ailleurs uniquement grâce au contenu des tombes que l'on connaît les colliers (en général des pendentifs), les bracelets, les bracelets de cheville et les ceintures de la fin du Ve et du IVe millénaire av. J.-C. Une figurine en terre cuite, « compagne du mort » dans l'au-delà, reproduit la parure féminine (27) de l'époque. Les bracelets de cheville en perles sont aussi précisément dessinés que les tatouages qui décorent le haut de la cuisse droite, les épaules et la poitrine.

27 Figurine prédynastique avec des bracelets aux chevilles.

Dès la préhistoire, les bijoux sont plus que de simples ornements. Ce sont aussi des amulettes, des charmes qui protègent leur propriétaire du danger. Portées tous les jours, ces parures sont taillées dans des matériaux résistants.

Les pierres de couleur et les autres matériaux naturels

À la fin de la préhistoire, les Égyptiens transforment toutes les variétés de pierre existantes en perle ou en amulette. Ils enfilent les perles sur de fines lanières de cuir, des fils de lin ou des poils d'animaux. Des tiges d'os ou d'une autre matière, percées de petits trous pour glisser les fils, maintiennent les colliers et les ceintures constitués de plusieurs rangs de perles.

Les amulettes sont investies d'un rôle protecteur et bénéfique qui varie en fonction de la matière dans laquelle elles sont faites. Les Égyptiens attribuent aux pierres semi-précieuses des propriétés magiques, liées à leur couleur. Ainsi le rouge de la cornaline, du grenat et du jaspe, pierres souvent montées en amulettes, évoque le sang qui palpite et une défense vigilante. Le vert est la couleur de la végétation – du papyrus en particulier – qui surgit de la terre, meurt et repousse. Il symbolise la santé, la jeunesse, la renaissance, la vie éternelle et la joie. Parmi les pierres vertes se rangent la turquoise du Sinaï, le feldspath du désert oriental et une variété de jaspe. La malachite, broyée sur les palettes afin d'obtenir du fard vert pour les yeux, a rarement été taillée en perle. Le bleu est la couleur des dieux. De toutes les pierres semi-précieuses utilisées en Égypte, seul le lapis-lazuli est d'un bleu profond. D'après les textes de l'époque historique, il forme la chevelure des divinités. La calcite jaune doré, ou albâtre égyptien, est associée à l'or, comme le montre le nom de « Maison de l'or » attribué aux grandes carrières d'albâtre, situées au centre du pays. Les Égyptiens confectionnent aussi des amulettes avec des coquilles d'escargot de forme originale ou des coquillages de la mer Rouge et de la Méditerranée, qu'ils enfilent les uns à côté des autres.

Parfois, on place de petites pierres dans les coquillages marins, qui se mettent à résonner au moindre mouvement du corps. Dans les sépultures de femmes, les archéologues ont mis au jour de nombreux cauris provenant de ceintures portées sur les hanches et au bas de l'abdomen. On retrouvera les cauris au Moyen Empire, vers 2100 av. J.-C., sur les luxueuses ceintures des princesses. Ils sont alors façonnés dans une feuille d'or martelée. Les coquillages protègent le bas-ventre des maladies et des fausses couches. Les graines d'acacia,

28 Bracelets et colliers prédynastiques et thinites.

naturelles ou artificielles, qui ont le même pouvoir, font aussi partie du décor des ceintures. Les coquilles d'œufs d'autruche, découpées, perforées et taillées en petites rondelles, entrent aussi souvent dans la composition des ceintures et des colliers.

Les dents d'animal, comme les canines d'hippopotame, les cornes du petit bétail et les serres des oiseaux de proie portées au-dessus de l'astragale (os de la cheville) ont également des vertus prophylactiques. Au fil du temps, le répertoire animalier des amulettes suspendues aux colliers et aux bracelets ne cesse de s'enrichir. L'hippopotame et la grenouille apportent la fertilité, tandis que le porc-épic, ennemi des serpents et des scorpions, évite les morsures au possesseur du bijou. À la fin de la préhistoire, apparaissent les premières amulettes en forme de faucon, symbole du dieu du ciel.

La fabrication des perles

Le sol égyptien a livré des dizaines de milliers de perles préhistoriques fabriquées dans les pierres les plus diverses par des ateliers spécialisés établis dans les villages. Les techniques et les outils primitifs, mis alors au point pour tailler les perles, n'ont plus évolué jusqu'à 1500 av. J.-C. Les vestiges d'une fabrique de perles du début du

29 Relief figurant le percement et le polissage de perles en cornaline.

IIe millénaire av. J.-C., avec ses forets en silex ou en cuivre et ses pierres cassées, ses perles inachevées témoins des différentes étapes de la production, ont permis de reconstituer la méthode suivie par les ouvriers.

Les artisans cassent les cailloux colorés du désert et les pierres semi-précieuses locales ou importées à la dimension voulue. Ils frottent ces morceaux mal dégrossis sur des dalles en grès ou en quartz dont la surface est lisse, nervurée ou cannelée pour obtenir des perles de formes différentes. Les ouvriers scellent ensuite

30 Tombe de Déoun.

les perles au fond de petites cavités pour les percer avec des forets qu'ils placent aux deux extrémités et qu'ils enfoncent vers le centre de la pierre. Un relief de l'Ancien Empire (29) montre que les forets sont formés d'un manche et d'une tige en bois terminée par une pointe de silex. L'artisan creuse la pierre en faisant tourner l'outil qu'il tient par le manche. À l'endroit où il fore, il réduit en poudre la pierre dure. Pour finir, les ouvriers polissent les perles et les font briller avec des

31 Tombe de Khasekhemouy, à Umm el-Qa'ab.

abrasifs. Le sculpteur du relief a agrandi les outils et les perles pour rendre l'action plus compréhensible. L'inscription gravée à gauche signifie : « Polir les perles de cornaline ».

La glaçure et la faïence

Dès le début du IVe millénaire av. J.-C., les Égyptiens fabriquent des imitations de pierres vert-bleu en entourant les perles et les pendentifs en stéatite et en quartz d'une glaçure verte et bleue. La découverte de cet enduit, qui donne un aspect vitrifié aux objets, est sans doute le fruit du hasard. Elle dérive peut-être du contact accidentel sur le feu de la malachite en poudre (utilisée comme fard pour les yeux), qui contient de l'oxyde de cuivre, avec le sable du désert, qui renferme du carbonate de sodium. La glaçure résulte de la combinaison et de la fusion de l'oxyde de cuivre, du carbonate de sodium et du sable de quartz. Les perles en stéatite, pierre qui n'éclate pas à la chaleur, se prêtent bien à la glaçure.

La faïence égyptienne a été inventée peu après. Elle est faite à base de sable du désert, composé essentiellement de

32 Tombe de Qaâ, à Umm el-Qa'ab.

quartz ou silice, additionné de chaux, de natron (carbonate naturel de sodium), d'oxyde de cuivre, d'un liant et d'eau. Après avoir pétri cette pâte, l'artisan modèle les perles qu'il fait sécher. Avant la cuisson, il peut aussi les enrober d'un mélange de chaux, de cendres végétales contenant des alcalis et d'oxydes de cuivre. Pour éviter de forer les perles en faïence, les ouvriers les modèlent autour d'une paille.

L'or, l'argent et les autres métaux

Pour les perles en métal, les Égyptiens utilisent l'or, l'argent, le cuivre et de petites quantités de fer météorique.

Ils importent probablement l'argent pur du Proche-Orient, mais il n'en reste guère de témoignages, car il a été en grande partie détruit par l'oxydation. Pour confectionner les perles en or, très rares, les métallurgistes martèlent des pépites, puis ils roulent les feuilles ainsi obtenues en petits tubes de l'épaisseur d'une paille. L'or égyptien, qui contient des quantités assez importantes d'argent, fond vers 1 000 °C. Les Égyptiens n'ont atteint cette température que vers la fin du IVe millénaire av. J.-C. Aussi les premières perles en métal n'ont-elles pas été fondues mais travaillées à froid.

33 Pot à onguent en pierre au couvercle d'or.

La fin de la préhistoire et l'époque thinite

Vers la fin du IVe millénaire av. J.-C., les derniers chasseurs se sédentarisent. Les dessins rupestres, qu'ils laissent dans les aires de repos ombragées qui jalonnent leurs routes, figurent leur gibier, éléphants, rhinocéros ou girafes par exemple. Pour s'attaquer à ces grands animaux, les chasseurs, équipés d'armes rudimentaires, coopèrent étroitement. Organisés de manière rigoureuse, ils se laissent guider par un chef expérimenté. Lorsqu'ils se déplacent vers la vallée du Nil, ils possèdent une structure hiérarchique et une maîtrise des actions collectives qui les rend aptes à dominer les populations locales. Fiers de leurs compétences et conscients d'appartenir à une caste supérieure, ils imposent leur loi et leur ordre social aux peuplades sédentaires des rives du Nil. Ils constituent une élite qui profite du travail de la classe inférieure.

Très vite, ces tribus de chasseurs se trouvent à l'étroit dans la vallée du Nil. Habitués aux grands espaces, ils se tournent vers le nord de l'Égypte. Plus riche, le Delta est un important foyer culturel à la fin de la préhistoire. Ils avancent en conquérants jusqu'à ces vastes étendues. Sur les palettes à fard, leurs chefs sont investis de la puissance des animaux sauvages. Ils sont figurés comme des lions qui dépècent les peuplades de Basse-Égypte ou des taureaux sauvages qui les piétinent.

Dans le Delta, les nouveaux maîtres du pays découvrent les objets et les motifs de l'art du Proche-Orient. Au début, le centre de leur royaume reste en Haute-Égypte. Ils y passent commande d'œuvres d'un plus haut niveau obligeant ainsi les artistes locaux à se perfectionner. Sur les objets découverts en Haute-Égypte apparaissent alors des images de gros gibier africain. Ces sujets sont sculptés sur des manches de couteau en ivoire ou recouverts de feuilles d'or. La production de perles aux nouvelles formes, mieux finies et en plus grandes quantités, est un autre aspect du progrès culturel.

Le décor de la palette de Narmer (37, 38), qui est peut-être une offrande votive à Horus, le dieu du ciel, témoigne d'une avancée décisive de l'art figuratif : l'invention des hiéroglyphes. Désormais, les images stylisées n'évoquent plus uniquement les forces terrestres et célestes, mais elles décrivent aussi tous les aspects de la vie quotidienne.

34 Pot à onguent en cornaline fermé par un couvercle d'or.

35 Pot à onguent en brèche avec un couvercle d'or.

Au recto de la palette, Narmer, coiffé de la couronne blanche de Haute-Égypte, frappe symboliquement de sa massue un chef de Basse-Égypte. En haut, au centre de la palette, est gravé le nom de *Nar-Mer*. L'inscription est flanquée de chaque côté de la déesse du ciel, figurée avec un visage de femme complété par des cornes et des oreilles de vache. Le roi est suivi de son porte-sandales, dominé par deux hiéroglyphes qui le qualifient de « serviteur du roi ». L'homme est paré d'un pectoral, formé de trois tiges, une transversale et deux verticales, qui est suspendu à un collier. Ce bijou ne cessera d'évoluer au fil du temps. Le thème du souverain frappant ses ennemis, symbole de la victoire de l'ordre, incarné par le roi, sur le chaos, se maintiendra pendant toute l'histoire pharaonique.

Au verso de la palette (38), deux panthères fantastiques aux longs cous entrelacés occupent le centre de la composition. Au registre supérieur, Narmer, qui porte la couronne rouge de Basse-Égypte, se dirige vers les prisonniers décapités. La barbe postiche, l'un des attributs de la royauté, est aussi l'emblème des dieux. Dans sa main droite, le souverain enserre les sceptres royaux : le flagellum, fléau ou chasse-mouches, et le *heqa*, sans doute à l'origine un bâton appartenant aux bergers. À la ceinture sont suspendus des rangs de perles et un pendentif terminé par un petit oiseau. Les signes et les dessins de ce nouvel art figuratif sont influencés par Maât, l'ordre qui régit le monde et les actions du roi. Les arts, y compris la bijouterie, s'affirment comme les instruments de propagande des pharaons, chargés par des dieux de faire régner l'harmonie sur la terre.

Les premières tombes royales

Les tombes des rois de la dynastie « 0 », époque de l'unification du pays, et des deux premières dynasties thinites se trouvent près d'Abydos, en Haute-Égypte, et à Sakkara. Ce site est la nécropole de la ville du Mur blanc, plus connue sous le nom de Memphis, en Basse-Égypte. Certains rois du Double-Pays, dont le nom figure à la fois dans des tombes des deux cimetières, possèdent peut-être deux sépultures, l'une au sud et l'autre au nord. Le vrai tombeau est sans doute à Abydos (30-32), comme l'exige alors la tradition, et le cénotaphe ou tombeau

36 Couteau en silex au manche revêtu d'une feuille d'or.

vide commémoratif, à Sakkara, cimetière où sont enterrés les princes qui assument les fonctions de gouverneurs de la Basse-Égypte et les reines.

Le site d'Umm el-Qa'ab, près d'Abydos, est la plus ancienne nécropole royale d'Égypte. Les archéologues y ont découvert les tombes de Narmer et de ses successeurs de la dynastie « 0 » et celles de presque tous les rois des deux premières dynasties. Ces sépultures se composent d'une fosse creusée dans le sol du désert qui est cloisonnée et entourée par des murs en briques de terre crue. Le toit, soutenu par des poutres en bois, disparaissait jadis sous un tertre au sommet plat. Les tombeaux ont été pillés et saccagés dès l'Antiquité pharaonique.

Émile Amélineau, qui ne fait pas preuve d'une grande rigueur scientifique, est le premier archéologue à fouiller le site à la fin du XIXe siècle. Au tournant du XXe siècle, l'égyptologue britannique William Matthew Flinders Petrie poursuit l'étude de ces sépultures, fondamentale pour retracer les débuts de l'histoire égyptienne. Il repère des tombes qui ont échappé à son prédécesseur et effectue de très belles découvertes dans celles qu'il a dégagées trop hâtivement.

Petrie met notamment au jour les seuls bijoux royaux de cette époque. Dans les salles funéraires de Djer, l'équipe de Petrie détecte une cachette qui recèle le bras d'une femme, sectionné et enveloppé de bandelettes en lin.

37 Palette de Narmer, recto : le roi triomphant.

38 Palette de Narmer, verso : cupule pour broyer le fard.

Le poignet est orné de quatre bracelets en or, lapis-lazuli, améthyste et turquoise (43). Ces bijoux étaient destinés à parer une épouse ou une princesse royale dans l'au-delà.

Le plus original des quatre bracelets est constitué d'éléments alternativement en or et en turquoise (25, 44). Chacun d'entre eux est décoré sur l'avers et le revers du titre d'Horus du roi, noté par un faucon Horus

39 *Relief d'une princesse de la IIe dynastie.*

40 *Bracelet à un seul rang avec éléments aux bouts arrondis.*

dominant la façade de palais ou *serekh*. Sur les éléments en or, le faucon Horus est dressé, attitude qu'il conservera jusqu'à la fin des temps pharaoniques. Les faucons en turquoise sont taillés et polis avec soin. Les éléments en or sont en deux parties. Le motif du palais a été gravé à l'aide d'un outil bien aiguisé. Les faucons, de forme régulière, ont été moulés. Dans les *serekh*, percés de deux trous en diagonale, sont glissés deux fils fixés aux fermetures en or martelé. Les fils, qui sortent de ces deux attaches triangulaires, sont noués ensemble.

Le bracelet (41), placé au-dessus du bijou aux faucons, est formé de deux ensembles d'inégale longueur, joints sur le côté du poignet par des poils d'animal torsadés et dorés. La partie la plus longue, correspondant à la face extérieure du poignet, offre un dessin symétrique. De courts rangs de perles, alternativement en or et petites, turquoises et plus grosses, encadrent une rosette. Une boule ronde en lapis-lazuli ferme les rangs. Les perles d'or se décomposent en deux demi-sphères, obtenues en martelant des feuilles d'or. Elles sont soudées par groupes de trois dans le sens de la largeur et enfilées sur trois cordelettes.

La rosette d'or, qui figure un pistil (42) de fleur de lotus, est l'un des premiers chefs-d'œuvre des bijoutiers égyptiens. La couronne extérieure entoure une plaque d'or, plus basse, ornée d'un bouton rond d'où partent des rayons qui rejoignent les bords. Pour créer des formes aussi parfaites, les artistes ont

41 *Bracelet avec une rosette en or.*

certainement embouti l'or de cette partie de la rosette dans un moule.

L'autre face de la rosette consiste en une boîte faite dans une feuille d'or, remplie de stuc. On ne sait pas s'il faut considérer la fleur de lotus comme un symbole solaire dès l'époque thinite, ce qu'elle sera par la suite. Placée au-dessus du bracelet décoré de faucons, la rosette fait fonction d'amulette.

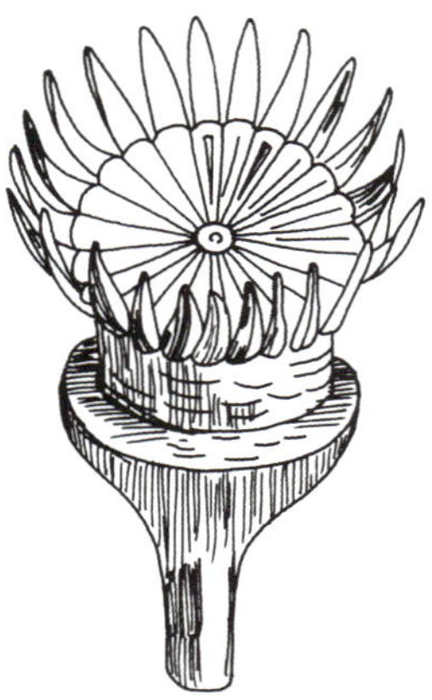

42 *Pistil de fleur de lotus.*

Le troisième bracelet (40) comporte un seul rang de perles de forme originale. Les six turquoises vertes, deux larges et quatre plus petites, imitent peut-être des graines d'acacia, censées protéger la santé des femmes à la préhistoire. Elles sont reliées par des cylindres en or évasés

43 *Avant-bras de femme paré de quatre bracelets, chambre funéraires de Djer.*

44 Maillons avec le faucon Horus dominant la façade de palais (serekh).

à chaque extrémité. Les quatre groupes verticaux de perles arrondies aux deux bouts sont uniques. Les deux perles extérieures sont en or massif moulé et celle du milieu en améthyste translucide. Les perles ne sont pas percées, mais entourées à deux reprises d'un fil d'or, inséré dans une rainure. On ne connaît pas la signification de ces perles, qui rappellent un peu l'emblème de la déesse Neith.

Le quatrième bracelet (45), le plus proche du poignet, comprend trois groupes de trois rangs de perles. Les perles les plus larges sont placées au centre. Les trois grosses perles rondes verticales en or martelé sont soudées ensemble. Ici, les joailliers ont laissé libre cours à leur imagination et inventé des perles en forme de tambour. Celles-ci sont faites de fils d'or enroulés en spirale, plus larges au centre qu'aux extrémités. Au milieu du bracelet, les trois grosses perles rainurées, en lapis-lazuli, reproduisent le même motif. Parmi les bijoux en or d'une reine d'Ur, en Mésopotamie, qui a vécu cinq cents ans plus tard, figurent des perles de fils d'or enroulés en spirale identiques à celles de la tombe de Djer. La ressemblance des deux bijoux est d'autant plus curieuse qu'on ne connaît pas en Égypte d'autre objet fabriqué avec de telles perles.

Les quatre bracelets de la nécropole royale d'Abydos témoignent de la créativité dont font preuve les bijoutiers tant en ce qui concerne le dessin des divers éléments que la composition. L'exécution montre, en outre, qu'ils maîtrisent parfaitement les techniques de leur art.

La reine, ou la princesse, jadis propriétaire des bijoux portait sans doute aussi un collier, des bracelets de perles aux chevilles et peut-être même un diadème en or sur la tête. Bien que les voleurs aient dérobé tous les bijoux de la tombe de la reine Neithhotep (sans doute l'épouse d'Aha, l'un des premiers rois de la Ire dynastie), à Nagada, on sait qu'ils existaient grâce à neuf tablettes d'ivoire retrouvées dans le monument. Ces documents dressent la liste des colliers et autres joyaux enterrés avec la reine, en principe pour l'éternité.

Sur une stèle de la IIe dynastie, découverte à Sakkara, une princesse (39) est parée de bijoux, semblables à ceux qu'arborent les femmes de la famille royale de leur vivant. La peinture d'origine, qui indiquait peut-être la nature des matériaux employés, a malheureusement disparu. Un diadème en zigzag ceint l'abondante chevelure de la fille du roi, tandis que trois colliers de perles simples lui enserrent le cou. Un pendentif figurant une mâchoire d'animal, porté en guise d'amulette, est suspendu au collier inférieur. Un bracelet entoure le poignet droit, tendu vers les offrandes funéraires. D'autres bracelets en perles décorent les chevilles. Le grand nœud, qui pend sur l'épaule droite, retient les extrémités de la longue tunique.

D'autres objets précieux de la IIe dynastie ont été exhumés dans la tombe de Khasekhemouy, le dernier souverain enterré à Abydos (31). Sous le monument en briques crues, complètement effondré, gisaient plusieurs petits vases à onguent, taillés dans diverses pierres veinées. Les récipients sont dotés de couvercles (33-35) qui consistent en une fine feuille d'or ronde fixée au col par des fils d'or torsadés. Des sceaux d'argile, appliqués sur les extrémités des fils, scellent le couvercle

La tombe de Khasekhemouy a également livré un bracelet en or tout simple reproduisant dans le métal précieux un type de bijoux, trouvé dans les tombes préhistoriques, qui fut d'abord sculpté dans l'ivoire puis réalisé en cuivre. Elle abritait aussi un bâton de cérémonie, peut-être un sceptre, formé d'une canne en cuivre avec

45 Bracelet à trois rangs avec des perles faites de fils d'or enroulés en spirale.

des attaches en or qui retiennent des tiges en cornaline noire. L'extrémité conservée possède un capuchon en or. Les sceptres de Toutânkhamon, de construction similaire, sont sensiblement plus courts.

46 « Panier » en pierre orné du hiéroglyphe de l'or.

Comme celles d'Abydos, la plupart des tombes royales de Sakkara ont été pillées. Les fouilles de Walter Bryan Emery, dans les années 1930, n'ont exhumé aucun bijou, mais elles ont retrouvé la trace d'un nouvel usage de l'or. De fines feuilles d'or, disposées en bandes, couvraient les piliers d'une chambre funéraire de l'époque de Djet, le successeur de Djer. Le métal, assimilé au soleil, perçait l'obscurité de la tombe pour le défunt. Quelque mille ans plus tard, une inscription affirme qu'Amenemhat Ier a construit sa tombe comme une « maison d'or ». La peinture jaune des murs et du plafond recréait le métal précieux et son effet magique.

L'or des tombes non royales

Les membres de la famille royale n'étaient pas les seuls à posséder des bijoux en or et en pierres semi-précieuses, comme en témoignent les inscriptions de la pierre de Palerme. Cette stèle en basalte de la Ve dynastie mentionne, entre autres événements, la collecte biannuelle des impôts et le décompte de l'or dans le royaume. L'or est donc aussi un bien privé. Prélevé dans la « maison du trésor » du roi, il récompense sans doute des services particuliers ou remercie de loyaux partisans. C'est en tout cas ce que semble indiquer une importante découverte réalisée en Haute-Égypte.

Au cours des fouilles du cimetière dévasté de Naga ed-Deir, contemporain des premières dynasties, l'archéologue américain George A. Reisner met au jour une tombe qui a échappé aux voleurs grâce à l'effondrement de son plafond. En s'écroulant, il a écrasé un squelette étendu sur le sol de la chambre souterraine, qui était paré de nombreux bijoux en or et en perles faites avec des pierres de couleur. Son crâne était encore ceint d'un bandeau en or.

Parmi les colliers, on distingue une chaîne composée de vingt-quatre coquillages faits dans une feuille d'or épaisse (47). Ces éléments en or, très réalistes, remplacent les vrais coquillages dont on se parait à la préhistoire. Les artistes les ont peut-être fabriqués en emboutissant une feuille d'or sur l'empreinte en plâtre

De gauche à droite.
47 Collier d'or.
48 Relief en pierre avec l'emblème de la déesse Neith.
49 Amulette en forme de scarabée avec l'emblème de Neith.

d'un vrai coquillage, ce qui leur a permis d'obtenir une forme creuse. Pour tracer la spirale à l'extérieur du coquillage, ils ont utilisé un ciseau. Après avoir rempli l'intérieur de la coquille de plâtre, ils ont fermé l'ouverture en soudant une feuille d'or au-dessus. Reisner s'est émerveillé du soin exceptionnel apporté par les orfèvres à la soudure des boucles des petits côtés.

Les deux pectoraux (50-51) en forme d'oryx mâle et de taureau, découverts dans la même sépulture, sont uniques dans l'art égyptien. Ils sont faits avec des feuilles d'or martelées et présentent un relief en saillie. Le dos, rempli de stuc rose, est recouvert par une feuille d'or rabattue vers l'intérieur. Les deux anneaux soudés sur l'envers des pectoraux permettent d'enfiler un ruban ou un rang de perles. Le cou de l'oryx est orné d'un ruban prenant la forme du hiéroglyphe *tit*, caractère à la signification incertaine qui deviendra par la suite le nœud protecteur de la déesse Isis. Le taureau, qui a perdu ses cornes, porte autour du cou un large ruban terminé par l'emblème de Bat, déesse du ciel. Ce signe représente un visage de femme avec des oreilles de vache, surmonté de cornes aux extrémités recourbées vers l'intérieur. La tête est rehaussée par une parure de perles. La déesse du ciel joue un rôle protecteur sur la ceinture de Narmer (38) – donc, dès les débuts de l'Égypte pharaonique. Elle exerce à nouveau cette fonction sur un fragment de statue de Djéser (119). L'emblème de Bat est aussi le symbole du septième nome de Haute-Égypte. Au Moyen Empire, Bat est identifiée à Hathor, déesse du sixième nome voisin.

L'amulette en forme de coléoptère (49) est l'un des bijoux les plus intéressants mis au jour dans la tombe. Faite dans une feuille d'or martelée, elle comprend deux parties en relief, une supérieure et une inférieure, qui ont été soudées sur les bords. La chute du plafond est sans doute responsable de la disparition de la tête. Sur le ventre de l'insecte, on voit clairement des pattes stylisées. Le signe de Neith, déesse de Basse-Égypte, est incisé sur les élytres. Des traces de bleu se détachent sur le fond d'or ; il s'agit de la couleur de la matière utilisée pour garnir l'intérieur.

Le coléoptère appartient à l'espèce du taupin, de la famille des élatéridés. Sur une très ancienne tablette de pierre (48), il figure à deux reprises près de l'emblème de Neith de Saïs. Sous l'Ancien Empire, ces deux motifs seront repris sur les bijoux et le décor du mobilier (170). Si le taupin est bien le précurseur du scarabée ou bousier (*Ateuchus sacer*), qui apparaît dans l'art à la fin du IIIe millénaire, l'amulette est peut-être un symbole de vie et de renaissance.

50-51 Pectoraux en forme d'animaux.

52 Le faucon Horus dressé sur le hiéroglyphe de l'or.
53 Seth assis sur le hiéroglyphe de l'or.

Les dimensions de la tombe de Naga ed-Deir indiquent que son propriétaire était un proche du roi. Les bijoux, tous conservés, soulignent la richesse de l'équipement funéraire et ils nous donnent l'idée de ce que devait être le contenu d'une sépulture royale avant le passage des pilleurs.

Le hiéroglyphe de l'« or »

Vers 3000 av. J.-C., au début de l'époque thinite, le hiéroglyphe de l'« or » s'écrit avec le collier de perles, le bijou favori des pharaons et de leurs sujets, hommes et femmes.

Ce collier large, appelé *ousekh* ou gorgerin, est formé de rangs de perles qui s'étalent en demi-cercle sur la poitrine, recouvrent les épaules et sont attachés à l'arrière du cou par deux rubans. Au rang inférieur sont suspendues des perles en forme de goutte.

On ne connaît aucun collier de ce type pour l'époque thinite, pas même en représentation. À la IIIe dynastie, sous le règne de Djéser, une chapelle d'Héliopolis montre un dieu (55) paré du collier. Mais le bijou n'apparaît pas sur les statues et reliefs qui figurent Djéser. Les représentations indiquent que le gorgerin fait partie intégrante du costume du pharaon dès le début de la IVe dynastie. Les membres de la famille royale s'en parent également.

54 Isis agenouillée sur le signe de l'or, sur l'un des petits côtés du sarcophage de la reine Hatchepsout.

La statue de Néfret (132) conserve la figuration peinte de ce type de collier. Les rangs de perles sont alternativement bleu, vert et rouge, teintes qui évoquent peut-être le lapis-lazuli, la turquoise et la cornaline. Le bleu et le vert peuvent aussi symboliser des perles de faïence (on fabriquera plus tardivement la faïence à glaçure rouge).

Sous l'Ancien Empire, les extrémités des rangs de perles sont rondes sur le hiéroglyphe du collier de l'« or ». Sur les colliers réels et ceux dessinés sur les statues, elles sont ovales. Vers la fin de cette période, elles empruntent la forme d'une tête de faucon.

Comment un collier fait de perles de faïence, de pierres de couleur et constitué en partie seulement d'or en est-il arrivé à noter le mot or ? On a avancé plusieurs explications.

Le collier de perles est peut-être l'ancien symbole de Noubt (aujourd'hui Nagada), la « ville de l'or », située sur la rive ouest du Nil, au débouché des routes des mines d'or de la région de Coptos. Dans les inscriptions, le collier de perles qualifie le dieu Seth de « Celui de Noubt ». Seth est assis sur le signe de l'or comme le dieu-roi Horus, son homologue (52-53).

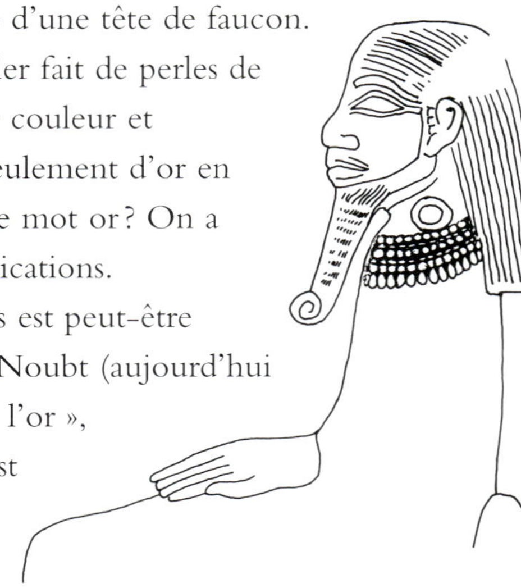

55 Dieu paré du collier au disque solaire.

On a également fait dériver le sens du hiéroglyphe de l'or de l'égyptien primitif. Le mot or et la « braise qui rougeoie » ont la même racine. L'or est le métal du soleil flamboyant ; on le fait fondre, en outre, sur des braises rougeoyantes.

Ces hypothèses ne tiennent pas compte des extrémités rondes du collier. Dans le hiéroglyphe de l'or,

56 Isis, agenouillée sur le signe de l'or, étend ses bras ailés sur l'extrémité inférieure du second cercueil de Toutânkhamon.

les cercles, marqués d'un point au centre, incarnent peut-être le soleil. Si l'on accepte cette interprétation, on peut assimiler les cercles au soleil levant et au soleil couchant, et les rangs de perles aux rayons de l'astre. Le vert et le bleu sont les couleurs du soleil à son lever, à son coucher et pendant son voyage nocturne à travers le monde souterrain. Le rouge, qui symbolise le soleil brûlant du jour, est la teinte des disques solaires incrustés dans les pectoraux de la XIIe dynastie (219, 220, 233, 234). Les perles cylindriques bleues et vertes des colliers placés sur la poitrine des morts rappellent le monde souterrain, ainsi que le lever et le coucher du soleil. Les colliers, portés par les vivants, possèdent aussi des perles rouges qui font le lien entre les deux étapes du voyage du soleil, le jour et la nuit.

Les mines d'or

Dans l'Antiquité, la civilisation égyptienne est celle qui possède le plus d'or. Les sociétés du Proche-Orient, qui prospèrent dans le Croissant fertile entre le Tigre et l'Euphrate, doivent importer les métaux précieux et les pierres dont elles ont besoin pour la bijouterie des montagnes du Caucase, d'Iran et des régions montagneuses de l'Asie Mineure, contrées qui échappent toutes à leur contrôle.

L'Égypte a la chance de posséder des gisements d'or sur son territoire, plus précisément dans le désert oriental de Haute-Égypte et les montagnes bordant les rives de la mer Rouge. L'or est présent dans les veines de quartz blanc aux endroits où se rencontrent la grauwacke et le granite. Les gisements s'étendent au-delà de la Première Cataracte, la frontière méridionale de l'Égypte. Il en existe aussi en Nubie, *Ta-Noub*, le pays de l'Or en ancien égyptien, et au Soudan. Les rois de l'Ancien Empire reçoivent déjà de l'or nubien en guise de tribut.

Les montagnes du désert oriental, dont les sommets érodés ou escarpés culminent parfois à plus de 2 000 m, sont traversées par des vallées désertiques, les ouadis parsemés d'une végétation clairsemée : tamaris, acacias, buissons… Les nuages qui se forment au-dessus de la mer Rouge et stagnent autour des plus hauts sommets apportent quelques précipitations occasionnelles et parfois des pluies diluviennes. Les ouadis se transforment alors en torrents impétueux qu'on peut endiguer pour constituer des réserves d'eau. Accumulée dans les fissures de la roche, elle reste fraîche longtemps. Le sol humide se couvre d'herbes vertes et de fleurs qui se fanent rapidement sous le soleil impitoyable. Au IIIe millénaire av. J.-C., les pluies, dans le désert oriental, étaient plus importantes qu'aujourd'hui.

À la préhistoire, le changement climatique qui a asséché la plus grande partie de l'Afrique du Nord et entraîné la formation du Sahara n'a pas eu un effet aussi dramatique sur les montagnes longeant la mer

57-59 *Le tribut : les Nubiens apportent des pépites et des anneaux d'or (page 36) alors que les Asiatiques présentent des vases d'or (ci-dessus).*

Rouge. Sous l'Ancien et au Moyen Empire, le climat était bien meilleur qu'actuellement. Dans des zones devenues ensuite complètement désertiques, notamment le long des pistes et dans les sites miniers, très loin de la vallée du Nil, il y avait de nombreuses sources. La végétation et le gibier étaient plus abondants que de nos jours. Ces lieux pouvaient accueillir des centaines, voire des milliers d'ouvriers pendant plusieurs semaines, si les expéditions aux mines étaient soigneusement programmées et l'approvisionnement parfaitement organisé par l'État. Il était préférable de recruter la main-d'œuvre parmi les nomades, qui étaient habitués à la rude vie du désert. La surexploitation de la végétation et l'abattage des arbres, à la fois pour faire du feu et pour étayer les galeries des mines souterraines, ont peu à peu transformé les ouadis de la chaîne arabique en étendues arides.

Les gisements d'or : exploration et accès

Dès la préhistoire, les nomades qui vivent dans les montagnes viennent troquer dans la vallée du Nil des pierres semi-précieuses et des pépites d'or. Les premières inscriptions hiéroglyphiques représentent ces *Sementiou* comme des hommes assis sur le sol tenant des bourses de

Pages 38-39 : *60 Les cabanes des mineurs près de la mine d'or de Fawakhir.*

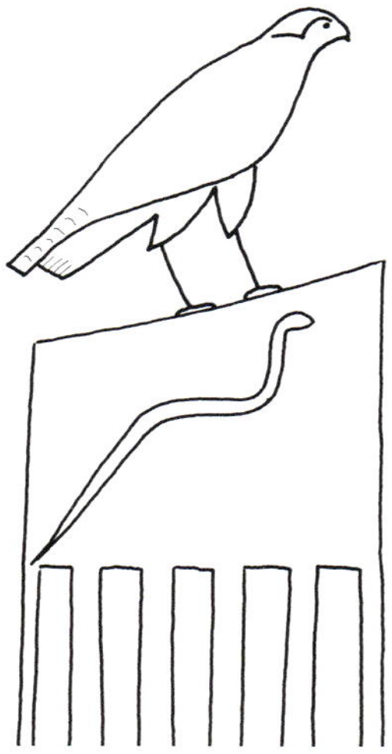

61 Nom d'Horus de Djet et cobra.

cuir dans leurs mains tendues. Sous la Ire dynastie, ils semblent explorer les ressources minérales et commercer avec des régions éloignées et peu faciles d'accès pour le compte de l'État égyptien. Outre ces prospecteurs qui recherchent l'or et les pierres semi-précieuses, le désert est arpenté par une garde du désert, instituée sans doute très tôt par les dignitaires représentant le roi dans le centre et le sud de l'Égypte.

Les gisements d'or les plus septentrionaux des montagnes arabiques se situent au niveau de la pointe du Sinaï et de la ville actuelle de Minia, en Moyenne-Égypte. On y accède par une piste qui part de Qéna, à 60 km au nord de Louqsor, et qui remonte le ouadi Qéna, ou en marchant une dizaine jours à l'est de Minia. Les gisements de la mine du ouadi Fawakhir (60) ne sont pas négligeables. On les atteint à partir de Coptos, la moderne Kouft, en traversant le ouadi Hammamat. Dieu de Coptos, déjà figuré sur des statues de la fin de la préhistoire, Min est le protecteur des routes du désert qui mènent au port de Qosseir, sur la mer Rouge, via le ouadi Hammamat. Située sur la rive est du Nil, Coptos est exposée aux attaques des tribus nomades. Aussi n'y entrepose-t-on pas l'or. À la lisière du désert, en face de Coptos, s'élève la ville de Noubt, qui fut l'une des principales aires de peuplement de la Haute-Égypte préhistorique. C'est là, à l'abri du Nil, que l'on conserve et que l'on transforme l'or extrait dans le désert oriental. Seth (53), qui a l'aspect d'un chien aux longues oreilles coupées, est le patron de Noubt. Dieu-roi, il est l'adversaire du dieu-faucon Horus de Nekhen (Hiérakonpolis). Plusieurs routes relient aussi Nekheb (Elkab), au sud de Coptos, aux gisements aurifères. Des murailles qui remontent à la plus haute antiquité entourent encore les ruines des anciennes habitations et des temples. Nekhbet, la principale déesse de la ville, qui emprunte la forme d'un vautour blanc, est vénérée en tant que protectrice de la couronne blanche de Haute-Égypte. Sur un relief du temple funéraire de Sahourê, à Abousir, la déesse accorde au roi le droit de « laver l'argent et l'or dans les montagnes de l'Est ».

Le nom de Djet (61), l'un des premiers pharaons, est gravé sur les falaises du ouadi Barramiyeh, sur la route qui conduit de Nekheb aux mines d'or. Cette

De gauche à droite et de haut en bas.

62 Meule pour broyer le minerai au ouadi Margh.

63 Pépite découverte sous la IVe dynastie.

64 Mine d'or du ouadi Barramiyeh.

65 Quartz aurifère à Um Ud.

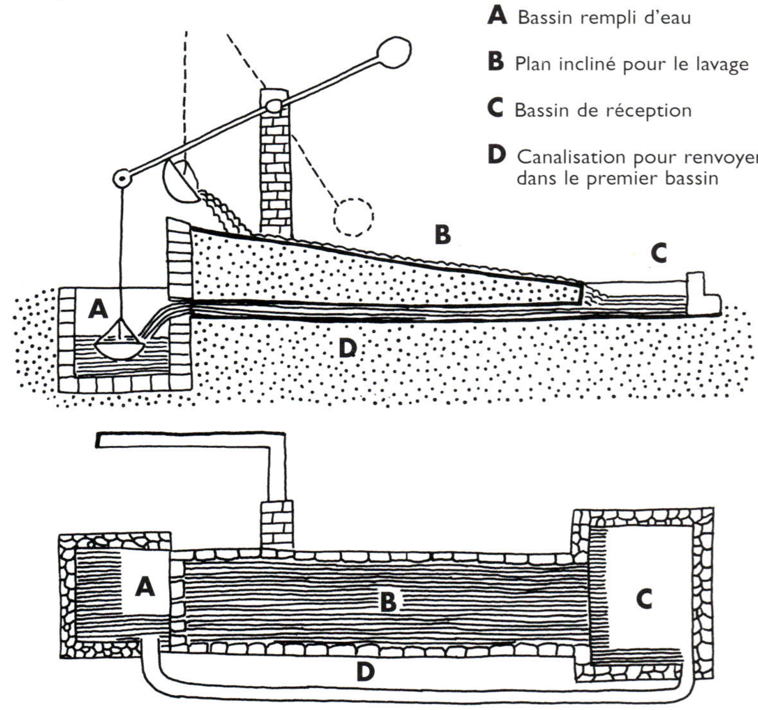

66 Installation pour le lavage de l'or.

A Bassin rempli d'eau

B Plan incliné pour le lavage

C Bassin de réception

D Canalisation pour renvoyer l'eau dans le premier bassin

67 Balance à fléau, surmontée d'une image de la déesse Maât, dans un atelier d'orfèvres.

inscription prouve que les rois exploitent les mines d'or depuis le début de l'époque thinite. Non loin de Nekheb, sur la rive ouest du Nil, s'étend Nekhen, la capitale des premiers rois d'Égypte. Une piste, qui part de l'autre rive du Nil, la raccorde aux mines. La possession et l'exploitation des gisements d'or ne sont peut-être pas étrangères à l'élévation des princes de la Haute-Égypte au rang de roi.

Une autre voie mène aux gisements du sud depuis l'actuelle Kom Ombo. Les trois districts miniers accessibles à partir de Qéna, Kouft, Nekheb et Kom Ombo fournissent l'« or de Coptos ». On a découvert quelque soixante-dix sites miniers exploités au temps des pharaons et à l'époque romaine et quelquefois même encore au Moyen Âge. Leur exploration vient à peine de commencer. Les archéologues cherchent à retrouver les techniques d'extraction et les méthodes utilisées pour isoler le métal du minerai, laver l'or et le faire fondre. Ils s'efforcent aussi de déterminer précisément à quelle époque les Égyptiens ont exploité ces mines.

68 Poids de pierre pour peser l'or, XIIe dynastie.

Les textes qualifient l'or nubien et les pierres semi-précieuses de « bijoux royaux ». Depuis l'unification de l'Égypte, les rois veillent constamment à ce que les tribus de la Basse-Nubie (région comprise entre la Première et la Deuxième Cataracte) n'empiètent pas sur leur frontière sud et les contraignent à verser un tribut en or. Les gouverneurs en poste à Éléphantine explorent cette lointaine contrée avec l'armée et rapportent des « bijoux royaux ».

Les expéditions aux mines et les techniques

Le pharaon contrôle, en principe, toutes les opérations minières. Il finance les expéditions qui, à leur retour, déposent l'or dans le trésor royal. Les égyptologues ne peuvent décrire les préparatifs et l'organisation de ce type de campagne, au IIIe millénaire, qu'en se fondant sur leur connaissance de l'administration égyptienne. En effet,

69 Collier en perles du roi Semenekhkarê, XVIIIe dynastie.

il existe très peu de textes concernant directement ces entreprises.

Lorsqu'ils découvrent de nouveaux gisements, les explorateurs, ou *Sementiou*, en informent le centre administratif du nome le plus proche. Le gouverneur de la province se renseigne alors sur les accès possibles, sur le rendement probable de la mine et sur les ressources en eau disponibles le long des pistes et sur le site minier. Il envoie ensuite un rapport à la maison du trésor, qui se trouve dans la capitale, Memphis sous l'Ancien Empire.

C'est dans cette ville que le roi rassemble les membres de l'expédition : les dignitaires qui la dirigeront, les scribes qui tiendront le compte des provisions consommées et de l'or extrait et les ouvriers expérimentés, équipés de leurs outils. Les greniers royaux livrent les céréales qui nourriront des milliers de bouches. Dans le port, les bateaux et leurs équipages attendent de mener les hommes en Haute-Égypte, au point de départ du voyage terrestre.

Pendant ce temps, le gouverneur du nome concerné recrute d'autres hommes dans sa province, généralement des nomades du désert oriental, et fournit les ânes qui transporteront les vivres et le matériel. Les ouvriers, qui reçoivent une ration quotidienne d'eau et de pain, font la route à pied. Les expéditions ne séjournent habituellement que quelques jours à la mine.

Le long de la route et sur le site minier, il doit y avoir suffisamment d'eau pour abreuver les hommes et les bêtes et pour laver l'or. Les Égyptiens creusent des puits pour atteindre la nappe phréatique et aménagent des citernes et des barrages dans les ouadis en prévision des rares pluies torrentielles.

Les ouvriers, répartis en équipes, logent dans des cabanes de pierre, probablement couvertes d'un toit fait de végétaux. Des soldats préviennent les attaques des tribus nomades. Ils exercent des fonctions de contremaîtres et sont aussi responsables du transport de l'or de la mine jusqu'au Nil ; ils chargent ensuite cet or sur les navires qui l'emportent vers la capitale.

Les conditions de travail dans les montagnes torrides sont extrêmement dures. Il faut sans cesse brusquer les ouvriers, sans doute d'origine nomade pour la plupart.

Les ingénieurs des compagnies minières européennes et égyptiennes qui ont prospecté les anciens sites miniers ont constaté que les explorateurs de l'Antiquité avaient exploité pratiquement tous les gisements d'or. Avec leurs puits de 100 m de profondeur, leurs couloirs de plusieurs centaines de mètres de longueur et leurs galeries bien étayées, les mines antiques offrent un spectacle fascinant.

Quelques mines d'or du désert oriental, en Haute-Égypte et en Nubie, ont livré des témoignages sur les

70 Anneau en cloisonné, XVIIIe dynastie.

71 Ceinture de la tombe de la reine Méréret, XIIe dynastie.

72 Bracelet au scarabée, XVIIe dynastie.

73 Rangée de coquillages et de canards en or, XVIIe dynastie.

anciennes techniques. Outre les traces du travail lui-même, elles ont conservé une partie de l'équipement comme des mortiers de pierre (62) et des installations pour laver l'or (66). Ces mines sont restées en activité jusqu'au Moyen Âge. Mais hormis l'introduction d'outils de fer vers 200 av. J.-C., les techniques n'ont guère évolué. D'après les inscriptions et la forme des mortiers et des meules, on a pu déterminer à quelles périodes les mines ont été exploitées.

Les mineurs de l'Égypte ancienne travaillent les veines apparentes du quartz aurifère dans des tranchées en plein air (64-65). L'exploitation minière à ciel ouvert, qui est sans doute la plus ancienne technique, est en usage sous l'Ancien et le Moyen Empire. L'un de ces gisements s'épuise vers le milieu du IIe millénaire av. J.-C. Pour suivre les veines de quartz aurifère, les mineurs s'enfoncent alors sous la terre en creusant des puits et des galeries (99). Ils libèrent l'or contenu dans le quartz en faisant d'abord éclater la pierre en la chauffant sur le feu, puis en détachant la roche avec des marteaux de dolérite et des ciseaux de cuivre, constamment recuits pour les durcir. Dans les carrières de diorite du désert occidental de Nubie, au nord-ouest d'Abou Simbel, on a découvert des ciseaux de cuivre remontant aux règnes de Khéops et Khéphren (IVe dynastie).

Les mineurs pilent ensuite la roche provenant des veines de quartz et renfermant l'or sur des mortiers de pierre afin d'obtenir des morceaux de la taille de pois. Ils réduisent ces fragments en poussière en les broyant avec une pierre sur des dalles plates. Pour isoler l'or du quartz, les ouvriers déversent cette poudre sur une table de pierre légèrement inclinée, creusée d'une rainure au centre dans le sens de la longueur, et ils la lavent à plusieurs reprises avec de l'eau. Au cours de cette opération, l'or se dépose sur la table, à la surface rugueuse, tandis que le quartz, plus léger que le métal, est emporté par l'eau. Il ne reste plus qu'à ramasser l'or à l'aide d'une balayette, à le verser dans des étuis de cuir et à le peser en présence de scribes qui enregistrent le poids.

L'or provient aussi des sables aurifères couvrant les pentes des montagnes et des ouadis que l'on creuse jusqu'à une profondeur de 2 m. Pour recueillir les particules d'or, on procède là aussi par lavage. L'or des dépôts alluviaux est beaucoup plus facile à obtenir que celui des filons contenus dans les veines de quartz.

Comme l'eau est rare dans les montagnes arabiques, on lave probablement à nouveau la poussière d'or dès qu'elle arrive sur les rives du Nil, au point de départ de l'expédition. On a découvert des installations pour le lavage de ce métal au bord du Nil, en Nubie, mais elles datent sans doute de l'époque byzantine (66).

On pèse l'or avec des poids particuliers en pierre. Sur les exemplaires retrouvés sont inscrits le signe de l'or, un chiffre et parfois le nom du roi. Les nombres indiquent le poids en dében, unité utilisée pour peser les métaux depuis les premiers rois d'Égypte. Le dében-or équivaut à 13,6 g.

En règle générale, c'est seulement dans la vallée du Nil, où le combustible est plus abondant que sur les sites miniers, que l'on transforme la poussière d'or en anneaux et en lingots, dont le poids est fixé officiellement.

La qualité de l'or

L'or extrait dans les mines d'Égypte et de Nubie est d'une qualité variable ; l'or pur à 24 carats est rare. Le métal contient une proportion importante, entre 20 et 40 %, d'argent et une petite quantité de cuivre. À côté de l'or « parfait », c'est-à-dire pur, les Égyptiens distinguent deux qualités d'or, qu'ils nomment d'après leur couleur, l'or léger et l'or blanc. L'or blanc est ce que nous appelons l'électrum, nom latin dérivé du mot grec *elektron*, qui désigne l'ambre. Il ne faut pas confondre l'or blanc égyptien, qui contient beaucoup d'argent et ressemble à ce métal, avec notre or blanc, qui est un alliage de platine et de nickel. Dès l'Ancien Empire, on précise la qualité du métal en mentionnant la proportion de l'or par rapport à l'argent : un tiers (8 carats) ou deux tiers (16 carats).

L'or pur à 24 carats, très mou, se raye facilement, l'or contenant de l'argent, plus dur, convient parfaitement à la fabrication des bijoux. L'or pur fond à une température de 1 065 °C, l'argent à 965 °C et l'or égyptien, qui possède une forte proportion d'argent, à 1 000 °C environ.

Les Égyptiens apprendront plus tard à raffiner l'or, c'est-à-dire à le séparer de l'argent par coupellation. Le désert oriental d'Égypte et de Nubie ne recèle pas de gisements d'argent pur (90 % ou plus). Depuis la préhistoire, les Égyptiens importent l'argent du Proche-Orient. Après la conquête de certains territoires de cette région, ils en reçoivent de grandes quantités en guise de butin ou de tribut. À l'Ancien et au Moyen Empire, l'argent, rare, est plus recherché que l'or.

74-75 Collier de perles en cornaline avec pendentifs en or, XVIIIe dynastie.

76 Colliers de la fin de l'époque ptolémaïque.

L'or et les particuliers

Comme on vient de le souligner, l'exploitation des ressources minérales en général, et de l'or et des pierres semi-précieuses en particulier, est un monopole royal. Cependant, l'existence de colliers de perles et d'or qui parent les morts montre que, dès le IIIe millénaire av. J.-C., des particuliers possèdent de petites quantités d'or. Les annales de la IIe dynastie indiquent que le roi entreprend régulièrement le « recensement de tous les champs et de tout l'or du pays ».

Pendant toute leur histoire, les Égyptiens se sont procuré de l'or et des pierres semi-précieuses par l'intermédiaire des nomades du désert oriental ou en effectuant leurs propres explorations. Mais seul le roi a les moyens d'organiser des expéditions de grande envergure.

Un édit royal, adressé au vizir, le plus haut fonctionnaire du royaume, et rédigé, semble-t-il, après 1800 av. J.-C., autorise l'exploitation minière de l'or à condition d'en faire la demande écrite au préalable. On ignore si les gouverneurs des nomes qui commandent l'accès aux mines ont organisé de petites expéditions pour leur propre compte. Toutes les grandes villes abritent des ateliers de fabricants de perles qui créent aussi des bijoux en or pour les vivants et les morts. Mais les plus beaux bijoux en or, retrouvés

77 Bracelet ptolémaïque avec deux têtes d'Hathor et une plaque ornementale portant un cartouche royal.

dans les tombes privées de l'Ancien et du Moyen Empire, sont sans doute un don du roi, l'or de la récompense.

Les témoignages historiques

Sésostris Ier, deuxième roi de la XIIe dynastie, élève l'un de ses fidèles partisans, Sirenpout, au rang de prince et de nomarque ou gouverneur d'Éléphantine, île située sous la Première Cataracte, à la frontière sud de la Haute-Égypte. Dans la tombe qu'il fait creuser au nord d'Éléphantine, dans la montagne surplombant la rive ouest du Nil, Sirenpout décrit son rôle dans les livraisons de l'or de Nubie. Au milieu de l'exultation des Égyptiens et de leur prince et gouverneur, les biens merveilleux du pays de Médès (ouadi Allaqi) ont franchi

78-83 Bijoux en or de l'époque ptolémaïque : chaîne avec pendentifs, boucles d'oreilles et bracelets.

par bateau les rapides et les tourbillons de la Première Cataracte pour arriver à la porte de l'Égypte. Sirenpout s'embarque avec son entourage sur la barque sacrée du dieu Khnoum, et fait voile sur les eaux turbulentes pour se porter à la rencontre du tribut des « bijoux royaux ». L'or est livré dans le temple de Khnoum, au cours d'une cérémonie rituelle, en présence du dieu lui-même.

En tant que dieu créateur, Khnoum d'Éléphantine veille aussi sur l'or et sur les objets qu'il sert à fabriquer. Pour les Égyptiens, il a créé les dieux et les hommes sur son tour de potier dans la « maison de l'or » avant de leur donner la vie à l'aide de rites magiques. À Éléphantine, un « prêtre de Khnoum des bijoux royaux » supervise le rituel de la fonte de l'or et de la fabrication des statues en or ou plaquées d'or comme celle du dieu. La production de la vaisselle sacrée est également ritualisée. Le « prêtre de Khnoum des bijoux royaux » est responsable du transport de l'or jusqu'à la capitale.

Si l'on interprète bien les textes de Sirenpout, on célèbre à Éléphantine une grande fête au cours de laquelle le gouverneur passe la nuit dans le temple. Il y reçoit des objets précieux identiques à ceux que le roi distribue dans son palais. Le nomarque et le temple de Khnoum bénéficient certainement d'une part de la livraison d'or. Les inscriptions de la tombe de Sirenpout sont les seules qui évoquent les rituels associés à l'or. C'est grâce à ces cérémonies que l'or et les pierres semi-précieuses acquièrent des pouvoirs protecteurs et prophylactiques.

Dans une tombe presque contemporaine de Béni Hassan, en Moyenne-Égypte, un nomarque déclare :

84-85 Plaque de fondation du Sérapeum d'Alexandrie, époque de Ptolémée III et IV, IIIe siècle av. J.-C.

J'ai fait voile vers le sud avec le prince et héritier du trône Améni, le fils aîné du roi [le futur Amenemhat III] afin de rapporter l'or pour sa Majesté, le roi Sésostris Ier.

J'ai fait voile vers le sud avec 400 hommes choisis dans mon armée. Je suis revenu sans encombre, sans aucune perte parmi eux. J'ai rapporté l'or comme on me l'a demandé ; pour cela, j'ai été loué dans le palais royal et remercié par le fils du roi.

Accompagné d'une escorte militaire, Améni a convoyé l'or jusqu'aux forteresses nubiennes, comme Bouhen et Semna. À peine un siècle plus tard, un dignitaire d'Amenemhat III explique que les chefs nubiens assujettis à l'Égypte sont contraints d'extraire l'or : « J'ai obligé les chefs nubiens à laver l'or. »

Au pied d'une falaise de Kanaïs, dans le ouadi Mia, sur la route des mines de Barramiyeh, le roi Séthi Ier fait aménager, vers 1285 av. J.-C., une réserve d'eau et construire un petit temple précédé d'une colonnade (100). Les inscriptions témoignent de l'intérêt que le roi porte aux expéditions minières et à l'exploitation des gisements :
Sa Majesté a exploré le désert jusqu'aux montagnes. Son cœur souhaitait voir les mines qui produisent l'or. Après que Sa Majesté a parcouru de nombreux kilomètres, elle s'est arrêtée en chemin pour prendre conseil auprès de son cœur. Il dit : « Comme elle est dure la route sur laquelle il n'y a pas d'eau [...] pour étancher la soif de ceux qui marchent ! La vallée du Nil est loin et le désert est sans fin. Comment puis-je prendre soin d'eux et faire quelque chose qui les fasse revivre de telle sorte que dans le futur ils louent le dieu et mon propre nom [...] à cause de ma vigilance et du souci que j'ai pour les voyageurs ? »

Après que Sa Majesté a prononcé ses paroles dans son cœur, elle part dans le désert et cherche le lieu où il convient de creuser un puits. Le dieu le guide et couronne son entreprise de succès. On ordonne aux ouvriers de creuser dans les montagnes un puits dont l'eau rafraîchira et redonnera courage à celui qui est épuisé et au cœur de celui qui est consumé par la chaleur. Ce puits a ainsi été construit au nom de Menmaâtrê [le nom de couronnement de Séthi Ier]. *Il a donné de l'eau en abondance comme la caverne des eaux d'Éléphantine* [d'où surgit le Nil, d'après les anciens Égyptiens].

Les phrases suivantes visent à prévenir toute tentative d'appropriation du puits :
L'or est la chair des dieux. Cela n'est pas votre affaire. Prenez garde de dire ce que Rê a dit lorsqu'il a parlé pour la première fois : « Ma chair est en or pur. »

Dans le monument érigé près du puits, Séthi Ier précise que l'exploitation des gisements d'or se fait au bénéfice exclusif de son temple d'Abydos, en cours de construction. Tous les revenus de cette région minière sont versés à ce sanctuaire. Les laveurs d'or, « appartenant à mon temple [Abydos] » selon l'expression du roi, sont chargés de fournir le métal pour la dorure des statues. Séthi Ier termine son discours par un avertissement à ses successeurs qui seraient tentés de s'accaparer l'or des mines de Barramiyeh ou qui affecteraient les laveurs d'or à d'autres tâches. Ces hommes sont « exemptés et protégés » et ne doivent être importunés par « personne dans tout le pays, par aucun directeur de l'Or, par aucun inspecteur du désert. Le chef des laveurs d'or [...] sera indépendant et il enverra ses livraisons d'or directement au temple d'Abydos ». Dans les tombes sont consignés d'autres édits royaux de ce genre cédant des mines d'or à des temples comme celui d'Amon, à Karnak.

Un rapport officiel du règne de Ramsès II, gravé sur une stèle élevée à Kouban, en Nubie, évoque les difficultés que soulève l'exploitation des riches gisements d'or du désert oriental de Nubie. Là, sur la rive ouest du Nil, Sésostris Ier avait jadis bâti une forteresse pour protéger les mines d'or du ouadi Allaqi. C'est à l'abri de ses puissantes murailles que l'on conserve l'or jusqu'à ce qu'il soit expédié à Éléphantine. La citadelle possède tout l'outillage pour laver l'or et le peser. Reconstruite à plusieurs reprises, la forteresse de Kouban a rempli sa mission jusqu'à la fin de l'époque ramesside.

La stèle de Kouban a été dressée par le vice-roi de Kouch, le dignitaire égyptien officiellement responsable de l'exploitation des mines de Nubie. Le texte, reproduit presque mot pour mot, déplore le manque d'eau le long des pistes :

Le quatrième jour du premier mois de l'hiver en l'an 3 du règne de Ramsès, à Memphis, le jour de la fête. Sa Majesté a pensé aux contrées d'où l'on rapporte l'or, et elle a décidé de faire creuser des puits le long de la route qui manque d'eau, car elle a entendu dire qu'il y avait beaucoup d'or dans le pays d'Akita [la région du ouadi Allaqi]*, mais que la piste là-bas est dénuée d'eau. Lorsque l'on envoie des expéditions de laveurs d'or, la moitié seulement arrive. Ils meurent de soif sur la route comme les ânes emmenés pour le transport. Durant la marche de l'aller et celle du retour vers la vallée du Nil, il est impossible de trouver suffisamment d'eau pour leurs*

86-87 Statère d'or de Nectanébo II décoré d'un cheval au galop et des hiéroglyphes néfer noub, *or pur.*
88-89 Pièce de cinq drachmes avec le portrait d'un des premiers Ptolémée et un aigle dressé.
90-91 Pièce de huit drachmes avec les portraits de couples royaux. À l'avers : Ptolémée Ier *Philadelphe et Arsinoé II ; au revers : Ptolémée I*[er] *Soter et Bérénice.*
92-93 Pièce de huit drachmes avec double corne d'abondance et rubans royaux ; au revers : portrait d'Arsinoé divinisée.
94-95 Pièce de huit drachmes avec le portrait d'un des premiers Ptolémée ; au revers : diadème rayonnant, corne d'abondance et ruban royal.

outres. C'est pourquoi on ne peut plus rapporter d'or de cette région dépourvue d'eau.

Le roi convoque ensuite ses courtisans pour les consulter à ce sujet. Après les salutations d'usage, le vice-roi de Kouch parle :
« On dit de la région d'Akita qu'il n'y a jamais eu assez d'eau là-bas. Les hommes y meurent de soif. Tous les rois précédents ont voulu y aménager un puits, mais aucun n'a réussi ! Il en était déjà ainsi au temps du roi Séthi Ier. Il a fait creuser un puits jusqu'à une profondeur de 60 m, mais en vain ! Pas une goutte d'eau n'en est sortie. Ô roi, prie ton père Hapy [le Nil], le père des dieux, d'apporter l'eau au pays montagneux ! »

Le roi réplique : « Ce que tu as dit est vrai [...] mais je veux y creuser un puits. » Il appelle un scribe royal et lui fait rédiger un édit pour le vice-roi, à qui il ordonne de recruter des ouvriers pour forer le puits. Mais le vice-roi se lamente : « Que puis-je faire ? Dois-je l'alimenter avec les eaux de l'au-delà ? »

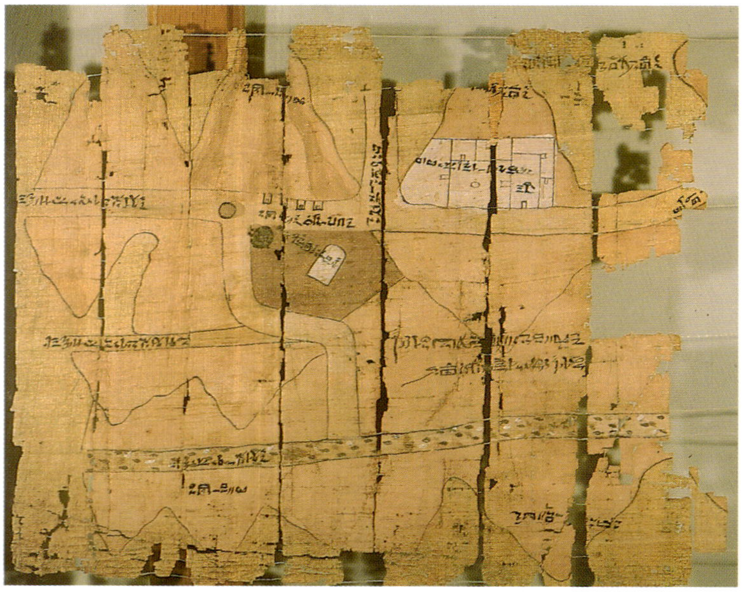

96 *Carte des mines d'or, papyrus 1.*

97 *Carte des mines d'or, papyrus 2.*

Mais, conformément aux ordres du roi, il fait excaver la roche sur la route d'Akita. À son grand soulagement, le vice-roi peut annoncer au pharaon : « Ce que Ta Majesté a dit de sa propre bouche s'est réalisé : l'eau a surgi du puits qui n'atteint que 6 m de profondeur et elle est haute de 2 m. »

Dans leur tombe, les dignitaires du Nouvel Empire ont souvent fait figurer l'apport du tribut des pays soumis à l'Égypte. La Nubie (58) livre notamment des pépites et des anneaux d'or. Dans les temples, les inscriptions mentionnent les quantités d'or offertes par les rois pour remercier les dieux de leurs victoires. Il n'existe aucune représentation des hommes qui travaillent dans les montagnes du désert pour extraire les métaux et les pierres semi-précieuses. Une carte datant de 1200 av. J.-C. environ, l'une des plus anciennes du monde, montre en revanche un camp minier et ses installations.

La carte (96-97) est dessinée sur un papyrus dont les fragments sont conservés au Musée égyptien de Turin. Le document provient probablement de la sépulture d'un haut fonctionnaire de l'administration des mines. Le rouleau, qui mesurait à l'origine 41 cm de largeur et plusieurs mètres de longueur, se compose aujourd'hui d'une douzaine de fragments qui atteignent encore mis bout à bout une longueur de 2,80 m de longueur. Mais les morceaux ne se suivent pas exactement et l'on ignore l'importance des lacunes.

Le premier fragment (96) est le mieux préservé. Les légendes en hiératique, l'écriture cursive, appellent les éminences peintes en rouge, les « Montagnes de l'or ». Pour les Égyptiens, la tête du pays se trouve au sud, près d'Éléphantine. C'est pourquoi le sud figure en haut de la carte, le nord en bas et l'est, où se situent les mines d'or, à gauche.

Sur le reste du papyrus de Turin (97), les montagnes sont en noir. D'après les légendes, elles contiennent la pierre de *bekhen*, la grauwacke verte extraite essentiellement au ouadi Hammamat. Or, au nord-est de cette carrière se trouvent les mines d'or de Fawakhir. On

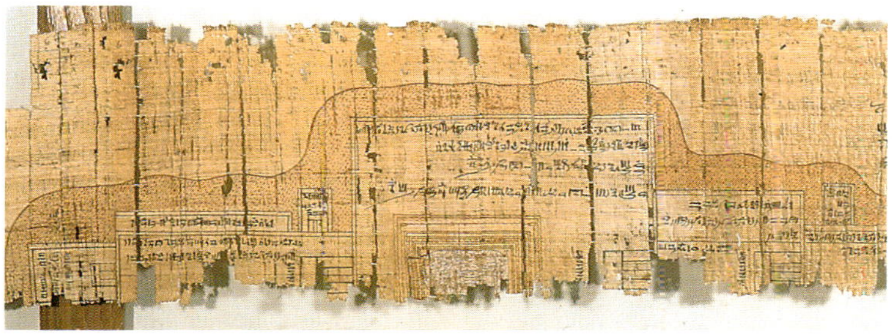

98 Plan de la tombe de Ramsès IV. Les légendes appellent la chambre funéraire la « maison de l'or ».

reconnaît le ouadi au chemin de pierre, tracé au bas de la carte, qui est à la même hauteur sur tout le papyrus.

À peu près au milieu du premier fragment (96) se détachent une stèle cintrée, érigée par Séthi Ier, et une inscription sur un fond sombre. À gauche est dessiné un puits. L'eau répandue autour du puits, fréquemment utilisé, a fertilisé la terre, qui est peinte en noir. Au-dessus s'étend le « village des ouvriers de l'or ». Le petit cercle rouge, à gauche, correspond sans doute à un puits asséché. Le camp est dominé par un sanctuaire, la « chapelle d'Amon de la Montagne pure », où l'on exécute des rites en rapport avec l'extraction de l'or. La cime de la montagne, qui surplombe le village, s'appelle « le sommet sur lequel règne Amon ». La carte montre d'autres montagnes où l'on exploite l'or et l'argent. Les ouadis parallèles se dirigent à droite, donc à l'ouest, vers la vallée du Nil, et à gauche, c'est-à-dire à l'est, vers la mer Rouge. D'autres vallées sont visibles, mais les légendes ne sont pas assez précises pour que l'on puisse les localiser.

Dans un récit de voyage, le Grec Agatharchide de Cnide (IIe siècle apr. J.-C.) dépeint la région minière du ouadi Allaqi. Il décrit en détail les méthodes d'extraction de l'or et les terribles conditions de vie des mineurs à l'époque ptolémaïque :

99 Mines du ouadi Hammamat.

« Près de la mer Rouge, aux frontières de l'Égypte, il y a un site qui compte beaucoup de grandes mines d'or. L'or est obtenu grâce à un travail incessant et au prix d'énormes efforts. Aidés par de nombreux ouvriers, les contremaîtres de la mine l'extraient en creusant avec des marteaux le sol rocheux qui est noir par nature, mais contient des veines de quartz blanc étincelant dont la couleur brillante surpasse par son éclat celle des objets les plus éblouissants. [...]

Les rois d'Égypte envoient aux mines les condamnés et les prisonniers de guerre, ainsi que des hommes qui ont été jetés en prison sur de fausses accusations, parfois tout seuls, parfois avec femmes et enfants, afin de punir les détenus d'une part, et de bénéficier d'importants revenus en exploitant leur travail d'autre part. Les prisonniers, très nombreux, ont tous des fers aux pieds et ils doivent travailler jour et nuit sans repos, sous la vigilance de gardes qui empêchent toute évasion. [...] Il n'y a pas de plus grande infortune. »

100 Temple de Séthi Ier, à Kanaïs.

Le pillage des tombes

La destruction de la momie, de l'équipement funéraire ou de la tombe marque pour un Égyptien la fin de sa vie dans l'au-delà. Lorsque le pouvoir central est fort, l'État contrôle étroitement les nécropoles royales. La surveillance des cimetières renforce la croyance de chacun en une survie qui dépend d'un matériel funéraire, plus ou moins luxueux selon le rang social, et empêche le pillage des trésors enterrés avec les morts.

101 *Chapelle en bois doré de la tombe de Toutânkhamon. Les voleurs ont dérobé la statue qu'elle abritait.*

102 Coffret à bijoux de Toutânkhamon fouillé par les pilleurs.
103 Bagues enveloppées dans une étoffe, perdues par les voleurs dans la tombe.

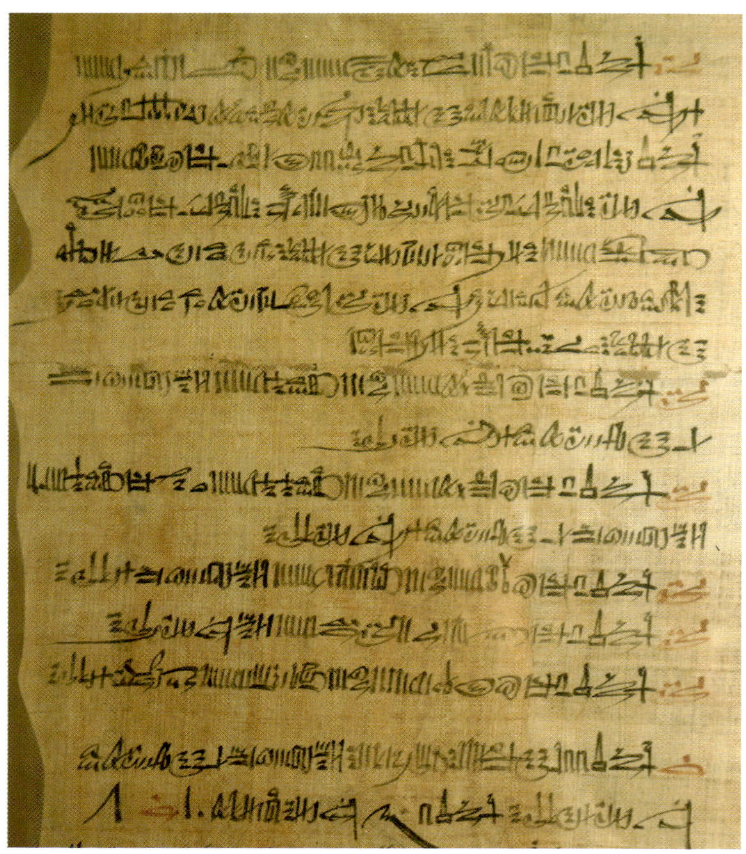

104 Extrait du papyrus Abbott, qui fait le compte rendu de l'enquête menée dans les nécropoles royales.

Mais dès que la vigilance de l'État se relâche, ce qui se produit lorsque la capitale est transférée en un autre lieu ou que la royauté s'effondre, les voleurs dévastent les tombes.

Dès l'Ancien Empire, on redoute les pillards. Les inscriptions, gravées dans les chambres funéraires, mettent en garde les intrus contre le saccage de la tombe et le détournement des offrandes et du mobilier. Paradoxalement, les rois n'ont pas hésité à profaner les tombes de leurs prédécesseurs pour équiper leur propre sépulture. Les innombrables vases en pierre aux noms de rois de la IIe dynastie, trouvés dans les galeries souterraines de la pyramide de Djéser, à Sakkara, prouvent l'existence de cette pratique. Amenemhat Ier, le fondateur de la XIIe dynastie, n'a pas respecté davantage ses ancêtres. Quelque cinq cents ans après la construction des temples des complexes funéraires des rois des IVe et V^{e} dynasties, probablement en ruines à son époque, il a remployé des blocs ornés de reliefs et d'autres éléments architecturaux dans la maçonnerie de sa pyramide, à Licht. Certaines pierres portent le nom de Khéops.

Le pillage dans l'Antiquité

On ignore à quel moment précis les voleurs ont visité les pyramides de l'Ancien et du Moyen Empire. Avant de pénétrer dans la chambre funéraire, ils ont dû creuser

105 La chambre funéraire et le sarcophage de Thoutmosis III, pillés.

un chemin dans la roche qui s'enfonce sous les pyramides, puis percer les gigantesques blocs de calcaire du monument. Cela exigeait non seulement une connaissance précise des accès aux salles souterraines, différents d'une pyramide à l'autre, mais aussi la mobilisation de nombreux tailleurs de pierre et ouvriers.

Des opérations de cette envergure n'ont pu être menées à bien que lors des périodes de désordre qui ont suivi la chute de la royauté, comme la fin de la VIe dynastie. La littérature confirme cette hypothèse. Un prophète, qui décrit la situation à cette époque, lance cet avertissement : « Celui qui est inhumé comme un faucon [le roi] est étendu sur un cercueil ; ce que la pyramide recelait sera vidé. » Ce texte, quelque peu confus, est extrait d'une description des troubles survenus à la fin de l'Ancien Empire. Toutefois, il ne peut se référer qu'au pillage de petites pyramides, les grandes étant encore bien gardées à cette époque.

Khâemouaset, fils de Ramsès II et grand prêtre de Ptah à Memphis, vers 1250 av. J.-C., a entrepris la restauration des anciens monuments ruinés, dont la pyramide d'Ounas, érigée à la fin de la Ve dynastie. Mais il n'a laissé aucun document qui donne l'état des chambres funéraire des pyramides de Sakkara, de Guiza et d'ailleurs. On ne sait pas si elles étaient encore intactes à cette époque ou si elles ont même jamais été visitées par Khâemouaset.

Les rois de la XXVIe dynastie, originaires de Saïs, se sont également intéressés aux glorieuses constructions du passé. Ils ont fait ouvrir les galeries souterraines de la pyramide à degrés de Djéser, à Sakkara, pour lesquelles ils ont manifesté un véritable intérêt archéologique.

Vers la fin de la XVIIIe dynastie, à l'apogée de la royauté pharaonique, les voleurs réussissent à pénétrer à deux reprises dans la tombe de Toutânkhamon, après

ses funérailles, et à s'emparer de bijoux. Ils laissent ses trésors dans un désordre indescriptible (102). Dans un coffre, ils abandonnent un bout de tissu dans lequel ils ont enveloppé sept grosses bagues en or (103). Les voleurs semblent avoir été dérangés par les gardes qui les ont arrêtés ou les ont fait fuir avant qu'ils ne violent la chambre funéraire. Après leur passage, la tombe est à nouveau scellée.

À la fin du Nouvel Empire, les pillages reprennent dans la vallée des Rois sur une vaste échelle. La capitale est depuis longtemps installée à Pi-Ramsès, dans l'est du Delta. Thèbes n'est plus qu'un centre religieux abritant la nécropole royale et le temple de Karnak, dédié à Amon, le dieu de l'Empire.

La faiblesse du gouvernement, la crise économique, la corruption des fonctionnaires, l'appauvrissement du peuple, la famine et l'agitation sociale conduisent les gens à dévaliser les richesses les tombes. Deux papyrus, qui conservent le compte rendu d'un procès de pilleurs sous Ramsès IX (104), dressent un tableau de la situation vers 1100 av. J.-C.

Prévenu que des vols ont lieu dans la nécropole, le vizir Khâemouaset charge une commission de mener une enquête. Dans son rapport, elle mentionne des tentatives d'effraction dans les tombes de rois de la XVIIe dynastie et le pillage de la sépulture du roi Sobekemsaef II et de son épouse. Les suspects, arrêtés, confessent leur crime sous la torture.

Le carrier Amonpanéfer avoue qu'il pille les tombes avec sept camarades depuis plusieurs années. Pour pénétrer dans le tombeau de Sobekemsaef, ils ont creusé un tunnel :

Nous avons trouvé la somptueuse momie du roi Sobekemsaef II avec des bijoux en or sur sa poitrine, un masque en or sur sa tête et, à ses côtés, une épée recourbée, ainsi que la momie de sa célèbre épouse [...]. Nous avons pris l'or, les amulettes et les bijoux qui étaient sur elles et nous avons mis le feu aux cercueils.

106 Salle funéraire du mastaba de Taninenkhébou, à Sakkara.
107 Galerie saïte découverte sous la pyramide du roi Djéser, à Sakkara.
108 Sarcophage du Sérapeum fracassé et violé.

109 Tombe de Moutouemhat, maire de Thèbes et gouverneur en Haute-Égypte sous la dynastie kouchite.

110-111 Grande galerie et chambre funéraire de la pyramide de Khéops, lithographie du début du XIXe siècle.

Le témoignage d'Amonpanéfer prouve que beaucoup de Thébains sont impliqués dans le pillage des tombes. Relaxé après une première arrestation, grâce à une large gratification versée à un fonctionnaire, le carrier a poursuivi ses activités criminelles.

Un an plus tard, les autorités constatent que la tombe de la reine Isis, épouse de Ramsès III, a été visitée à plusieurs reprises et que celle de Ramsès VI a subi le même sort. Au début du XIe siècle av. J.-C., elles déplacent les momies des tombes profanées vers des hypogées royaux considérés comme inviolables. Mais les momies n'y sont pas davantage en sécurité. En 970 av. J.-C., Pinédjem II, grand prêtre de Thèbes, dépose les momies des rois, des reines et des princesses, qui ont déjà subi plusieurs déménagements, et ce qu'il reste de leurs bijoux dans un puits profond, difficile d'accès, qui se trouve au sud du temple d'Hatchepsout, à Deir el-Bahari.

En 1871, les pilleurs de tombes modernes retrouvent la cachette. L'apparition sur le marché de l'art de papyrus funéraires et d'*ouchebti* laisse soupçonner son existence au service des Antiquités. À la suite de différends familiaux, l'un des voleurs révèle son emplacement à la police. Les momies retrouvées sont envoyées au musée du Caire en 1881.

On ne connaît les tombes royales de la XXVIe dynastie, proches du temple de la déesse Neith, à Saïs, visitées et décrites par Hérodote, et les tombes des rois des dernières dynasties indigènes, de la XXVIIIe à la XXXe, que par quelques sarcophages dont on ignore la provenance exacte. Au début du IVe siècle apr. J.-C., à Alexandrie, on a déjà perdu toute trace du tombeau d'Alexandre le Grand et des sépultures des Ptolémées, qui lui ont succédé sur le trône d'Égypte.

Les chasseurs de trésors du Moyen Âge et des temps modernes

D'après les textes du Moyen Âge et les observations des archéologues, les grandes pyramides et les tombes de dignitaires qui les entourent sont systématiquement explorées dans l'espoir de découvrir des trésors dans les premiers siècles de la domination musulmane. Les recherches sont conduites par l'État, établi dans les nouvelles capitales de Fostat, puis du Caire. À en croire les sources arabes, le calife el-Mamun, fils d'Haroun el-Rachid, envoyé en Égypte pour mater une révolte, a ouvert la pyramide de Khéops en 830.

Sous Ibn Touloun, souverain d'Égypte de 863 à 884, la chasse aux trésors et le pillage des tombes pharaoniques sont un monopole d'État, contrôlé par le Trésor. Au fil des millénaires, d'immenses quantités d'or et de pierres semi-précieuses se sont accumulées dans les tombes des rois, des reines, des princes, des princesses et des hauts dignitaires. Ces richesses servent alors à maintenir le cours de la monnaie égyptienne. Au XIIIe siècle, Abd el-Latif el-Baghdadi évoque les chasseurs de trésors qui « creusent partout pour l'or et détruisent ainsi ce qui a été construit par les pharaons ». Sur un document comptable de l'époque, on lit qu'une seule de ces entreprises a rapporté 4000 kg d'or, ce qui semble très exagéré. Malheureusement, il ne précise pas le lieu de la découverte.

Les premiers voyageurs européens se rendent en Égypte au début de l'époque islamique. Ils voient les pyramides, qui sont alors identifiées aux greniers de Joseph. Leurs descriptions, très vagues, ne précisent pas si les chambres funéraires sont accessibles.

La chasse au trésor n'a jamais cessé. Elle a reçu une nouvelle impulsion avec l'expédition d'Égypte (1798-1801), organisée par Bonaparte. Cette entreprise a fait naître en Occident un formidable enthousiasme pour la civilisation et les antiquités égyptiennes. Mohammed Ali, qui gouverne l'Égypte à partir de 1805, s'efforce de bâtir un État moderne, sur le modèle européen. Avide d'innovations techniques, il attire dans son royaume de nombreux experts européens, mais aussi quantité d'aventuriers qui se livrent à une nouvelle chasse au trésor. Ces hommes vendent aux musées et aux collectionneurs d'Europe des monuments prélevés sur les sites. C'est ainsi que se forment les premières grandes collections d'antiquités égyptiennes. En 1837, le docteur Giuseppe Ferlini de Bologne explore les pyramides de Méroé avec des méthodes radicales. Il finit par trouver dans une pyramide qu'il a détruite les bijoux d'une reine soudanaise. Il est sans doute le chercheur de trésor le plus heureux de ce temps.

Les lois édictées en 1858 par Saïd Pacha, sous la pression d'Auguste Mariette, ne parviennent pas à mettre un terme à la recherche des antiquités par la population locale. En outre, à cette époque, l'archéologie s'apparente souvent au pillage des tombes. Les recherches, qui continuent, sont désormais menées par des archéologues confirmés avec l'accord des autorités égyptiennes.

L'archéologie s'est fixé de nouveaux objectifs. Les fouilles ont pour but d'apprendre des faits nouveaux et de répondre à des questions scientifiques. Les découvertes spectaculaires sont assez rares. Tous les objets exhumés du sol égyptien appartiennent légalement à l'État égyptien, qui est responsable de l'administration des antiquités. Seuls des éléments déjà bien connus et présents dans les collections égyptiennes peuvent éventuellement être cédés aux missions qui les ont trouvés et qui sont tenues de les donner à un musée public.

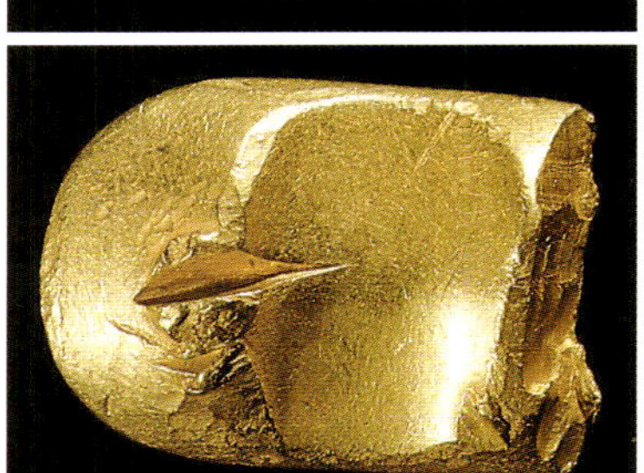

112-113 Bague-sceau brisée par les voleurs.

114 Statuette en or d'Amon tenant le signe de vie et une épée recourbée, le khépesh. Il s'agit peut-être d'une image de culte ou d'une figurine votive provenant du temple de Karnak. Ancienne collection Carnarvon, achat du Metropolitan Museum de New York en 1926.

L'Ancien Empire

Sous les Ire et IIe dynasties, le siège du pouvoir se situe en Haute-Égypte entre les villes de Hiérakonpolis et de This, près d'Abydos. Ensuite, le centre économique et culturel du royaume se déplace vers la Basse-Égypte à cause du développement des relations commerciales entre les cités du Delta et les contrées du Proche-Orient. Le roi Djéser donne une égale importance politique aux deux régions du pays. Ses réformes servent de fondement au puissant État de l'Ancien Empire. La capitale s'installe à Memphis, en Basse-Égypte, sur le site du Mur blanc, fondé par Ménès, l'unificateur du royaume. Memphis est restée la capitale politique et un foyer religieux, intellectuel et artistique pendant plusieurs siècles. Les architectes, les artistes et les artisans exécutent dans la capitale les travaux commandés par le roi. Djéser consolide l'État en répartissant les dignitaires de sa cour hiérarchiquement. Ces nobles, qui forment une classe sociale à part, indiquent leur statut par des bijoux et par des insignes, emblèmes de leur rang.

115 Disque décoratif.

Les parures, qui rehaussent une tenue vestimentaire simple, sont représentées sur les reliefs peints et les statues des tombes de Sakkara, la nécropole de Memphis.

116 Faucon en or d'Hiérakonpolis.

Titres, insignes et bijoux

Dans la titulature des premiers rois d'Égypte, la divinité du souverain est exprimée par le nom d'Horus, inscrit dans le *serekh*, ou façade de palais, surmonté du faucon, incarnant le soleil et le ciel. Ainsi Djéser a pour nom d'Horus, Netcherykhet, « Celui au corps divin ». À partir de son règne, la nature divine du pharaon est également traduite par le nom d'Horus d'or, *bik nebou*, noté par un faucon ou par le disque solaire dominant le hiéroglyphe de l'or (118). L'or, symbole du soleil qui brille éternellement, élève le souverain au-dessus de toutes les créatures terrestres, et il lui confère la divinité et le pouvoir, de son vivant et après sa mort. Sur l'un des reliefs de la chapelle érigée par Djéser dans la ville sainte d'Héliopolis, un dieu porte un collier surmonté de l'astre solaire. Ce relief laisse penser que ce motif est à l'origine l'emblème d'une divinité. Dans la titulature des pharaons, l'or, inaltérable, exprimera toujours la divinité de la fonction royale.

Le roi Snéfrou, fondateur de la IVe dynastie, utilise le nouveau titre d'Horus d'or pour légitimer son droit à la couronne. La royauté atteint son apogée sous son fils Khéops, le bâtisseur de la grande pyramide. Son successeur Rêdjedef introduit dans la titulature royale le titre de « Fils de Rê », le dieu solaire, qui place désormais le pharaon dans une position subalterne par rapport aux dieux. Fils d'un dieu et non plus dieu lui-même, le roi doit son pouvoir aux divinités. Le titre de Fils de Rê sera adopté par tous les rois d'Égypte jusqu'à la fin de l'histoire pharaonique.

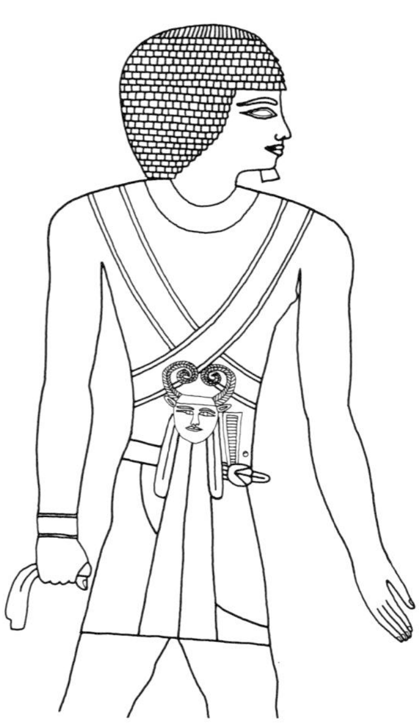

117 *L'emblème de Bat arboré sur des bandes d'étoffe croisées est porté par les dignitaires du palais.*

La chair des dieux

La chair du pharaon, fils du dieu solaire, est en or comme celle du soleil. Dans un texte postérieur à l'Ancien Empire, Rê déclare : « Mon corps est d'or, mes os d'argent et mes cheveux de lapis-lazuli véritable. » Mais cette idée, que la chair est en or, est déjà répandue à l'époque. D'après un conte du papyrus Westcar, les trois premiers rois de la Ve dynastie sont les enfants de Rê et de l'épouse d'un prêtre du dieu solaire. Rê envoie des déesses faciliter l'accouchement. Isis reçoit dans ses mains un enfant après l'autre. Chacun a « une coudée de long et des os solides ; ses membres sont en or et la coiffure royale [le *némès*] en lapis-lazuli véritable ». Les textes égyptiens fourmillent d'exemples qui appellent le Seigneur des Deux-Terres « Celui qui est en or », et qui comparent son apparition avec celle du soleil : « une montagne d'or qui illumine tous les pays comme celui de l'horizon [le soleil levant] ».

Choisi par les divinités, le roi-dieu doit se conformer à leur volonté et exécuter leurs ordres. Il se différencie des dieux par son caractère mortel. Ce n'est qu'après sa mort qu'il devient un dieu à part entière. Encore ne doit-il ce statut qu'aux rituels de transformation et aux pouvoirs magiques dont sont investis les attributs de la royauté, ses vêtements de cérémonie et ses bijoux en or. Dans l'au-delà, il prend place parmi les dieux afin de régner sur ses sujets défunts et de prendre soin d'eux. La tombe monumentale, équipée d'un important système de protection, abrite et conserve pour l'éternité le corps momifié, paré d'amulettes et des emblèmes du pouvoir en or.

Le seul équipement funéraire, presque complet, qui nous soit parvenu est celui de Toutânkhamon. Il permet d'imaginer l'extraordinaire richesse des objets et des joyaux amassés pour prolonger l'existence et le pouvoir du roi dans le monde des morts. Mais le trésor de ce pharaon de la XVIIIe dynastie, époque où les rois sont maîtres d'un vaste empire, ne reflète pas nécessairement le contenu de la tombe des rois des époques précédentes. Sous l'Ancien Empire, l'or était moins abondant.

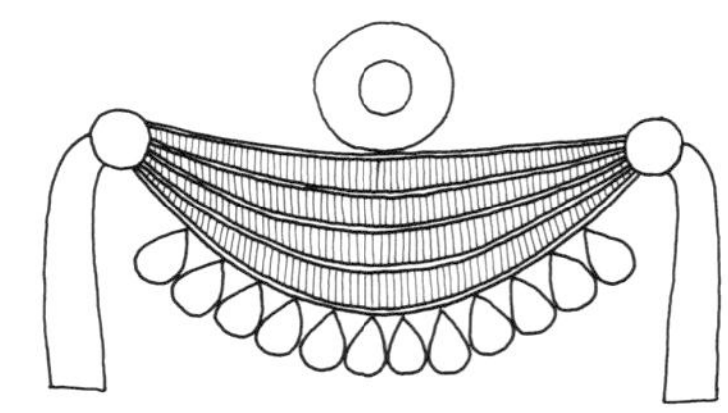

118 *Le signe du « soleil d'or ».*
119 *L'emblème de Bat en ornement de ceinture ou pendentif.*

Des bijoux au rôle protecteur

On ne connaît les vêtements et les bijoux des pharaons de l'Ancien Empire que par leurs représentations. Sur le relief d'une chambre souterraine du complexe funéraire de Djéser, le roi célèbre une fête. Il est coiffé de la double couronne de Haute- et Basse-Égypte. À sa ceinture est suspendue une queue de taureau. Il n'est paré d'aucun bijou. Une autre ceinture, ornée de pendentifs, est représentée sur une statue fragmentaire de Djéser (119). On y reconnaît l'emblème de la déesse Bat, déjà porté par le roi victorieux sur la palette de Narmer (37).

120 Le symbole de Bat, déesse du ciel.

On a exhumé à Abydos un exemplaire unique de l'emblème de Bat, qui décorait peut-être la ceinture d'un roi des premières dynasties (120). La tête, ornée d'une frange et encadrée de cornes de vache, est faite dans une feuille d'or, sans doute emboutie dans un moule et façonnée au repoussé avec un instrument acéré. La feuille, renforcée par pliage à l'extrémité supérieure des oreilles, est travaillée au repoussé à l'autre bout. Les cornes, creuses, étaient peut-être incrustées. Sous la tête, trois lamelles d'or soudées entre elles dessinent des alvéoles, remplies d'incrustations de couleur.

La forme des pendentifs de la ceinture change sous les successeurs de Djéser. L'emblème de Bat, abandonné par le roi, est récupéré par les plus hauts dignitaires du palais. Ces courtisans l'adoptent comme insigne de leur rang (117) et le fixent sur des bandes de tissus croisées sur la poitrine.

Les amulettes, courantes sous l'Ancien Empire, perpétuent une tradition héritée de la préhistoire. Dans la tombe de sa fille, le prince Kaouab (127), fils de Khéops, arbore un collier avec des amulettes qui sont notamment en forme de dents d'animal et de marguerites. On ignore la signification du pendentif, placé au milieu de la poitrine, qui revient souvent sur les statues de l'Ancien Empire. Sur un relief du temple de la vallée de la pyramide rhomboïdale, à Dachour, la marguerite décore également un bracelet entourant le poignet du roi Snéfrou (123). Le bijou, légèrement incurvé du côté extérieur et au bord relevé, est orné de deux marguerites séparées par le symbole du dieu Min de Coptos, seigneur du désert oriental et des routes menant aux carrières et aux mines d'or. Des traces de jaune, de bleu clair et de vert montrent que le bracelet était en or incrusté de lapis-lazuli et de turquoise. Les fleurs reproduisent peut-être de manière stylisée « la fleur du chef » dessinée sur un manche de poignard revêtu d'une feuille d'or (36) ou sur la palette de Narmer (37). L'emblème de Min se rapporte peut-être à Ménès, le légendaire fondateur du royaume d'Égypte.

Les fleurs et les boutons de lotus sont les motifs végétaux les plus répandus, notamment sur les amulettes et les bijoux. Le lotus est le symbole de la renaissance éternelle. Au lever du soleil, le bouton émerge de l'eau, puis il s'ouvre pour laisser apparaître la fleur. Le soir, il retourne à nouveau dans l'onde. Le parfum du lotus redonne vie au défunt comme l'atteste le décor des tombes (128, 129). Le papyrus, assimilé à la croissance, à la floraison et à la régénération, est la plante la plus fréquemment dessinée après le lotus.

Très décoratifs, les scarabées sont portés comme bijoux à la préhistoire. Ils sont enfilés avec des pierres de couleur. En Égypte, le plus connu des bousiers (*Scarabeus sacer*) voisine avec d'autres coléoptères comme les buprestes aux couleurs étincelantes, les clairons (cléridés) joliment teintés ou les taupins (élatéridés). Le taupin, de couleur banale, occupe une place particulière dans les croyances magiques à cause des bonds qu'il effectue. Quand il est couché sur le dos, la structure de son thorax lui permet de s'arc-bouter, se détendre et sauter pour retomber sur ses pattes. C'est pourquoi dans les

Pages 62-63 : *121 La pyramide à degrés et le complexe funéraire de Djéser, à Sakkara.*

122 Égyptien avec une couronne de feuilles sur la tête et des fleurs de lotus autour du cou.

amulettes et les bijoux, il représente la résurrection (49, 176). Dans les premiers hiéroglyphes, le taupin signifiait sans doute « vie » *(ânkh)*.

Du bandeau au diadème

Le diadème dérive du bandeau de lin entourant la tête des hommes et des femmes et qui est noué ou attaché derrière la tête pour maintenir les cheveux en place. Le diadème circulaire est réalisé avec de fines bandes de feuilles d'or. Le lien, à l'arrière de la tête, adopte souvent la forme de deux ombelles de papyrus d'où s'échappent les extrémités du « ruban » en or (128). Depuis l'Ancien Empire, ce serre-tête fait partie du costume royal et des parures de fête des courtisans des deux sexes. La plus ancienne représentation du bandeau avec un large nœud remonte au roi Snéfrou (125). Au-dessus de la bande d'étoffe, le souverain porte deux séries de cornes d'où s'élèvent de hautes plumes.

123 Bracelet large du roi Snéfrou.

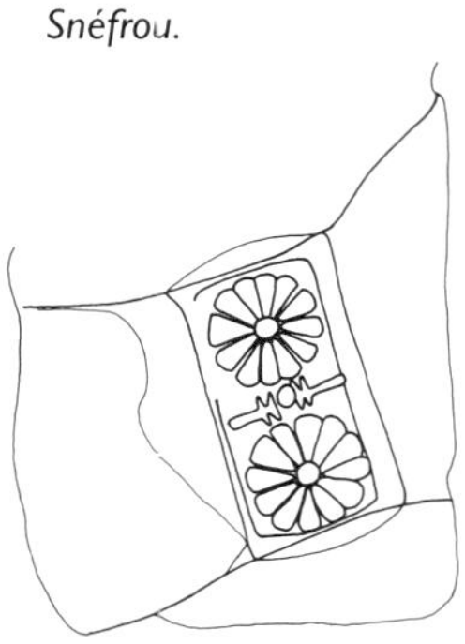

Sur d'autres reliefs, Snéfrou est coiffé d'une couronne en or (126). Le cobra royal s'enroule autour du serre-tête et se dresse sur le front, prêt à détruire les ennemis. Le roi reçoit cette coiffure lors du couronnement, appelé la fête du diadème.

Depuis les temps les plus reculés, les habitants de la vallée du Nil ceignent leur tête de guirlandes de feuilles. Lors des festivités, ils plantent une fleur de lotus parfumée dans leur serre-tête, comme le montrent les reliefs des tombes (198). Sur un relief provenant d'un mastaba de Guiza, aujourd'hui à Boston, des pêcheurs se livrent à des exercices sportifs à bord de leurs bateaux. Tous portent des fleurs de lotus

124 Le roi Khéphren protégé par le faucon Horus, placé derrière le némès.

125 Snéfrou avec un gorgerin de perles, un diadème et une couronne à cornes.

dans les cheveux et dans la guirlande suspendue autour de leur cou.

Sous l'Ancien Empire, on passe du bandeau orné de fleurs au diadème floral en or incrusté de matières colorées. La guirlande de fleurs que portent les pêcheurs des marais lors de certaines fêtes inspire un modèle de serre-tête très stylisé, adopté par les jeunes filles et les femmes. La stylisation des fleurs du serre-tête de la statue de Néfret prouve qu'il s'agit d'un bijou. Le fond blanc plaide en faveur d'un diadème en argent avec des incrustations de fleurs de couleur La tombe d'une princesse du Moyen Empire (202) à Dachour a livré une parure de ce genre. Les diadèmes des morts sont décorés de motifs particuliers comme l'ibis à crête du *akh*, symbole de la vie transfigurée du défunt dans l'au-delà. Après s'être libéré des bandelettes de la momie, le mort monte au ciel sous la forme du *akh*. Le pouvoir magique de l'image facilite la résurrection. Le dessin, élément fondamental pour que s'opère avec succès la transformation magique du défunt, est régi par des règles strictes.

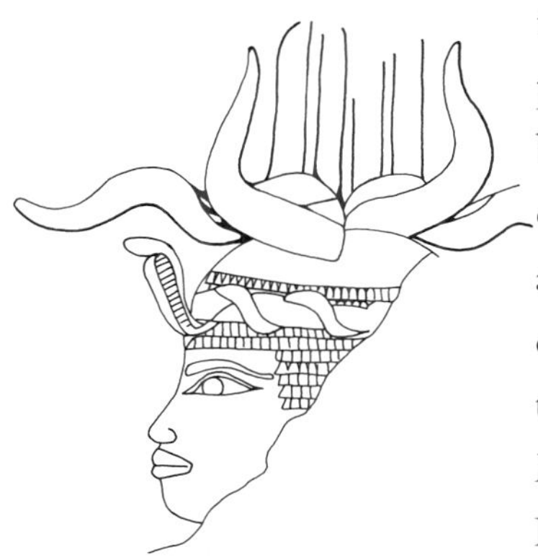

126 Snéfrou est coiffé d'un diadème autour duquel est enroulé un uraeus.

Les tombes de la nécropole royale de Guiza ont livré plusieurs serre-tête faits dans des matériaux peu coûteux – cuivre recouvert d'une feuille d'or ou bois peint ou stuqué (130). Ils sont ornés d'ibis à crête posés sur des ombelles de

127 Le prince Kaouab avec une amulette en forme de nœud.

128 Femme parée d'un serre-tête « de pêcheur » et d'un collier respirant une fleur de lotus.

129 Femme avec un diadème de fleurs, un collier et une fleur de lotus.

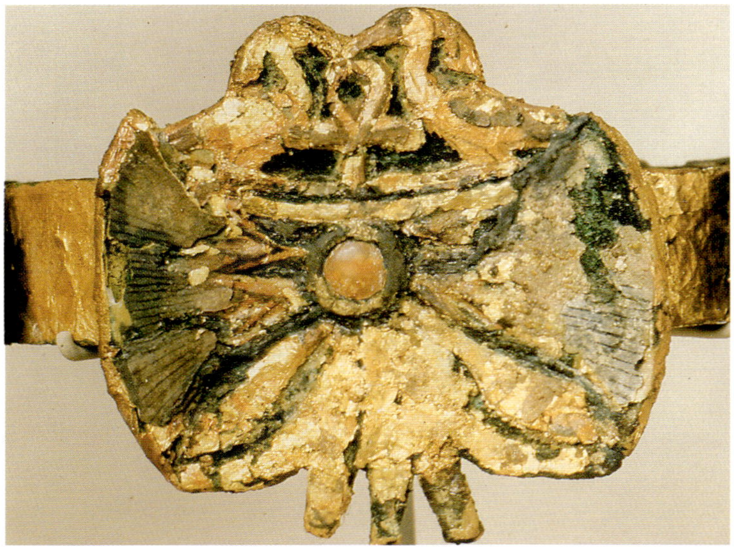

130 Rosette décorative provenant d'un diadème funéraire.

papyrus. Ce motif présente quelques variantes. Les oiseaux, souvent séparés par le signe de vie *ânkh*, se font face ou sont dos à dos. Les ombelles de papyrus peuvent être plus nombreuses ou remplacées par des lotus.

Les colliers de perles

Le collier de perles, à la fois bijou et emblème protecteur, pare les dieux, les rois et les particuliers jusqu'à la fin de l'histoire pharaonique. Pour remercier Amon-Rê de Karnak des victoires qu'il lui a accordées, Thoutmosis III lui offre notamment un collier de perles. Les textes qualifient ce bijou de « collier qui protège le corps du dieu ».

Les reliefs et les statues peintes de l'Ancien Empire figurent différents modèles. Le collier large, appelé aussi *ousekh* ou gorgerin, se compose de plusieurs rangs de perles. Il apparaît avec le roi Snéfrou sur un fragment de relief provenant du temple de la vallée de Dachour (125). D'après ce document, le collier, assez complexe, est constitué de rangs horizontaux de petites perles rondes ou de rondelles en or, en pierre de couleur ou en faïence, qui sont séparés par des rangs verticaux de perles tubulaires. Sur les peintures, des barrettes droites ou en zigzag, disposées en éventail entre les rangs de perles, structurent ou renforcent le collier. Le nombre de rangs et la répartition des perles sont variables. La rangée inférieure est parfois bordée par des perles en forme de goutte ou par de longs scarabées, fixés à un rang de toutes petites perles. Le gorgerin de l'architecte

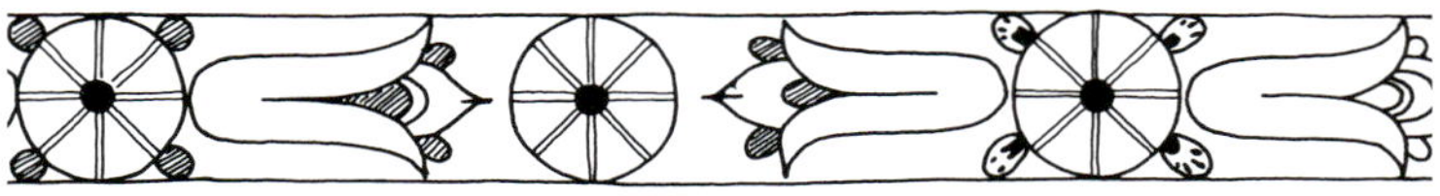

131 Motifs floraux ornant le serre-tête de Néfret.

132 Néfret parée d'un serre-tête et d'un gorgerin.

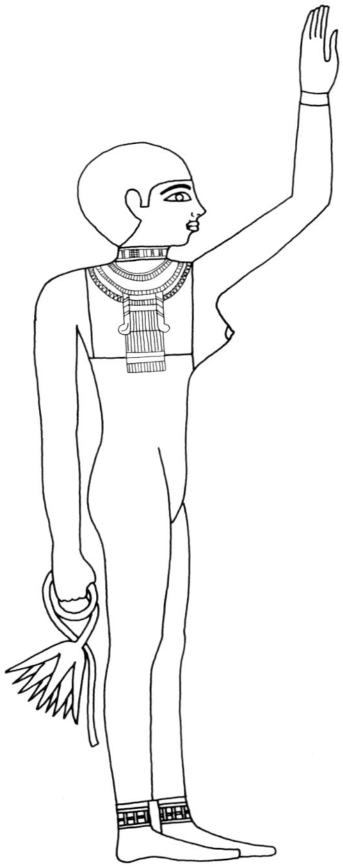

133 Jeune fille avec un long pendentif en perles.

royal Impy, découvert dans sa tombe inviolée, à Guiza (136), est un très bel exemplaire de ce genre de bijou. Le corps des coléoptères a été volontairement allongé pour donner plus d'ampleur au collier. On reconnaît néanmoins le taupin, qui aide le défunt à ressusciter. Certains colliers sont prolongés par des pendentifs en forme de bouton ou de feuille ou par des ornements en perles fixées à une monture rigide (133, 135).

Pour retenir le collier près du cou, on attache souvent au fermoir un contrepoids, qui pend dans le dos. Cet élément plat et long, plus large en bas qu'en haut, est réalisé avec des perles tubulaires. Il est bordé d'une rangée de perles en forme de goutte (134). Le contrepoids, *ménat* en égyptien, protège le dos de celui qui le porte. Par la suite, le *ménat* deviendra aussi une amulette. Au Nouvel Empire, cet ornement jouera un rôle important (328-330).

À chaque extrémité, le collier se termine par une plaque dorée, en demi-cercle, percée de petits trous où passent les fils de lin sur lesquels sont enfilées les perles. À la fin de l'Ancien Empire, les attaches prennent la forme de tête de faucon (155).

134 L'épouse de Mérérouka porte un collier de perles avec un contrepoids dans le dos.

Les colliers et les bracelets

Les colliers serrés autour du cou, à plusieurs rangs de perles, ne sont connus que par les reliefs des tombes des IVe et Ve dynasties. Aucun exemplaire réel ne nous est parvenu. Portés uniquement par les femmes, ils sont généralement associés au *ousekh* gorgerin (133).

Les bracelets sont de simples anneaux bombés, qui reproduisent les modèles que les hommes de la préhistoire fabriquaient dans l'ivoire, la corne et la pierre. Dans les tombes, on a retrouvé des bracelets en or, en argent et en cuivre. D'après les reliefs, ils s'enfilent les uns au-dessus des autres, couvrant ainsi une partie de l'avant-bras (129).

Les bracelets de cheville, autre héritage de la préhistoire, sont réservés aux femmes, qui en décorent leurs deux chevilles. Sur les parois des temples funéraires et des tombes de dignitaires, les épouses des grands personnages, les femmes du harem et les danseuses en sont parées (140). Investis d'un rôle prophylactique, ils protègent des dangers émanant du sol. Ils restent à la mode jusqu'à la fin du Moyen Empire. Ceux qu'on a retrouvés sur des momies de femme étaient en très mauvais état, les perles et les plaques s'étaient répandues autour des pieds.

135 Le prince Bia porte un collier avec de larges pendentifs.

Les insignes officiels et honorifiques

Lors de leur prise de fonction, les hauts dignitaires de l'administration royale reçoivent les insignes de leur charge et un sceau officiel. Un relief fragmentaire du temple funéraire de Sahourê (138, 139), à Abousir,

136 Gorgerin d'Impy.
137 Coffret à bijoux d'une tombe de l'Ancien Empire, nécropole de Gébélein.

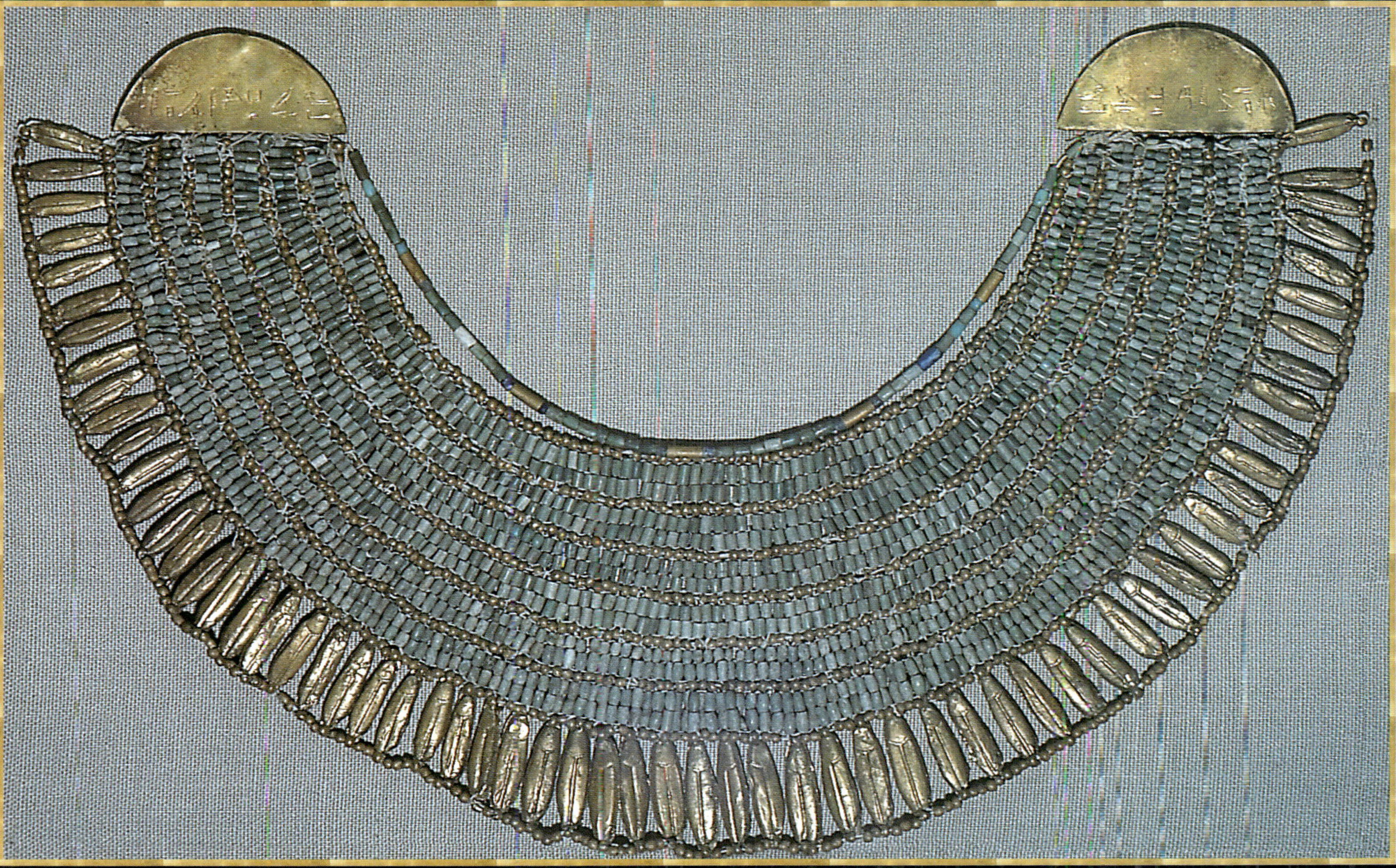

figure leur investiture. Les fonctionnaires sont coiffés d'un bandeau avec un nœud. L'un d'eux vient d'obtenir un collier avec un long pendentif, l'autre un sceau-cylindre, objet d'origine mésopotamienne. Roulé sur une plaque d'argile fraîche posée sur une jarre ou un coffre, le sceau sert à identifier le propriétaire du récipient ou du meuble. Les sceaux-cylindres de l'Ancien Empire portent le nom du roi et le titre du dignitaire. On a découvert un sceau fait d'une feuille

138 Fonctionnaire portant l'insigne de sa fonction.

140 Femmes avec bracelets et colliers portant des offrandes.

141 Tisserandes récompensées avec des colliers.

d'or plaquée sans doute sur un noyau en bois au nom de Mykérinos (142), avec l'inscription suivante :
Celui qui satisfait le cœur d'Horus et l'Horus d'or.
Le directeur des verseurs d'or qui fait chaque jour
ce que Mykérinos ordonne.

La remise de la récompense aux artisans décore de nombreuses tombes de dignitaires. L'une des scènes les

139 Pendentif symbolisant le statut social.

plus détaillées figure dans la chapelle d'Akhethétep (141). Des tisserandes présentent des étoffes de lin, pliées dans des coffres, au propriétaire de la tombe. Au registre supérieur, les récompenses attendent sur deux coffres, figurés l'un au-dessus de l'autre. Elles consistent en *ousekh*, avec ou sans pendentif, en diadèmes et autres cadeaux. À gauche, un homme, suivi d'un scribe, tend une ceinture de perles et un gorgerin à une tisserande. À droite, au registre inférieur, un scribe dresse la liste des bijoux placés sur le coffre. Derrière lui, un homme donne une parure de perles et un collier à une tisserande, tandis que l'un de ses collègues s'apprête à fixer un gorgerin au cou d'une jeune femme.
À gauche, une femme quitte les lieux, fière du bijou qu'elle vient de recevoir.

Les orfèvres et les bijoutiers

L'or et les pierres semi-précieuses rapportés par les expéditions sont conservés dans le trésor royal, qui se trouve dans la capitale. C'est dans cette ville également que sont établis les ateliers des bijoutiers qui fabriquent les attributs et les emblèmes royaux, les bijoux de la famille du souverain, les insignes des dignitaires du palais et les précieux objets qui récompensent les bons et loyaux sujets. Les Égyptiens pensent que le roi continue à régner dans l'au-delà avec son entourage. Les courtisans emportent donc dans leur tombe le matériel qui leur permet de conserver, après leur mort, le rang qu'ils occupaient de leur vivant auprès du

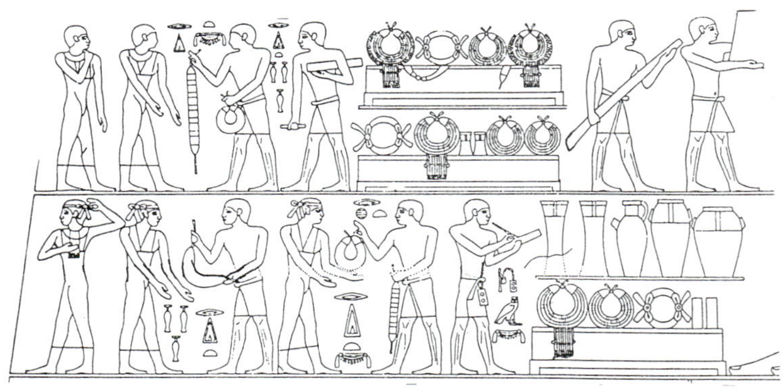

souverain. Les bijoutiers du roi travaillent aussi pour eux. Ils confectionnent leurs parures funéraires en or et les statues destinées à la sépulture.

La plus ancienne représentation de l'atelier des orfèvres provient de la tombe de la reine Merseânkh III, petite-fille de Khéops. Peut-être a-t-elle été précédée par des reliefs sculptés dans les temples funéraires de Khéops et Khéphren, complètement détruits aujourd'hui. Une autre scène d'atelier figure sur un bloc fragmentaire de la chaussée d'Ounas, à Sakkara (147, 149, 152). Le sujet revient ensuite souvent dans les tombes des grands personnages de la Ve dynastie. Ces images forment notre principale source d'information sur le fonctionnement des ateliers des orfèvres. Les attitudes des personnages respectent les conventions du dessin égyptien, comme la combinaison des points de vue de face, de profil et de trois quarts, qui aide à exprimer toute la réalité d'une scène, d'un personnage ou d'un objet. Les artistes disposent d'un canon de proportions qui permet de

142 Impression de sceau-cylindre en or.

reproduire les scènes à n'importe quelle échelle.

La composition des scènes d'orfèvrerie ne diffère guère d'une tombe à l'autre. Les équipes d'orfèvres et de bijoutiers sont disposées de manière identique. Les hommes présentent les mêmes attitudes et effectuent les mêmes tâches. Les artistes ont probablement utilisé un modèle identique conservé sur papyrus.

Les artisans travaillent par petites équipes, affectées chacune à une étape différente de la production. Ils sont répartis hiérarchiquement : les aides et les apprentis qui apprennent le métier occupent le bas de l'échelle ; au-dessus d'eux se trouvent les artisans expérimentés ; les chefs d'équipe et les inspecteurs sont placés au sommet de la hiérarchie. Les légendes gravées à côté de chaque groupe décrivent les opérations en cours et mentionnent les ordres du responsable et les réponses ou les remarques des ouvriers. Il s'agit parfois de simples interjections ou de plaintes concernant la chaleur et la soif provoquées par le feu.

Les représentations évoquent deux grands domaines d'activité. Il y a d'abord la transformation du métal, qui consiste à faire fondre l'or ou l'argent, à marteler les feuilles d'or et à préparer la dorure. Il y a ensuite la fabrication des bijoux effectuée par les joailliers, qui travaillent le métal de manière plus précise, taillent et sertissent les pierres semi-précieuses. L'ensemble de ces opérations est résumé par une scène unique, l'enfilage des perles des gorgerins, et désigné par le collier ou hiéroglyphe de l'or. Les artistes n'ont peut-être pas

143 Pierre à polir.

144 Pinces en bronze.

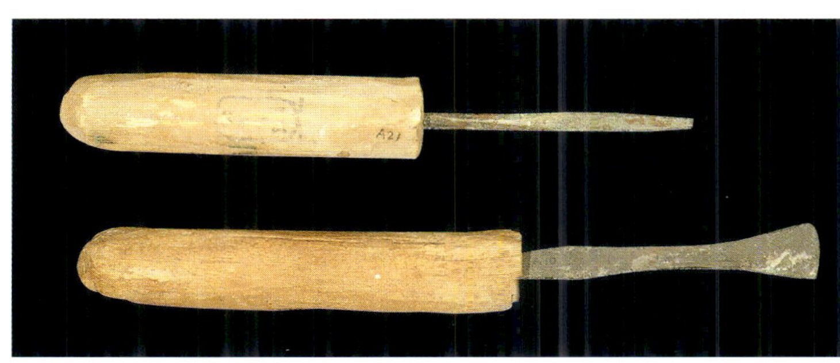

145 Ciseaux en cuivre.

représenté la fabrication des fils d'or, le repoussage, la ciselure de l'or ou encore la taille des pierres d'incrustation, parce qu'il leur était difficile de le faire en respectant les conventions de l'art égyptien.

Les outils des artisans sont primitifs. Les ouvriers soufflent dans de longs tuyaux pour attiser le feu qui chauffe le creuset contenant l'or et pour recuire le métal devenu friable à force d'être travaillé. Ils martèlent les plaques et les feuilles d'or avec des pierres

146 Scène d'atelier de la tombe de Kairer : deux scribes vérifient les plateaux d'une balance en forme de jeune fille nue et indiquent le résultat de la pesée à un collègue assis sur le sol, qui l'enregistre.

plates et rondes. Les objets en or conservent la trace d'autres outils, comme les ciseaux de cuivre avec lesquels les artisans découpent les plaques d'or et incisent le métal pour incruster les pierres. On connaît aussi certainement l'usage des tenailles en cuivre. Esprit d'invention, compétence technique, patience, expérience et absence de calcul du temps passé sur une œuvre, tels sont les secrets de la brillante réussite des bijoutiers égyptiens.

Aucune tombe ne retrace l'ensemble des opérations. Les reliefs de la IVe dynastie ne s'intéressent qu'à la fonte de l'or et au martelage des plaques d'or. Les scènes figurées deviennent ensuite plus nombreuses et plus détaillées. La description faite ici de l'ensemble du processus se fonde sur les reliefs des tombes des Ve et VIe dynasties, ordonnés selon leur enchaînement logique. Les reliefs qui ont perdu leur peinture ou qui sont endommagés sont reproduits sous forme de dessins pour plus de clarté.

147 Métallurgistes sur un relief de la chaussée de la pyramide d'Ounas. De droite à gauche, on lit : « battre l'électrum », « chauffer l'argent », « polir ». Les fondeurs, au centre, utilisent de longs tuyaux.

148 Scène d'atelier de la tombe de Kairer : un ouvrier apporte le creuset rempli de poussière d'or aux fondeurs. Pour augmenter la chaleur, ils soufflent dans de longs tuyaux. À droite, l'un des deux batteurs de feuilles d'or.

Dans certaines tombes, les scènes s'ouvrent par la pesée du métal, qui sera transformé pendant la journée. Dans sa chapelle, Kairer (146) assis sur un banc, les pieds posés sur un tabouret, surveille l'atelier. Un scribe, une palette sous le bras, lui tend le rouleau de papyrus sur lequel il a sans doute enregistré la quantité d'or remise aux ouvriers. La balance est personnifiée par une jeune fille nue, la tête tournée vers Kairer. Dans chaque main, elle tient une corde qui passe dans son dos et supporte deux plateaux en équilibre. Cette image de balance incarnée par une femme se réfère peut-être à Maât, la déesse de la justice, de la vérité et du juste poids, ou plus simplement au genre féminin du mot balance en égyptien. À droite et à gauche de l'instrument de mesure, deux scribes vérifient soigneusement le poids qu'ils communiquent à un de leurs collègues, assis sur le sol. Dans d'autres scènes de pesée, la balance est soit installée sur un pied (149), soit à mains (155).

L'or, l'argent et les pierres semi-précieuses sont placés sous le contrôle du trésor royal. Avant d'être donné aux

149 Relief de la chaussée d'Ounas. Les inscriptions décrivent les scènes : « laver la vaisselle d'électrum », « aiguiser la lame en la recuisant » et « les plateaux sont équilibrés ».

150 Métallurgistes et bijoutiers de la tombe de Nyankhkhnoum et Khnoumhotep à Sakkara. En haut, de droite à gauche : ouvrier attisant le feu et contrôleur, avec la légende : « l'air devient chaud à cause de son frère [la chaleur s'élevant du feu] » ; battre le métal moulé ; battre un vase, avec la légende : « recuire un vase en or en forme de coupe » ; « dorer un sceptre » ; dorer des ornements et les extrémités de pendentifs de ceinture ; dorer un bâton de dignitaire ; « production de diadèmes pour l'équipement funéraire ». En bas, de droite à gauche : « faire le collier funéraire » ; « ajuster le collier » ; « attacher le collier » ; « laver le collier » ; menuisiers fabriquant des meubles.

artisans, l'or est pesé et son poids consigné par écrit. Ensuite, on pèse les bijoux qu'on a fabriqués avec ces quantités de métal pour éviter toute malversation.

La fonte de l'or, le martelage et la dorure

Une fois pesé, l'or est déposé dans un creuset et apporté aux ouvriers qui fondent le métal (148). La fonte est une opération essentielle, toujours figurée dans les scènes d'orfèvrerie. Quatre ouvriers, groupés par paires, sont agenouillés de part et d'autre d'un feu, à ciel ouvert. En soufflant dans leurs tuyaux, ils attisent les braises, jadis peintes. Le feu doit chauffer suffisamment pour porter le creuset à la température de fusion de l'or, qui est de 1 000 °C. Les tubes se terminent par une tuyère en argile résistant au feu. Avec sa main libre, l'ouvrier protège son visage de la chaleur. Un contremaître regarde si l'or commence à fondre (148, 150).

Un artisan transporte ensuite le creuset brûlant entre de petites mottes de terre isolantes, puis il verse l'or fondu sur une dalle de pierre où il refroidit (153). Un ouvrier, agenouillé, retient avec un bâton les impuretés qui flottent à la surface de l'or liquide.

Une fois attiédis, l'or, l'électrum ou l'argent sont divisés en petites portions à l'aide de marteaux de pierre bien aiguisés (150), puis laminés de façon à former une plaque (148, 153). Les artisans sont capables de fabriquer des feuilles d'or d'une extrême finesse, d'une fraction de millimètre d'épaisseur, en martelant des feuilles d'or de plus en plus minces qu'ils placent entre des peaux d'animal.

Après la fonte et le laminage, les opérations de base, le travail plus sophistiqué commence. Sur les images reproduites ici, il se réduit au martelage d'un vase en feuille d'or sur une enclume (150), à la recuisson d'un récipient devenu friable à force d'être martelé et au polissage de la vaisselle terminée (147).

Les scènes suivantes illustrent le travail des doreurs (150). Ils revêtent de feuilles d'or un sceptre en bois, une boucle de ceinture, un ornement de pagne, un sceptre de dignitaire et un diadème en cuivre. L'or est plaqué à la surface lisse par pression ou à l'aide d'une matière adhésive. Les bijoux portés tous les jours sont en or massif, alors que les parures funéraires sont souvent en cuivre doré.

Les techniques des bijoutiers

Les bijoutiers ne figurent pas à côté des artisans qui effectuent les opérations de base de transformation de l'or. Installés de part et d'autre de tables basses, ils brandissent un collier terminé, scène qui résume l'ensemble de leurs activités (150, 155). Les artisans qui fabriquent les perles sont souvent des nains (154). De leurs mains délicates aux doigts agiles, ils exécutent avec méticulosité les nœuds complexes qui ferment les rangées de petites perles.

Dans la tombe de Pépiânkh, à Meir, on a illustré la torsion du fil pour les perles. Ici et là, on a aussi représenté l'opération finale, qui consiste à tremper le collier de perles dans un bassin (150). Le fil mouillé se tend en séchant et rigidifie le collier.

À la fin de l'Ancien Empire, on voit dans les ateliers des bijoux inconnus par ailleurs. Ils ne correspondent ni aux bijoux réels, ni aux parures figurées sur d'autres reliefs. Dans la tombe du vizir Mérérouka, à Sakkara (154, 155), les bijoutiers ont disposé sur des tables basses des serre-tête dits de « pêcheurs », ornés d'ombelles de papyrus et de rubans, des colliers de

151 « Laver le collier », relief de la tombe de Nyankhkhnoum et Khnoumhotep.

152 « Faire fondre le métal », relief de la chaussée d'Ounas.

153-154 Sur ce relief de la tombe de Mérérouka, les orfèvres et les bijoutiers font fondre l'or, versent le métal liquide, battent une feuille d'or, nouent un collier et travaillent sur un collier avec un large pendentif. Au-dessus du collier fermé par deux nains bijoutiers, on lit « c'est très beau, camarade ».

perles avec de larges pendentifs et des attaches en forme de tête de faucon. À l'origine, ces parures funéraires étaient réservées uniquement au roi. Leur présence dans cette sépulture indique qu'un certain nombre d'Égyptiens profitent de l'affaiblissement du pouvoir royal à la fin de l'Ancien Empire pour usurper les privilèges royaux et s'accaparer les parures et les marques du pouvoir du roi, au moins à travers ses représentations.

Sous l'Ancien Empire, les artisans, stimulés par l'afflux des commandes royales et par l'approvisionnement régulier en or et en pierres semi-précieuses, n'ont cessé de perfectionner leurs techniques. Malheureusement, les reliefs apportent peu de renseignements sur ce sujet. Nos connaissances se fondent sur les expériences menées de nos jours pour retrouver les méthodes de fabrication antiques d'après les objets que nous ont laissés les bijoutiers égyptiens.

L'or fin est très mou et ductile, mais il est fragile. Il fond à 1 065 °C. L'or des montagnes des déserts d'Égypte et de Nubie contient généralement de l'argent. Cet alliage naturel, que les Grecs ont appelé *elektron* à cause de sa couleur ambrée et que nous nommons électrum, renferme parfois une petite quantité de cuivre. Plus dur que l'or pur, il est couramment utilisé en bijouterie par les anciens Égyptiens. Il fond à 1 000 °C.

Dès 3000 av. J.-C., les joailliers savent souder l'or et l'électrum. Ils soudent des métaux qui fondent à une température basse en travaillant au-dessus d'un foyer qu'ils attisent en soufflant dans des tuyaux. Ils n'utilisent ni le plomb, ni l'étain. Pour les soudures du dais de la reine

155 Dans le mastaba de Mérérouka figurent aussi la pesée du métal en présence d'un scribe et un gorgerin orné de têtes de faucon noué par des bijoutiers.

Hétephérès, ils ont employé de l'argent. Pour souder l'or pur, les bijoutiers se servent d'or contenant une forte proportion d'argent ou électrum. La soudure de l'or ou de l'électrum, qui demeure presque toujours invisible, s'effectue sans doute en appliquant sur les parties à souder de l'oxyde de cuivre avec du natron et de la colle. Pour fabriquer le fil d'or, déjà utilisé dans le bracelet d'une reine de la Ire dynastie (45), on découpe

156-157 Récipient en or en forme de coquillage et bracelet en perles de la pyramide de Sekhemkhet.

de très minces lanières de feuilles d'or que l'on passe et repasse dans le trou d'une longue perle de pierre (tréfilage).

Les bracelets de la reine Hétephérès (163) indiquent, qu'à cette époque, on incruste les pierres de couleur en les collant avec de la résine au fond des cavités creusées dans le métal. Le cloisonné n'est attesté qu'occasionnellement à la fin de l'Ancien Empire sur de petits bijoux. Pour le fabriquer, on soude sur une feuille d'or de fines cloisons d'or délimitant les alvéoles dans lesquelles on sertit les pierres semi-précieuses. D'après les objets exhumés dans les tombes royales d'Ur, la technique du cloisonné est connue en Mésopotamie depuis 2300 av. J.-C. environ.

Les bijoux de l'Ancien Empire

Les trésors des bâtisseurs des pyramides ont presque tous été pillés. Les rares objets épargnés ont été exhumés dans deux sépultures de Sakkara et deux tombes de Guiza, dont celle d'Hétephérès, qui contenait l'équipement funéraire presque complet de la reine.

Le trésor de la pyramide de Sékhemkhet

Non loin de celle de Djéser, à Sakkara, Sékhemkhet a fait bâtir sa pyramide à degrés, qui est restée inachevée. Le sarcophage en calcite jaune (albâtre), vide, se trouve dans le passage menant à la chambre funéraire. En 1950, les archéologues du service des Antiquités de l'Égypte mettent au jour, dans la pyramide, un trésor appartenant probablement à une dame de la cour, enterrée dans le monument en cours de construction. Il se compose de vingt et un

158 Entrée de la chambre funéraire de la pyramide à degrés inachevée du roi Sékhemkhet.

bracelets simples en or, de différents diamètres, de perles de cornaline et de faïence, de centaines de perles rondes et creuses en or. À cela s'ajoutent deux barrettes en or complètes et quelques-unes cassées, toutes percées de petits trous pour passer les fils soutenant des rangées de perles. À partir de ces éléments, les restaurateurs ont reconstitué un bracelet avec dix rangs de perles (157).

dorure. Les pilleurs ont probablement caché la caisse, qu'ils ont oubliée. On ne sait pas où se trouvait exactement, dans la pyramide, la tombe de la propriétaire de ces richesses.

Le trésor de la reine Hétephérès

À Guiza, c'est un heureux hasard qui a mené à la spectaculaire découverte d'une tombe intacte où ne

159 Aiguière et coupe en or de la reine Hétephérès.

manquait… que la momie. En 1925-1926, l'archéologue américain George A. Reisner dirige les fouilles du côté est de la pyramide de Khéops. Alors que le photographe de la mission installe son appareil, il constate que le trépied s'enfonce dans le sol apparemment rocheux. Les archéologues découvrent bientôt que le sable dissimule une couche de gravier et de mortier, qui cache elle-même l'entrée d'un puits taillé dans la pierre.

Ils mettent ensuite au jour un court escalier et un puits profond qui conduit à une porte en briques crues

La plus belle pièce du trésor est une coquille bivalve en or martelé qui reproduit une coquille Saint-Jacques *(pecten)*. Elle s'ouvre grâce à une charnière et se ferme à l'aide d'agrafes fixées à l'extrémité des valves. Peut-être s'agit-il d'une boîte à cosmétiques, destinée au fard à paupière ou à un onguent. Elle voisine avec une pince à épiler.

Les objets retrouvés sous les déblais étaient encore soigneusement rangés. Ils avaient été déposés à l'intérieur d'un coffre en bois qui s'est désagrégé au cours des siècles et n'a laissé que des fragments de

Les découvertes de Guiza

La pyramide de Guiza compte parmi les Sept Merveilles du monde antique. Au Moyen Âge, les pyramides et les tombes avoisinantes sont systématiquement pillées et vidées de leurs bijoux en or. Il existe même un guide qui donne des recettes infaillibles aux profanateurs de sépultures : le *Livre des perles enfouies*. Si, comme l'indique l'auteur, on parcourt tant de pas dans telle ou telle direction à partir du sphinx ou d'une pyramide, on est certain de découvrir des salles souterraines qui regorgent d'or et de pierres précieuses. Avec ou sans cet ouvrage, nombreux sont ceux qui ont arpenté le plateau de Guiza. Un trésor, cependant, leur échappe : l'équipement funéraire de la reine Hétephérès.

Il faut attendre le début du XXe siècle pour que l'équipe de Reisner accède à une salle basse en grand désordre. À gauche se dresse un sarcophage scellé sur lequel sont posés des objets. Au milieu des coffres, des poteries et d'autres meubles cassés et éparpillés sur le sol scintillent des éléments en or. Après s'être occupés de ce matériel, les archéologues procèdent à l'ouverture du sarcophage scellé, qui doit normalement contenir la reine et ses précieux bijoux. Mais contre toute attente, la cuve est vide. Les recherches entreprises sur le site ces dernières années ont sans doute permis de résoudre le mystère de l'absence de momie.

Ci-dessus. Emplacement du puits de la tombe de la reine Hétephérès, à l'est de la pyramide de Khéops; à gauche s'élève celle de Khéphren.

À droite. La barque funéraire découverte en 1954 dans une fosse aménagée au sud de la pyramide de Khéops.

À gauche. L'intérieur de la chambre funéraire de la reine en cours de dégagement ; le sarcophage est à gauche sur les trois premières vues.

condamnant l'entrée de la chambre funéraire inviolée. Après avoir démantelé la maçonnerie, l'équipe de fouilles pénètre dans une salle, creusée dans la roche, où règne le plus grand désordre. Sur le côté gauche de la pièce se dresse un grand sarcophage fermé en albâtre. Sur le couvercle du cercueil et partout sur le sol sont répandus des objets cassés, des morceaux de coffres et de meubles et des éléments étincelants en or. Une niche qui contient la caisse canope est aménagée dans la paroi de la chambre funéraire. Le coffre, divisé en quatre compartiments, renferme les viscères de la défunte.

Les archéologues démêlent ce fouillis avec le plus grand soin, en notant l'emplacement exact du moindre élément avant de le déplacer. Les meubles en bois, inhumés avec la reine, étaient recouverts de feuilles d'or et ornés d'incrustations de faïence colorée. Le bois s'est décomposé alors que les panneaux d'or et de faïence ont résisté. En se fondant sur ce décor bien conservé, les égyptologues ont reconstitué la forme originale des coffres, des sièges et même du dais. On a ensuite exécuté des copies exactes du mobilier de la reine.

Les inscriptions, façonnées au repoussé sur des feuilles d'or, apprennent aux archéologues qu'ils ont fait une découverte sensationnelle. Ils ont mis au jour le matériel funéraire de la reine Hétephérès, l'épouse de Snéfrou et la mère de Khéops, le constructeur de la grande pyramide.

Après avoir vidé la chambre funéraire, les archéologues s'apprêtent à vivre un moment exaltant. Les objets qu'ils ont recueillis jusque-là et qui ont échappé au pillage les invitent à croire que le contenu du sarcophage scellé, c'est-à-dire la momie et ses bijoux, est toujours là. Le 3 mars 1927, devant un parterre d'invités prestigieux, ils soulèvent lentement le couvercle du cercueil. Mais un seul regard jeté dans la fente séparant le couvercle et la cuve suffit à décevoir l'assistance : le sarcophage est vide. Pourquoi le riche équipement funéraire de cette épouse et mère de puissants rois de la IVe dynastie se trouve-t-il dans un pareil désordre ? Pourquoi la caisse canope est-elle pleine et le sarcophage inoccupé ? Comment expliquer l'absence de superstructure, comme une pyramide, au-dessus de la tombe de la reine, et la présence des panneaux d'or ?

Reisner a tenté de répondre à ces questions. D'après lui, Hétephérès aurait d'abord été inhumée près de la

160 Fauteuil d'Hétephérès. Les colonnettes à l'arrière-plan appartiennent à son dais.

pyramide de son époux, à Dachour. Mais le manque de surveillance du cimetière royal, consécutif au transfert de la capitale en un autre lieu, aurait laissé le champ libre aux voleurs, qui se seraient emparés des bijoux de la reine et auraient détruit sa momie. Khéops aurait alors ordonné de déposer le mobilier funéraire, désormais privé de momie, dans une tombe secrète, proche de sa pyramide, et dépourvue de superstructure.

Les recherches récentes ont montré que cette hypothèse n'était pas fondée. En effet, près du puits, on a retrouvé dans la roche les traces d'une petite pyramide qui n'a pas dépassé le stade de projet. Cela prouve que la tombe de Guiza est bien la sépulture prévue dès l'origine pour la reine. Mais, Khéops a ensuite changé le plan du cimetière royal afin d'ériger trois petites pyramides pour ses épouses. Elles se dressent sur le côté est de son propre tombeau. La pyramide d'Hétephérès aurait gêné la nouvelle disposition. Khéops ne voulait pas, cependant, se priver complètement dans l'au-delà de la compagnie de sa mère, dont il avait fait aligner la chambre funéraire sur la sienne. Il a transféré la momie d'Hétephérès à Dachour pour l'inhumer près de Snéfrou, son époux. La caisse canope et le mobilier funéraire sont restés à Guiza. Pour déplacer la momie, on a ouvert le sarcophage dans la chambre funéraire exiguë. C'est au cours de cette opération que l'équipement funéraire et les meubles ont été éparpillés ici et là.

161 Embout d'un brancard de la chaise à porteurs.

La momie de la reine et les riches parures l'aidant à gagner le monde des dieux manquent, mais pas ses bijoux personnels. Vingt bracelets en argent (162) se trouvaient dans un coffre à bijoux aux parois dorées à la feuille qui portaient cette inscription : « La mère du roi de Haute- et Basse-Égypte, Hétephérès. Coffre à bijoux. »

À l'intérieur, les bracelets étaient enfilés par ordre décroissant sur deux tiges en bois amovibles. D'après un petit relief, ces anneaux, incrustés de papillons en turquoise, lapis-lazuli et cornaline, paraient les avant-bras de la reine.

Le dais protégeant le lit avait été démonté et ses colonnettes posées sur le sarcophage. La chambre funéraire était trop petite pour dresser le meuble. Le cadre, de structure simple, doré à la feuille, a été

162 Coffre à bijoux de la reine Hétephérès.

163 Bracelets en argent d'Hétephérès.

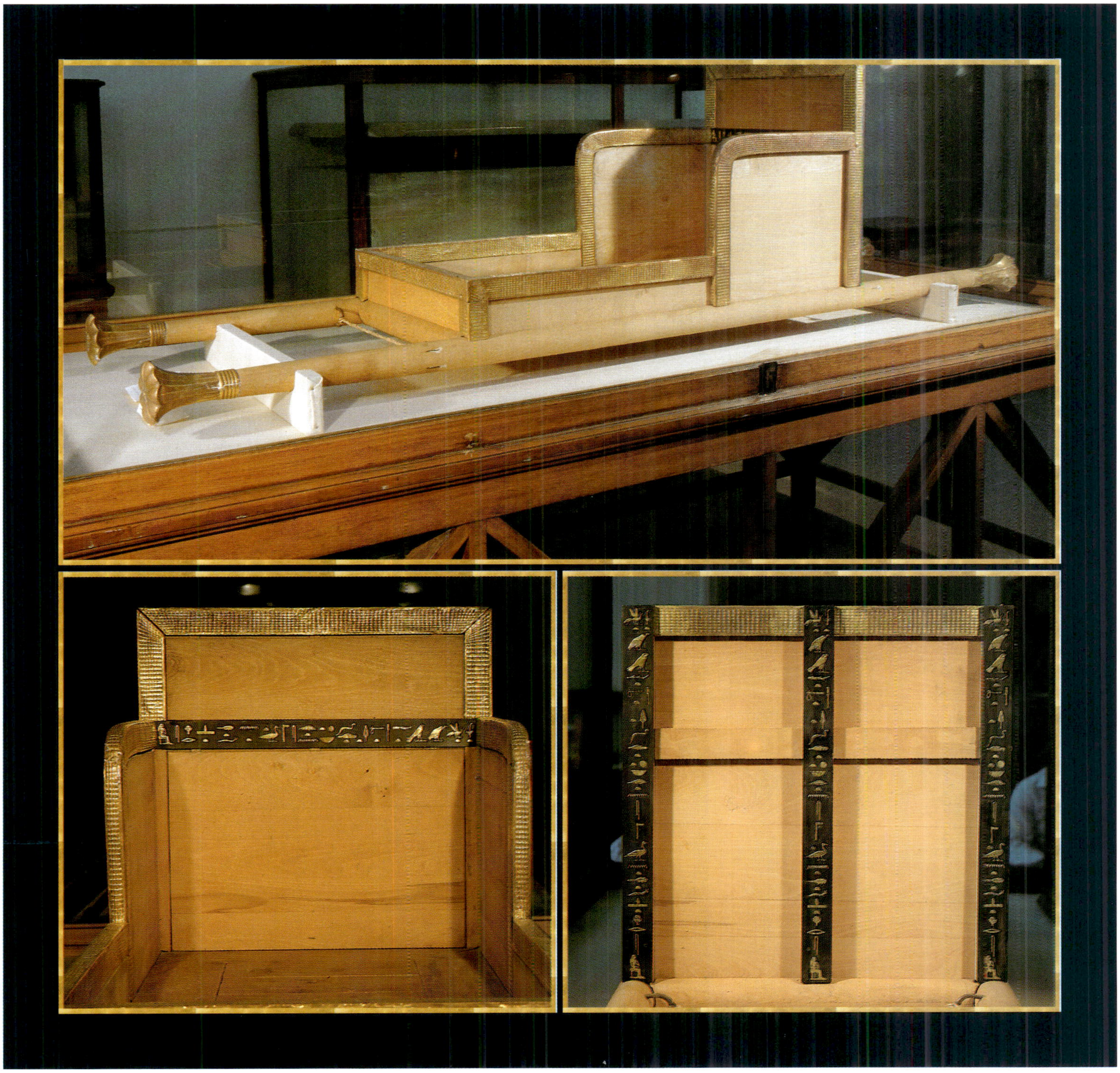

164 En haut, chaise à porteurs d'Hétephérès.

165-166 Les deux faces du dossier de la chaise à porteurs.

reconstitué au musée du Caire. Les parties en bois sont modernes (167).

Les deux montants placés à l'entrée du dais sont ornés d'une inscription hiéroglyphique tracée par la main d'un maître sur une feuille d'or, ensuite martelée et travaillée au repoussé. On y lit le nom et les titres de Snéfrou. D'après la titulature, la divinité du roi est étroitement liée à la nature de l'or :

L'Horus, Nebmaât (Seigneur de l'ordre divin), le grand dieu, doté de vie, de stabilité et de pouvoir, le roi de Haute- et Basse-Égypte, Seigneur du Double-Pays, l'Horus d'or Snéfrou, Seigneur de Hépet [le gouvernail du bateau auquel on assimile l'État], *l'Horus d'or, premier parmi les dieux, éternellement (172).*

Le dais et le coffre à rideaux inscrit sont des cadeaux de Snéfrou à son épouse. Le revers du dossier en ébène de la chaise à porteurs de la reine (164-166) est incrusté de hiéroglyphes en or. Cette inscription montre que la

167 Colonnettes du dais et lit d'Hétephérès.

chaise à porteurs est un don de Khéops qui a complété l'équipement funéraire de sa mère : « La mère du roi de Haute- et Basse-Égypte, compagne d'Horus, directrice des bouchers de la maison de l'acacia [on prépare les offrandes funéraires royales dans la maison de l'acacia], dont toutes les paroles sont observées, la fille du dieu, de sa chair, Hétephérès. » Un grand coffre, doré, contenait une aiguière et une coupe en or (159), d'autres récipients et un rasoir à manche en or et à lame en cuivre. Il abritait aussi le coffret à bijoux recelant les bracelets en argent (162).

La restauration du mobilier a duré plusieurs années. Outre le dais et la chaise à porteurs, le musée du Caire possède le lit (167) et un autre siège (160). Ces meubles comptent parmi les plus belles pièces de la collection. Si le matériel funéraire d'une reine était aussi magnifiquement doré, celui des bâtisseurs des pyramides de Guiza devait être d'une richesse inouïe.

Le décor du mobilier d'Hétephérès s'inspire des insignes de la royauté, des emblèmes protecteurs des dieux et des symboles de vie et de renaissance.

Les montants qui forment les angles à l'arrière du dais (168) sont assemblés à l'aide de fixations en cuivre ornées de têtes dorées en forme de taupin. Ce coléoptère, qui a la faculté de se redresser tout seul lorsqu'il est renversé sur le dos, est censé assurer la résurrection du mort.

Sur les bracelets sont incrustés des papillons en lapis-lazuli, cornaline et turquoise (163) et des disques en cornaline. Les motifs symbolisent peut-être le soleil et la promesse de la lumière, de la vie et de la liberté de mouvement dans l'au-delà.

Les pieds dorés des chaises et du lit imitent des pattes de lion. En haut, les pattes antérieures sont en partie recouvertes par la crinière du fauve. La reine se repose symboliquement sur un animal incarnant

168 Détail d'un pilier d'angle du dais d'Hétephérès.

169 Hiéroglyphes-djed (stabilité) et tit (protection) sur un motif floral.

la puissance divine qui la protège et l'aide à renaître. La tête de lit surélevée (167, à gauche) place le défunt dans une position inclinée Cette attitude correspond peut-être au début du processus de la résurrection du corps.

Les deux côtés du dossier de l'une des chaises (170) possèdent un beau décor en faïence. Le panneau porte les emblèmes de la déesse Neith, tandis que les bordures en bois sont ornées de plumes de faucon stylisées, interrompues par un motif végétal. Les deux fleurs de lotus très épurées, qui s'ouvrent sur le côté, sont séparées en haut et en bas par un bouton de lotus. Le lotus, figuré à la fois en fleur et en bouton, avec toutes les variantes possibles, deviendra un motif caractéristique de la bijouterie égyptienne. Il inspirera aussi une sorte d'amulette. Dans une chapelle du temple funéraire du roi Sahourê (169), le lotus est placé, en effet, aux côtés des hiéroglyphes-*djed* et *tit*, la stabilité et le nœud de protection. On le retrouve sur l'emblème de Min de Coptos, l'ancien dieu de la guerre, qui décore un bracelet du roi Snéfrou (123). Le symbole de Min est reproduit sur le coffre à rideaux du dais de la reine (171).

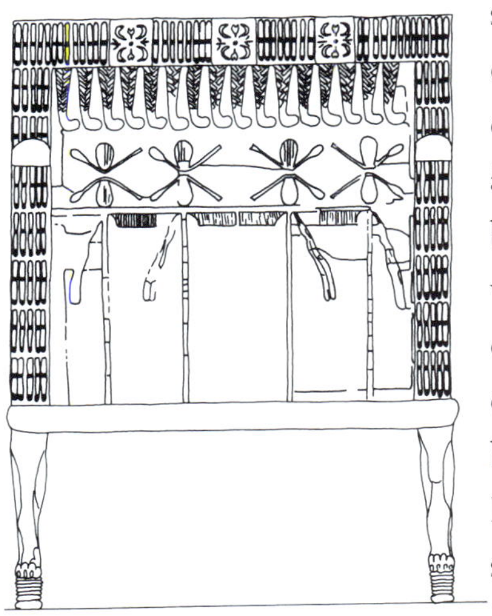

170 Décor de l'arrière d'un siège d'Hétephérès.

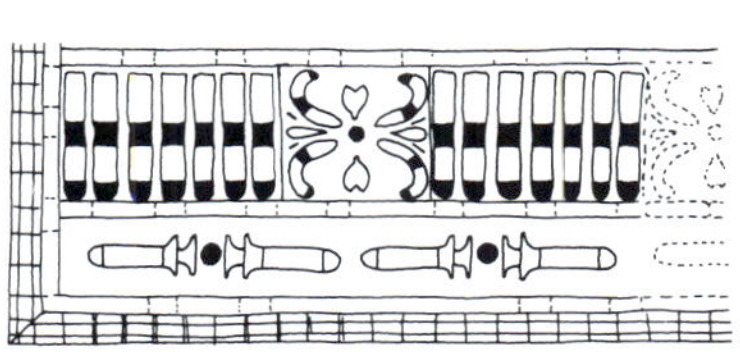

171 Décor du coffre à rideaux.

La ceinture de perles de Ptahchepsès

Dans une cachette aménagée dans le temple de la vallée du complexe funéraire du roi Ounas, à Sakkara, les archéologues ont exhumé le sarcophage du prince Ptahchepsès. La momie s'était complètement décomposée sous l'effet de l'eau qui avait envahi le cercueil pillé. La cuve contenait encore une ceinture de perles (175), remarquable illustration du génie et du sens de la couleur des anciens bijoutiers.

Les perles qui s'étaient détachées ont été soigneusement remontées. La ceinture est constituée d'une fine feuille d'or couverte de perles de cornaline et de stéatite dorée du côté extérieur. Ces perles dessinent un motif géométrique et sont enfilées sur des fils d'or, glissés à leur tour dans de petits tubes d'or soudés aux bords inférieurs et supérieurs de la feuille d'or. Le décor consiste en une série de carrés posés sur un angle et ornés au centre d'une perle cruciforme. Il rappelle l'ornementation de la ceinture de Narmer (38). Le schéma de montage des perles (174) met en évidence la complexité du motif.

Les extrémités de la ceinture sont couvertes et maintenues par des capuchons en or massif en forme de demi-cercle. Le fermoir trapézoïdal est fabriqué dans une double feuille d'or. La rainure, qui le borde, est incrustée de cornaline et d'obsidienne (173). Les deux figures assises face à face et munies d'un long sceptre représentent le propriétaire de la ceinture, que les hiéroglyphes identifient comme le prince, le fils du roi, Ptahchepsès. À son front se dresse un uraeus. Un faucon, tenant dans ses serres

172 Support à l'entrée du dais avec des hiéroglyphes travaillés au repoussé dans une feuille d'or.

l'anneau-*chen*, symbole d'éternité, vole dans sa direction. Il déploie ses ailes en signe de protection.

Aux deux extrémités du fermoir, sur les bords rabattus vers l'intérieur, on a soudé des plaques d'or. Les capuchons semi-circulaires de la ceinture sont glissés sous ces plaques et attachés l'un à l'autre avec des fils d'or masqués par le fermoir. Au centre de la ceinture, le motif géométrique est interrompu par une plaque d'or percée d'une fente servant à fixer la queue de taureau, qui compte parmi les attributs de la royauté.

Les bijoux d'une momie anonyme

En 1931, on a découvert à Guiza une série de bijoux appartenant à une femme non identifiée. La chapelle, qui surmontait le caveau souterrain, fut jadis détruite par la construction de la sépulture d'un grand dignitaire du palais. C'est ainsi qu'ont été perdus à jamais le nom et le rang de la dame. Sa momie, étendue dans la chambre funéraire inviolée, était parée d'un diadème, d'un collier avec des éléments en forme de scarabée, de colliers de perles de faïence et d'or, de bracelets pour les bras et les chevilles en or et en cuivre. Les perles des colliers et autres bijoux étaient en partie enfilées sur des fils d'or et en partie éparpillées.

Les cinquante scarabées du collier (176) ont été fabriqués en emboutissant une feuille d'or dans un moule et en travaillant les ailes au repoussé. Le coléoptère est le taupin, déjà figuré sur une amulette provenant d'une tombe thinite de Naga ed-Deir (49) et sur le dais de la reine Hétephérès (168).

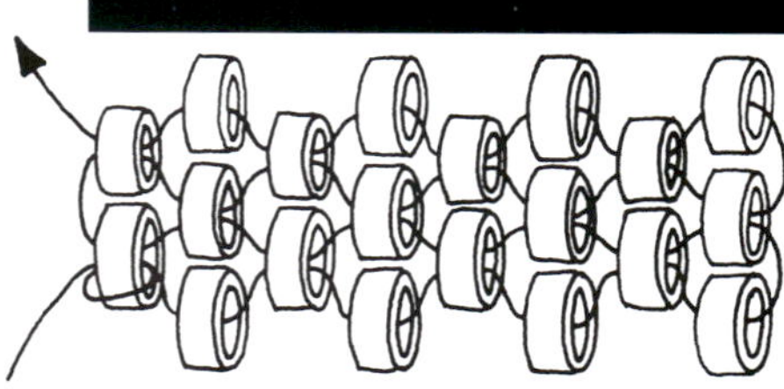

173-175 Ceinture en perles de Ptahchepsès, le fermoir et un schéma du montage des perles.

Le diadème (177) consiste en un bandeau de cuivre doré dont les extrémités arrondies sont percées pour le fil, permettant de le fermer et de l'ajuster à la tête. Il est orné de trois disques faits dans une feuille d'or martelée et travaillée au repoussé. Ils sont fixés au diadème par des rivets en cuivre, entourés de cylindres en or. Le point d'attache est caché par de la cornaline.

Le disque central reprend, de manière stylisée, le motif végétal dessiné sur les meubles d'Hétephérès (171). Autour de la cornaline rayonnent quatre fleurs de lotus disposées comme un trèfle à quatre feuilles.

Le pistil pointe hors du calice. Les fleurs sont séparées par des boutons de lotus. Ce motif symbolise la vie. Les deux autres disques évoquent la transformation du défunt en esprit glorieux *akh*. Sur les ombelles de papyrus, qui encadrent la cornaline, nichent deux ibis à crête *akh* dont les longs becs rejoignent l'extrémité supérieure de la plante, fermant ainsi le disque.

La tête de faucon d'Hiérakonpolis

En 1897-1898, l'archéologue J. E. Quibell a découvert un objet unique dans le temple d'Horus à Hiérakonpolis. Dans une cachette aménagée sous le dallage de la chapelle centrale, il a mis au jour la tête en or (115) et les vestiges du corps en bois d'une statue du faucon Horus. Il s'agit d'une image de culte, enterrée rituellement, lorsque Thoutmosis III a reconstruit le temple au Nouvel Empire. Chef-d'œuvre d'orfèvrerie, la tête et la base du cou sont en or martelé, travaillé au repoussé de l'intérieur vers l'extérieur avec un ciselet. Le bec a été exécuté séparément et soudé. Les yeux sont formés par les extrémités arrondies d'une tige d'obsidienne qui traverse la tête. Les paupières sont constituées par les montures qui maintiennent la pierre. La tête, très réaliste, est empreinte de majesté.

Les petits trous carrés, les marques laissées par un maillet et les traces vertes d'oxydation à la base de la feuille d'or indiquent que la tête était chevillée à un corps en bois qui s'est décomposé. De petites plaques de cuivre martelé, clouées sur le noyau de bois, figuraient le plumage du rapace. La couronne en or, ornée de l'uraeus et des hautes plumes, est un ajout postérieur. Dans la cachette, l'oiseau voisinait avec des offrandes de la VIe dynastie, fabriquées dans différents matériaux.

176 Collier avec des scarabées d'or.

177 Diadème funéraire orné de disques.

LE MOYEN EMPIRE

Le pouvoir absolu porte en lui-même les germes de sa propre dissolution. Les puissants rois des IIIe et IVe dynasties, élevés au rang de dieux, ont posé les fondements de l'art égyptien et mis au point une administration efficace qui leur a permis de construire les grandes pyramides. Après eux, l'État égyptien a montré des signes de déclin dans de nombreux domaines. Les pyramides de la Ve dynastie sont plus modestes.

178 Amenemhat IV fait une offrande au dieu Atoum.

Les plus hautes dignités, confiées à l'origine aux seuls membres de la famille royale, sont désormais exercées par une classe montante de fonctionnaires professionnels. Ces nouveaux dignitaires reçoivent des terres et des paysans en guise de rémunération. Ces dons, qui s'ajoutent aux dotations des temples des dieux locaux, de plus en plus souvent exemptés d'impôts, écornent les richesses de l'État. En Haute-Égypte, les fonctionnaires, qui se transmettent leur charge héréditairement, finissent par ne plus obéir au roi. Les princes-gouverneurs se disputent le pouvoir et provoquent la chute de la royauté.

179 Miroir de Sat-Hathor-Iounit, décoré d'une tête d'Hathor.

180 Collier de perles tubulaires et ovales d'Achaït.

Le déclin de l'Ancien Empire et les luttes internes conduisent à la désagrégation du royaume. Une dynastie d'Hérakléopolis domine la Haute- et la Basse-Égypte jusqu'à Abydos, tandis que les princes de Thèbes règnent sur le sud du pays. Sous la brève domination des Hérakléopolitains (IXe et X[e] dynasties), les Égyptiens se tournent vers le passé. La littérature montre qu'ils ont une conscience aiguë de la fin catastrophique de l'Ancien Empire et des bouleversements qui s'ensuivent :
« Les colliers de perles sont au cou des esclaves alors que les dames autrefois nobles parcourent le pays en se lamentant : "Oh, si j'avais seulement de quoi manger !" »

Cette situation troublée invite les Égyptiens à se poser de nombreuses questions. Est-il vraiment nécessaire de posséder un riche équipement funéraire ? Gagne-t-on vraiment la vie éternelle grâce à des moyens matériels ? Depuis la fin de l'Ancien Empire, le culte d'Osiris, dieu des morts, s'est largement répandu en Égypte. Dieu juste et bon, Osiris exige simplement des hommes qu'ils suivent Maât, la voie de la justice et de l'harmonie. Il accueille dans l'au-delà tous les mortels qui ont mené une vie conforme à ce principe. Avec Osiris s'impose la croyance que l'on accède à la vie éternelle grâce ses qualités morales. L'au-delà se « démocratise ».

Sous la première période intermédiaire, l'ordre social est bouleversé et le chaos règne en maître. On pille les pyramides, on détruit les temples funéraires. Vers 2040 av. J.-C., Montouhotep II Nebhepetrê de Thèbes fonde la XIe dynastie. Après avoir écrasé les Hérakléopolitains et leurs alliés, les princes de Moyenne-Égypte, il réunifie le pays et restaure l'ordre. Thèbes, en Haute-Égypte, devient la capitale. Une fois l'unité et l'administration centrale rétablies, les commandes royales reprennent. On assiste très rapidement à une nouvelle floraison artistique. Le roi appelle à Thèbes les artistes de Memphis, familiarisés avec les canons royaux et les styles du passé ; il leur confie la décoration du temple funéraire qu'il fait construire dans le cirque de Deir el-Bahari.

Sur la stèle qu'il érige à Abydos vers 2020 av. J.-C., l'artiste Irtysen se vante de son excellente maîtrise des matériaux et des techniques. Il ne s'étend pas sur ce sujet, car le savoir de l'artiste égyptien est de nature rituelle et confidentielle : « Je connais le secret des paroles divines ».

Celles-ci sont copiées et conservées dans la Maison de vie, institution culturelle attachée aux temples. Le personnel de la Maison de vie, composé notamment de théologiens et d'artistes, élabore les modèles des statues, des reliefs, des peintures et des bijoux royaux et funéraires en respectant les conceptions théologiques et les règles de l'écriture et de l'art égyptiens. Dans la Maison de vie, les images et les textes acquièrent leurs propriétés magiques.

Irtysen poursuit :
« Je connais l'ordre des cérémonies [les rituels qui donnent vie aux œuvres créées par les artistes et les artisans], j'ai utilisé tous les pouvoirs magiques. »

C'est le discours d'un artiste confirmé, initié aux rites, qui animent les œuvres d'art. Le texte montre aussi que sous la XIe dynastie, il existe une activité artistique indépendante.

Ni Montouhohep II Nebhepetrê, ni ses successeurs ne réussissent à empêcher les princes locaux de promouvoir à nouveau leurs intérêts particuliers. Améni, vizir de Montouhotep IV, dernier roi de sa lignée, restaure l'ordre et fonde la XIIe dynastie sous le nom d'Amenemhat Ier. Il réduit, puis supprime le pouvoir des nomarques.

Amenemhat transfère la capitale dans le nord, à Memphis, ancien centre de la culture égyptienne. Lien entre la Haute- et la Basse-Égypte, la ville établit l'équilibre entre les deux régions. La renaissance du pays concerne tous les domaines. Les rois multiplient les monuments, les statues, les reliefs, les inscriptions et les bijoux. En encouragent les arts à exprimer le concept de Maât, l'ordre et l'harmonie, ils portent la création artistique vers de nouveaux sommets.

Les reliefs et les hiéroglyphes de la XIIe dynastie, d'abord proches de ceux de la VIe dynastie, deviennent beaucoup plus raffinés. Les proportions, les contours et les détails des reliefs et des hiéroglyphes répondent à de nouvelles normes. Les figures, qui respectent des conventions sévères, se détachent sur un fond plat qui est presque entièrement couvert de hiéroglyphes monumentaux.

Le style et la symbolique des reliefs royaux de cette époque ont largement inspiré les motifs décoratifs des bijoux de la XIIe dynastie. Les hiéroglyphes deviennent un élément essentiel du décor des bijoux royaux. Les contours très graphiques des caractères, chargés de symboles, s'intègrent bien à l'ensemble de la composition. Ces signes invitent les artistes à explorer de nouveaux champs d'expression. Le roi et ses proches ne sont désormais plus les seuls à se parer d'or après leur mort. Mais après l'effondrement de l'Ancien Empire et les profanations de sépultures qui s'ensuivent, les particuliers s'interrogent sur l'efficacité des richesses déposées dans la

181 La princesse Kaouit à sa toilette.

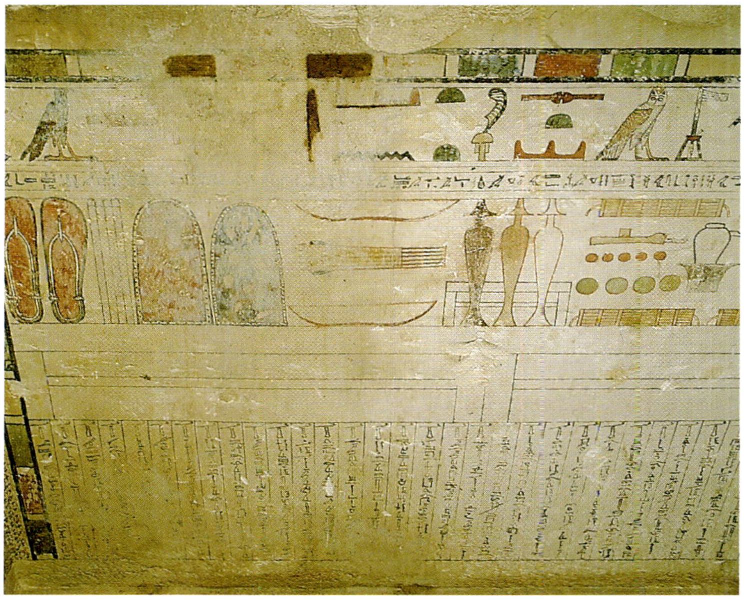

182 Objets de la vie quotidienne peints dans un cercueil.

183 Bijoux peints à l'intérieur d'un sarcophage.

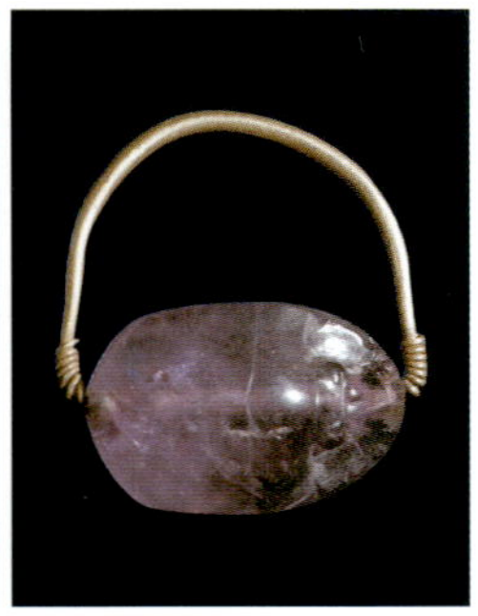

184-185 Bagues au scarabée d'Amenemhat III.
186 Bague avec un scarabée en améthyste.

tombe. Ils se mettent alors à décorer l'intérieur de leurs cercueils (182-183) de représentations des attributs de la royauté et de passages des *Textes des sarcophages* qui promettent « l'éternité grâce à l'or ». Ils y font aussi figurer des objets de la vie quotidienne tels que vêtements, bijoux, miroirs, appuie-tête et bassins, et des éléments destinés aux cérémonies funéraires comme les vases à huile et les instruments du rituel de l'ouverture de la bouche, qui redonne le souffle de vie à la momie. Grâce au pouvoir magique de l'image, ces éléments sont à la disposition permanente du mort dans l'au-delà.

L'art des orfèvres atteint son apogée sous le Moyen Empire, période où les idées foisonnent et où l'or et les pierres semi-précieuses abondent. Le répertoire des formes et des techniques s'enrichit, en outre, d'emprunts faits au Proche-Orient et à la mer Égée.

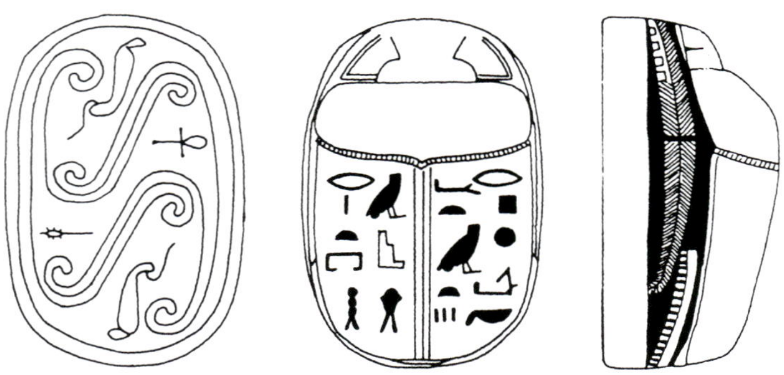

De nouvelles créations

Le scarabée sacré ou bousier, qui est apparu sous forme d'amulette à la fin de l'Ancien Empire, remplace désormais le taupin en tant que symbole de résurrection et de vie. « Puisses-tu vivre comme le scarabée-*ânkh* », est-il écrit dans les *Textes des pyramides* de l'Ancien Empire. *Khépri*, le nom du scarabée en égyptien, signifie « vie dans l'au-delà ». Au Moyen Empire, le ventre du coléoptère s'aplatit pour recevoir des inscriptions ou un décor accroissant son pouvoir magique. L'amulette sert aussi de sceau. Les trois scarabées d'Ouah, intendant de la maison du prince, illustrent ce nouveau type d'amulette (187-188).

Les amulettes en forme de cylindre et de poisson

Les amulettes cylindriques sont inconnues avant la XIIe dynastie. On les a découvertes dans des tombes de femmes, près de bijoux étrangers qui présentent de nouvelles techniques décoratives. On ne les revoit ensuite qu'au début de la XVIIIe dynastie, dans des tombes d'épouses secondaires du roi, originaires de Palestine ou de Syrie. Il s'agit donc certainement d'objets ayant subi une influence étrangère.

Ces cylindres longs de 3 à 7 cm, découpés dans une feuille d'or, sont souvent renforcés, à l'intérieur, par un tube en cuivre. Deux capuchons d'or ferment les extrémités. L'extérieur est décoré de petites protubérances, de motifs en zigzag obtenus par granulation, ou encore d'anneaux de pierres semi-précieuses et d'or enfilés sur un cylindre de cuivre.

On peut porter ces amulettes en pendentif grâce à un anneau. Mais les portait-on vraiment ainsi ? On ne le sait pas exactement, car elles ne sont pas représentées sur les reliefs et les statues des dames de la cour. Rien ne prouve, comme on l'a suggéré, que le cylindre contenait un morceau de papyrus avec une formule magique. Quoi qu'il en soit, il s'agit bien d'amulettes.

Les amulettes en forme de poisson sont également réservées aux femmes. Emblème d'Hathor et symbole

187 Scarabée d'Ouah avec des incrustations d'or.
188 Deux scarabées en argent, recto-verso, incrusté d'or et un troisième en lapis-lazuli, recto-verso, appartenant à Ouah.

189 Masque de momie doré en cartonnage.

190 Pendentif pisciforme accroché aux cheveux et pendant sur l'épaule.

de renaissance, elles sont portées par de très jeunes filles. On ne connaît aucun exemplaire réel, ni aucune représentation datant de l'Ancien Empire. Mais dans un conte du papyrus Westcar, dont l'action se situe sous la IVe dynastie, une amulette en forme de poisson joue un rôle important. Elle est en turquoise du Sinaï, région sur laquelle règne Hathor. Le roi Snéfrou se promène sur un lac dans une barque manœuvrée par les vingt plus belles filles de son palais et se divertit de les voir ramer. L'une d'elles fait tomber à l'eau une pendeloque en turquoise en forme de poisson. Elle se tait et cesse de ramer, aussitôt imitée par ses camarades. Snéfrou promet de remplacer le bijou perdu, mais la jeune fille veut absolument retrouver son amulette, ce qu'elle fera grâce à l'intervention d'un magicien qui pose une moitié du lac sur l'autre et ramasse le bijou.

On connaît de nombreuses amulettes pisciformes, réelles ou figurées, du début du IIe millénaire av. J.-C. Beaucoup de jeunes filles (190) les portent suspendues à un collier ou accrochées dans leurs cheveux. Deux espèces de poissons, évoquées dans la mythologie, inspirent ces amulettes : le poisson-chat (*Synodontis batensoda*) et la perche du Nil (*Tilapia nilotica*). Le poisson-chat qui nage sur le dos est un symbole de résurrection, comme le taupin, qui se rétablit en sautant lorsqu'il est dans la même position. La perche du Nil couve ses œufs dans sa gueule et crache ensuite des poissons pleinement développés ; cela fait d'elle la garante d'une vie éternellement renouvelée. En tant qu'incarnation de l' « autoreproduction », elle nage souvent à côté du lotus, autre symbole de renaissance.

Ces symboles décorent une ceinture ou un collier provenant d'une tombe de jeune fille à Thèbes (194). Huit coquillages en électrum sont réunis par deux rangs de perles en électrum, améthyste, lapis-lazuli, turquoise et cornaline. Aux perles sont fixés deux poissons-chats et deux boucles de cheveux en électrum. Au centre, un pendentif en cloisonné a la forme d'une ombelle de papyrus, décorée de trois fleurs de lotus, emblèmes de la renaissance, de la verdeur et de la jeunesse. Au bout de l'ombelle pend le hiéroglyphe du dieu Heh, incarnation des millions d'années.

Les pectoraux

Le pendentif de forme trapézoïdale, suspendu au gorgerin sous l'Ancien Empire, est l'ancêtre du pectoral classique. Celui-ci apparaît brusquement vers le milieu de la XIIe dynastie et se range aussitôt parmi les chefs-d'œuvre de l'orfèvrerie. Il se perpétuera jusqu'à la fin de la civilisation pharaonique.

Les découvertes archéologiques et les représentations indiquent que, au Moyen Empire, le pectoral est réservé aux femmes. Sur deux statues en granite noir, la reine Néfret, épouse de Sésostris II, est parée de ce bijou. Finement gravé dans la pierre, il est fixé à des rangs de perles. Datant de 1890 av. J.-C. environ, ces

191 Amulettes cylindriques de Méréret.

192 Deux amulettes de provenance inconnue.

193 Amulettes d'une épouse de Thoutmosis III.

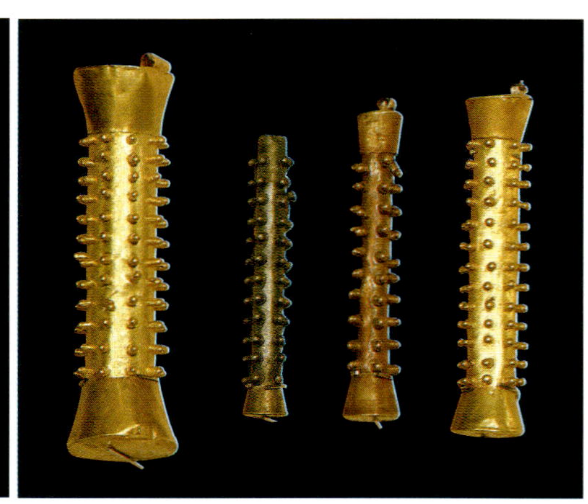

194 Collier ou ceinture provenant de la tombe d'une noble thébaine.

sculptures ont été transférées à Tanis, dans le Delta, vers 1050 av. J.-C., sous la XXIe dynastie. L'un des pectoraux (195-196) en forme de trapèze, plus large en bas qu'en haut, est décoré de deux registres. En haut, le nom de couronnement de Sésostris II est inscrit dans un cartouche, flanqué de deux uraeus. Les cobras, coiffés des couronnes de Basse-Égypte et de Haute-Égypte, incarnent les deux déesses protectrices du pays. Au registre inférieur, les yeux d'Horus dominent deux jeunes faucons séparés par le hiéroglyphe de la stabilité. Au-dessous le bijou est bordé par un rang de perles en forme de gouttes.

Néfret a emprunté sa coiffure à la déesse Hathor et à ses prêtresses. Son visage est encadré par deux épaisses masses de cheveux, liées par de minces rubans, dont les extrémités s'enroulent autour d'un bijou. Sur le front de la reine se dresse un uraeus dont le corps serpente sur la raie qui sépare les cheveux. Sur la seconde statue, la reine porte la même perruque. Le pectoral, plus simple, est orné, au centre, du nom de couronnement

195 La reine Néfret, épouse de Sésostris II.

de Sésostris II. Le cartouche est dominé par deux cornes et de hautes plumes d'autruche. Au-dessus veillent deux yeux magiques. Le cartouche est gardé par la déesse Nekhbet de Haute-Égypte, figurée à deux reprises sous la forme du vautour.

Un relief peint de la tombe du nomarque Djéhoutyhotep, à el-Bercheh (198), montre d'autres pectoraux datant du règne de Sésostris II. Les femmes de la famille du gouverneur participent à une procession. Ses filles, qui ont la même coiffure que Néfret, sont parées de diadèmes hérissés de fleurs de lotus, de bracelets de perles et d'un pectoral

196 Pectoral de la statue de Néfret.

trapézoïdal. Ce bijou est fixé à un collier de perles aux rangs maintenus par de courtes barrettes. Il est décoré d'un disque solaire rouge, flanqué de deux uraeus portant la couronne de Basse-Égypte.

Ce motif diffère des décors des pectoraux de la famille royale (219, 220, 233, 234), qui font œuvre de propagande en faveur de la royauté souveraine. Ces bijoux, investis de pouvoirs magiques comme les amulettes, mêlent avec un rare bonheur les hiéroglyphes et les éléments figuratifs. Ils ont tous été conçus dans une Maison de vie.

Tout contribue à faire de ces pectoraux une réussite parfaite : la composition serrée qui crée un effet de monumentalité, les couleurs brillantes des pierres et des incrustations de faïence et l'encadrement délicat des motifs, cernés d'or. Sous la XIIe dynastie, ce type de bijoux parvient à un degré de raffinement qui ne sera jamais plus atteint.

Les innovations techniques

Le décor des pectoraux du Moyen Empire est égyptien, ce qui n'est pas le cas des techniques utilisées pour les fabriquer. Lorsqu'elles apparaissent soudainement, elles sont déjà parfaitement au point. Cela signifie qu'elles ont été importées par des orfèvres étrangers qui ont loué leurs services aux ateliers

197 Pectoral avec l'emblème de la déesse Bat encadré par Horus et Seth.

198 Les filles du nomarque Djéhoutyhotep parées d'un pectoral trapézoïdal et d'un diadème orné de lotus.

royaux et appris à leurs collègues égyptiens de nouveaux procédés.

Le cloisonné

Les bracelets d'Hétephérès et la ceinture de Ptahchepsès (173) prouvent que les bijoutiers égyptiens sont passés maîtres dans l'art d'incruster des pierres de couleur dans le métal dès l'Ancien Empire. Les artistes évident le métal avec un ciseau et veillent à ce que les incrustations s'ajustent parfaitement dans les cavités ; puis ils scellent la pierre taillée. Pour les pectoraux et les pendentifs de la XIIe dynastie, ils font appel à des techniques complexes qui sont autant de types de cloisonné. L'amulette qui représente la déesse Bat (120), avec ses cornes de vache et son nœud sous le menton, évoque peut-être une étape transitoire.

Le processus suivi par les Égyptiens est sans doute le suivant : ils découpent une fine feuille d'or à la forme voulue, puis ils la collent sur une couche de résine et de cire. Ils tracent les contours du dessin dans l'or malléable avec un ciseau très aiguisé. Ils repoussent ensuite la surface comprise entre ces lignes avec un outil à modeler épointé en bois ou en ivoire pour obtenir un relief dans le creux.

Quand le repoussage est terminé, le travail le plus délicat reste à faire. Les orfèvres découpent de fines lanières d'or larges de 2 à 3 mm qu'ils adaptent exactement aux contours ciselés sur la feuille d'or. Ensuite, ils les soudent avec un mélange d'oxyde de cuivre, de natron et de colle. Lorsqu'ils font chauffer l'ensemble à 850 °C, l'oxyde de cuivre se transforme en cuivre et fixe solidement les lamelles d'or à la feuille qui leur sert de base.

Une fois que les cloisons d'or sont fixées, les bijoutiers taillent les incrustations de pierres semi-précieuses ou de faïence et les scellent à l'intérieur des alvéoles.

Les incrustations renforcent si bien le bijou qu'il est possible de l'ajourer entre les motifs en utilisant l'angle tranchant d'un ciseau en cuivre trempé. Sur le revers en saillie, le motif est gravé avec un burin. Enfin, les orfèvres polissent les bords avec une pierre à grain fin. Cette technique convient parfaitement pour les pectoraux comportant de nombreux dessins et hiéroglyphes. Les bijoux ornés de motifs plus espacés sont sans doute fabriqués en soudant des pièces individuelles.

199 Pendentif en forme de coquillage avec un papillon et une fleur de lotus en cloisonné.

200 Pendentif en forme de coquillage.

La granulation

L'art de fixer de minuscules boules d'or sur un fond d'or lisse pour obtenir des dessins géométriques n'est pas une invention égyptienne. Les bijoux exhumés dans les tombes royales d'Ur prouvent que la Mésopotamie maîtrisait cette technique dès 2500 av. J.-C. environ.

La vallée du Nil l'a apprise des bijoux sumériens en or importés par l'intermédiaire de Byblos. En Égypte, la granulation apparaît pour la première fois sur des bijoux des princesses Khnoumet et Méréret, trouvés à Dachour (191, 217). Ces objets, qui datent du Moyen Empire, n'ont pas un aspect égyptien. Les anciens orfèvres ont probablement employé la même méthode que celle des bijoutiers de l'actuelle Louqsor (l'ancienne Thèbes). On obtient les grains d'or en laissant lentement tomber d'une hauteur de 1 m l'or fondu dans un récipient en bois. Le métal éclate en un nombre infini de minuscules boules qu'on tamise à plusieurs reprises et qu'on classe selon leur taille. On roule ensuite ces petits grains dans la suie avant de les faire chauffer à une température qui reste au-dessous de leur point de fusion, afin que le carbone de la suie se dépose sur leur surface. Les orfèvres attisent le feu en soufflant dans des tuyaux. Après avoir soumis la base en or au même traitement, ils l'enduisent de résine et

201 Pectoral de Sésostris II, détail agrandi sept fois.

Les découvertes dans les complexes funéraires

Contrairement à leurs prédécesseurs qui ont bâti dans la nécropole de Thèbes, alors capitale du pays, un complexe funéraire sans pyramide, les pharaons de la XIIe dynastie renouent avec la tradition de l'Ancien Empire. Ils ne consacrent toutefois pas autant d'efforts que dans le passé à la construction de ces monuments, qui sont en grande partie en briques de terre crue et non plus entièrement en pierres. Il n'est plus question de mobiliser toutes les richesses du pays pour le culte du roi-dieu.

Afin de lutter contre les pillages et destructions des tombes et de leur équipement funéraire, occasionnés par les périodes de troubles, les pharaons qui élèvent leurs pyramides à la lisière de l'oasis du Fayoum font porter leurs efforts sur le renforcement du système intérieur de protection. Mais malgré les astuces des bâtisseurs, leurs trésors n'échapperont pas aux pilleurs.

Fait étonnant : l'intérieur des tombeaux ne comporte pas les *Textes des Pyramides* aidant le roi à renaître et à vivre dans l'au-delà, et qui formaient le décor de ces monuments depuis la fin de la Ve dynastie. Mais, les tombes royales ayant été vidées de leur contenu, on ne sait pas exactement quels sont les textes funéraires que ces rois utilisaient.

Ci-dessus. La pyramide érodée d'Amenemhat III, à Dachour, entièrement construite en brique.

À gauche. Le temple funéraire de Snéfrou, à Dachour. À gauche, au loin, la pyramide « noire » d'Amenemhat III domine le désert.

À droite. Le complexe funéraire de Montouhotep II dans le cirque de Deir el-Bahari.

À gauche. La pyramide d'Hawara, dans laquelle on a enterré Amenemhat III, et la pyramide de Sésostris II à Illahoun.

dessinent un motif géométrique en posant dessus les petites boules.

Le carbone absorbé réduit le point de fusion à la surface de l'or de 1 064 °C à 900 °C environ. Lorsque l'on fait chauffer la base et les grains, l'or ne fond qu'au niveau des petits points de contact qui sont cachés. Les boules demeurent bien sphériques, car le noyau en or ne se liquéfie pas. L'or de la feuille et celui des grains doivent avoir exactement la même composition pour avoir exactement le même point de fusion.

Dans le monde antique, Égyptiens, Étrusques et Romains ont porté l'art de la granulation à sa perfection. La technique s'est ensuite perdue et les bijoutiers ne l'ont redécouverte qu'au début du XXe siècle.

L'incrustation du métal

Vers 2020 av. J.-C., Ouah, intendant de la maison du chancelier Meketrê, est enterré dans la tombe de son maître, creusée dans les falaises de Deir el-Bahari, à Thèbes. La radiographie de sa momie a révélé la présence d'un gorgerin et de trois scarabées insérés dans les bandelettes. L'un des scarabées est en lapis-lazuli ; les deux autres, en argent, sont formés de plusieurs parties soudées (188). C'est la première fois que l'argent pur à 90 % est attesté en Égypte. Il s'agit certainement de métal importé de Syrie ou versé en tribut par cette contrée. Les spirales gravées sur le côté plat du scarabée suggèrent une influence crétoise. L'aile droite du plus grand des scarabées porte l'inscription *Le chancelier Meketrê* et la gauche

L'intendant du domaine Ouah. Les hiéroglyphes sont en or incrusté.

Le scarabée d'Ouah est le premier exemple de métal incrusté découvert en Égypte. En Mésopotamie, les artisans ont utilisé cette technique dès 2500 av. J.-C., comme en témoignent les trésors des tombes royales d'Ur. Ce sont sans doute aussi des bijoutiers étrangers qui ont introduit le procédé en Égypte.

Celui-ci consiste à incruster un métal dans les rainures incisées d'un métal de couleur différente. L'orfèvre dessine le décor avec un ciseau en faisant en sorte que la rainure soit plus large en bas qu'en haut. Elle comporte donc de fines bordures qu'il est facile d'écarter, puis de remettre en place en les martelant une fois l'or ou l'argent incrusté. Les incrustations sont soit des fils, soit de fins morceaux découpés à la dimension voulue ; elles sont également martelées afin que la surface devienne lisse.

Les bijoux du Moyen Empire

Les pilleurs n'ayant épargné aucune tombe royale de la XIe dynastie, on ne connaît aucun bijou de rois de cette époque. Seules les sépultures des épouses secondaires de Montouhotep Nebhepetrê, aménagées au fond de puits creusés dans l'enceinte du temple funéraire du souverain, leur ont échappé. Elles renfermaient des bijoux simples comme des colliers faits de perles en argent, en or, en pierres semi-précieuses et en faïence. Dans l'une d'elles, les archéologues ont découvert une parure de grosses perles en or rondes et creuses, portée sans doute dans les cheveux, une autre faite de perles de cornaline, de feldspath et de faïence bleue et une troisième composée de disques d'or enfilés sur un lacet de cuir. Les perles rondes sont très répandues sous la XIe dynastie. Comme à l'Ancien Empire, on fabrique

202 *Diadème de la princesse Khnoumet, au décor floral.*

deux demi-sphères en emboutissant de fines feuilles d'or ou d'argent dans des moules, puis on les soude ensemble.

Les rois de la XIIe dynastie ne construisent plus leurs pyramides en pierre, mais en brique et en blocaille. Ce noyau est recouvert d'un parement de calcaire. Les bâtisseurs déploient des trésors d'ingéniosité afin de protéger les chambres funéraires. Pour égarer les voleurs, ils ne placent plus l'entrée du côté nord, face à l'étoile Polaire, mais sur l'une ou l'autre face. D'énormes blocs de granite défendent les accès. Mais, ces précautions ne découragent pas les pilleurs qui n'épargnent qu'un seul bijou, un uraeus en or détaché de la couronne de Sésostris II (229).

203 Tête de faucon d'un collier de Khnoumet.

Le complexe funéraire du roi abrite aussi les tombes des épouses royales et des princesses. Creusées dans le sol, ces sépultures n'ont pas toutes été localisées par les voleurs. Les richesses découvertes dans les tombes de princesses à Dachour et Illahoun nous donnent pour la première fois une idée de l'importance des trésors emportés dans l'au-delà. Parmi elles figurent certaines des œuvres les plus inventives et les plus belles de l'orfèvrerie égyptienne. Les tombes de particuliers ont également livré des bijoux d'une perfection comparable. Il s'agit généralement de parures de femmes : diadèmes avec des motifs floraux, bracelets et bracelets de chevilles, ceintures et bagues. Le précieux poignard, le diadème avec l'uraeus et les pectoraux ornés d'emblèmes royaux et d'une scène de massacre rituel, retrouvés dans les tombes de princesses, sont sans doute des dons royaux.

Dachour

En 1894-1895, dans les complexes funéraires des pyramides d'Amenemhat II et Sésostris III à Dachour, à 25 km au sud de Guiza, l'archéologue français Jacques de Morgan découvre quatre tombes inviolées appartenant à des femmes de la famille royale. Il met au jour les tombes des princesses Khnoumet et Ita près de la pyramide blanche d'Amenemhat II, et celles de Sathathor et Méréret près de la pyramide noire de Sésostris III.

Morgan, comme beaucoup de ses contemporains, est plus intéressé par la découverte de trésors que par des fouilles archéologiques méticuleuses. Il ne relève pas le lieu précis de la découverte de chaque élément et ne se soucie pas davantage d'établir un lien entre les multiples perles et les autres éléments des bijoux. Aussi, lorsque le musée du Caire reçoit les joyaux, ignore-t-il la provenance exacte des différents objets. Pour les remonter, les restaurateurs se fondent sur les bijoux de la même époque trouvés à Illahoun. La princesse Khnoumet, fille d'Amenemhat II, richement dotée, possède deux diadèmes, un gorgerin décoré de faucons, des colliers, des pendentifs, des ceintures, des bracelets et des bracelets de cheville.

L'un des diadèmes (202) est orné d'un décor floral très stylisé répété huit fois, qui n'est pas sans évoquer celui du diadème de la princesse Néfret (132). Au centre du motif trône une rosette avec des pétales en turquoise, lapis-lazuli et obsidienne qui rayonnent à partir d'un disque en cornaline rouge. Les fleurs s'ouvrent du côté de la rosette. Le motif est encadré par des rosettes similaires. Au-dessus du front plane un vautour en or dont les ailes décrivent un arc de cercle. Dans ses serres, il tient l'anneau-*chen* de l'éternité. Depuis l'Ancien Empire, le vautour forme la coiffure de la déesse Nekhbet de Nékhen. Déesse protectrice, elle veille sur la personne qui porte le diadème.

Les bijoutiers ont fabriqué séparément les fleurs et les rosettes avec une feuille d'or, et ils les ont soudées les unes aux

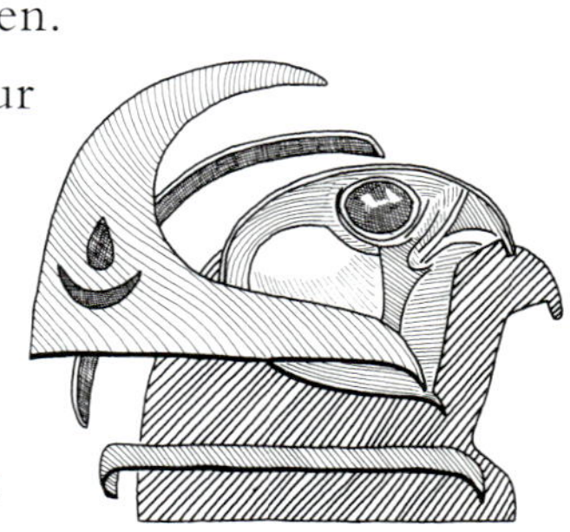

204 Assemblage des têtes de faucon fermant le collier de perles de Khnoumet.

205 Collier aux faucons d'or de Khnoumet.

206 Diadème orné de fleurs de Khnoumet.

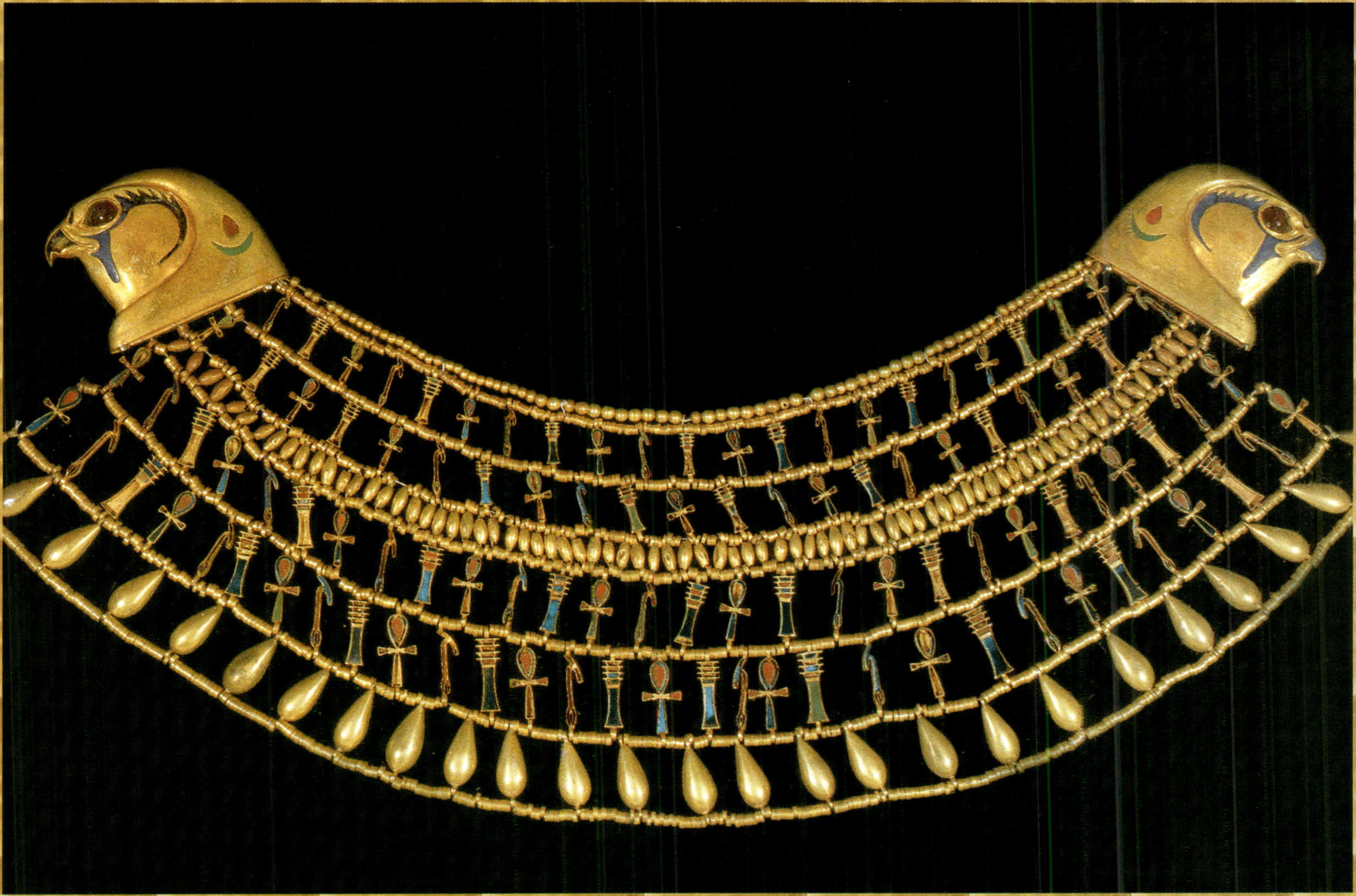

autres après avoir incrusté les pierres. Le corps du faucon a été moulé alors que ses ailes ont été martelées dans une feuille d'or. Les artistes ont ensuite gravé les détails et incrusté les yeux d'obsidienne. À l'arrière de la couronne, du côté intérieur, ils ont soudé un petit cylindre dans lequel est fiché un palmier stylisé en or. Le second diadème de Khnoumet (206) est complètement différent. Il ressemble à une guirlande de fils d'or entrelacés décorés de petits fruits et de fleurs. Les fils sont interrompus par quatre croix aux bras formés par des ombelles de papyrus en cloisonné, incrustées de turquoise et de cornaline. Les délicates fleurs en or sont soudées à l'endroit où les fils d'or se croisent. Incrustées des mêmes pierres, elles ont été fixées après polissage.

207 Chaîne de cheville avec des serres d'oiseau.

Ce diadème floral, qui n'a aucun équivalent dans l'orfèvrerie égyptienne, est sans doute l'œuvre d'artisans originaires de Crète. On relève, en effet, de nombreuses influences crétoises dans les bijoux des princesses Khnoumet et Méréret.

L'*ousekh* orné de faucons (205) est formé de rangs de perles d'or rondes et annulaires, d'un rang de perles en forme de gouttes enfilées verticalement et de quatre rangs de hiéroglyphes incrustés de lapis-lazuli, de turquoise, de feldspath vert et de cornaline. Les signes de vie, de puissance et de stabilité alternent à chaque rang. Les restaurateurs ont replacé les perles et les hiéroglyphes d'après la position approximative qu'ils occupaient dans le coffre où ils ont été découverts. Deux têtes de faucon, remarquables par la perfection du dessin et la qualité d'exécution, assurent la fermeture du collier. Faites de plusieurs éléments soudés ensemble, elles sont incrustées de lapis-lazuli, de cornaline et de grenats pour les yeux. La soudure, encore

208-209 Bracelets de la princesse Khnoumet avec amulettes protectrices.

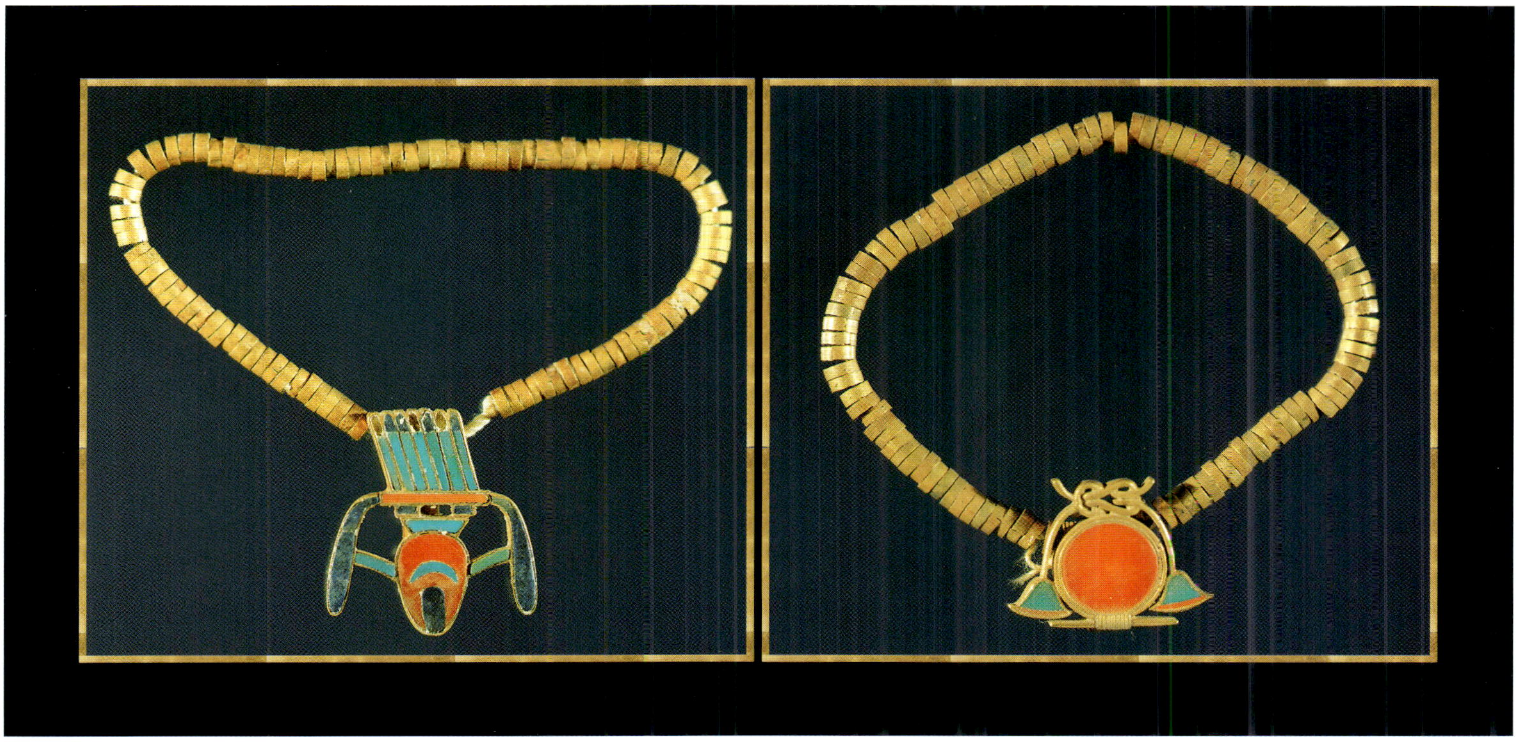

210-211 Bracelets de la princesse Khnoumet avec amulettes protectrices.

visible, a permis aux spécialistes de comprendre la méthode d'assemblage (204).

Les fils d'un autre collier orné de faucons (212) avaient également disparu. Dans la reconstitution actuelle, on a réparti les divers éléments de manière symétrique de part et d'autre du centre du collier. Les hiéroglyphes « vie » et « paix », qui n'apparaissent qu'une fois au milieu, sont encadrés par un dieu à tête de chacal, par le vautour et le cobra, deux éléments majeurs de la titulature royale posés sur une corbeille, par l'emblème de Bat, par l'œil-*oudjat*, par un vase avec une anse et par les signes de la stabilité, de la vie et de l'union. L'abeille qui clôt la série correspond au titre de roi de Basse-Égypte. Il est impossible de tirer de ces hiéroglyphes un énoncé cohérent.

Les têtes de faucon, attachées aux extrémités du collier, comportent des anneaux pour passer le fil assurant la fermeture. Elles sont incrustées de turquoise et de lapis-lazuli. Les détails sont indiqués par les cloisons d'or qui retiennent les incrustations. Sous les têtes de rapace, en haut, sont fixés deux cylindres auxquels sont attachés deux rangs de petites perles en or. Le collier est bordé par un rang de perles en forme de gouttes. Celles-ci sont incrustées de turquoise, de cornaline et de lapis-lazuli.

Un autre collier (213) présente deux rangs de perles d'or, de turquoise et de lapis-lazuli, reliés à la verticale par des paires de perles tubulaires en turquoise et lapis-lazuli. Le collier est bordé par des perles en cloisonné en forme de gouttes.

Les hiéroglyphes, constitués d'incrustations de turquoise, lapis-lazuli et cornaline serties dans l'or, signifient « renaissance » (209), « joie » (210) et « jeunesse éternelle » (211). Ils sont censés porter chance au propriétaire du bijou. Les bracelets auxquels ils sont suspendus ont été reconstitués à partir des perles trouvées sur place. On ne sait pas si l'on portait ces pendentifs autour du cou ou autour du poignet.

Le hiéroglyphe *sa* « protection », fixé à deux tiges d'or et incrusté de lapis-lazuli, décore un fermoir (214). Il doit son caractère protecteur aux bottes de papyrus qui ont la même forme que lui. Les bottes de papyrus, liées, font en effet office de bouée. Posées sur les épaules et croisées sur la poitrine, elles aident le nageur à se maintenir à la surface de l'eau. Le hiéroglyphe *sa* est dominé par une tête de guépard en or, un autre signe protecteur qui figure souvent sur les colliers, les bracelets et les ceintures de la XIIe dynastie (71, 214). Au revers du hiéroglyphe, l'or est ciselé. La tête de guépard est remplacée par une bande d'or hachurée. Les tiges en or sont pourvues d'une rainure où glisse un tenon en forme

Pages 106-107 : *212-213 Colliers de la princesse Khnoumet.*

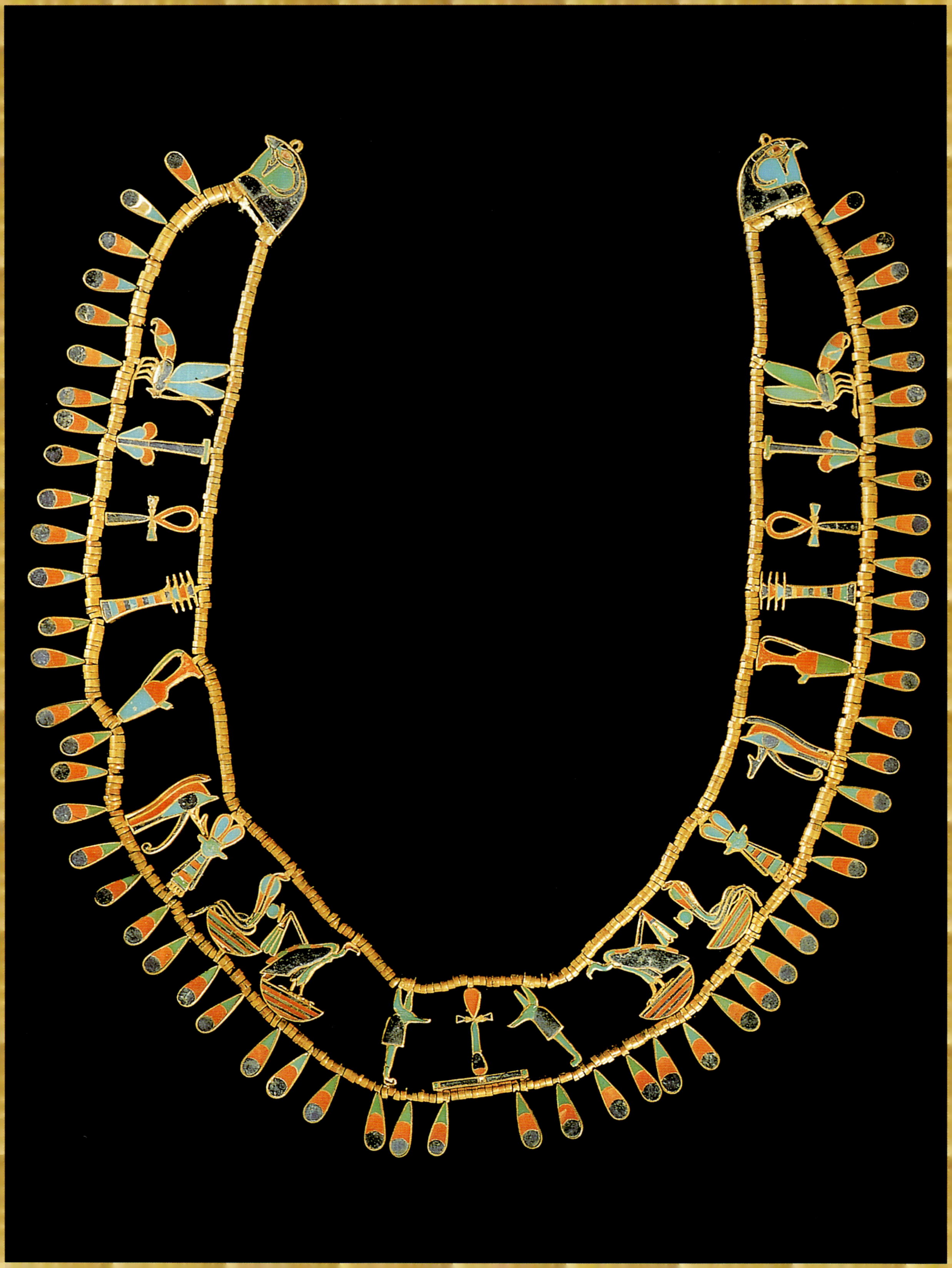

de T. Sur les bords extérieurs, seize petits trous servent à fixer les rangs de perles.

La ceinture (215) est en perles d'or, de lapis-lazuli, de turquoise et de cornaline qui imitent des graines d'acacia au rôle prophylactique. Dès la fin de la préhistoire, les Égyptiennes ont porté ce type de ceinture sous leurs vêtements afin de se protéger le bas-ventre contre la maladie et les fausses couches. La plupart de ces ceintures n'ont pas d'attache : on les enfile par la tête.

La monture des pendentifs de la chaînette de cheville (207) est en fils d'or granulés. Les serres d'oiseau sont décorées d'écailles faites de petites incrustations de turquoise, de cornaline et de lapis-lazuli

214 Fermoir de bracelet.

Les bracelets de cheville ornés de serres d'oiseau, qui remontent à la préhistoire, figurent dans les peintures du Moyen Empire. Ainsi, une danseuse de la tombe de Ouah-ka, nomarque de Qaou, en est parée. La jeune femme porte aussi un serre-tête en perles, un collier-*ménat* et divers ornements aux poignets et sur le haut des bras dont on ne connaît pas de parallèle dans les bijoux qui nous sont parvenus.

Les bijoux d'or granulé (217) de la princesse Khnoumet, provenant de Dachour, diffèrent des bijoux égyptiens par leur forme et leur technique. Ils montrent une influence égéenne. Sur l'une des pièces (en haut, au centre) deux pendentifs ronds sont fixés à une courte chaîne en or. Le

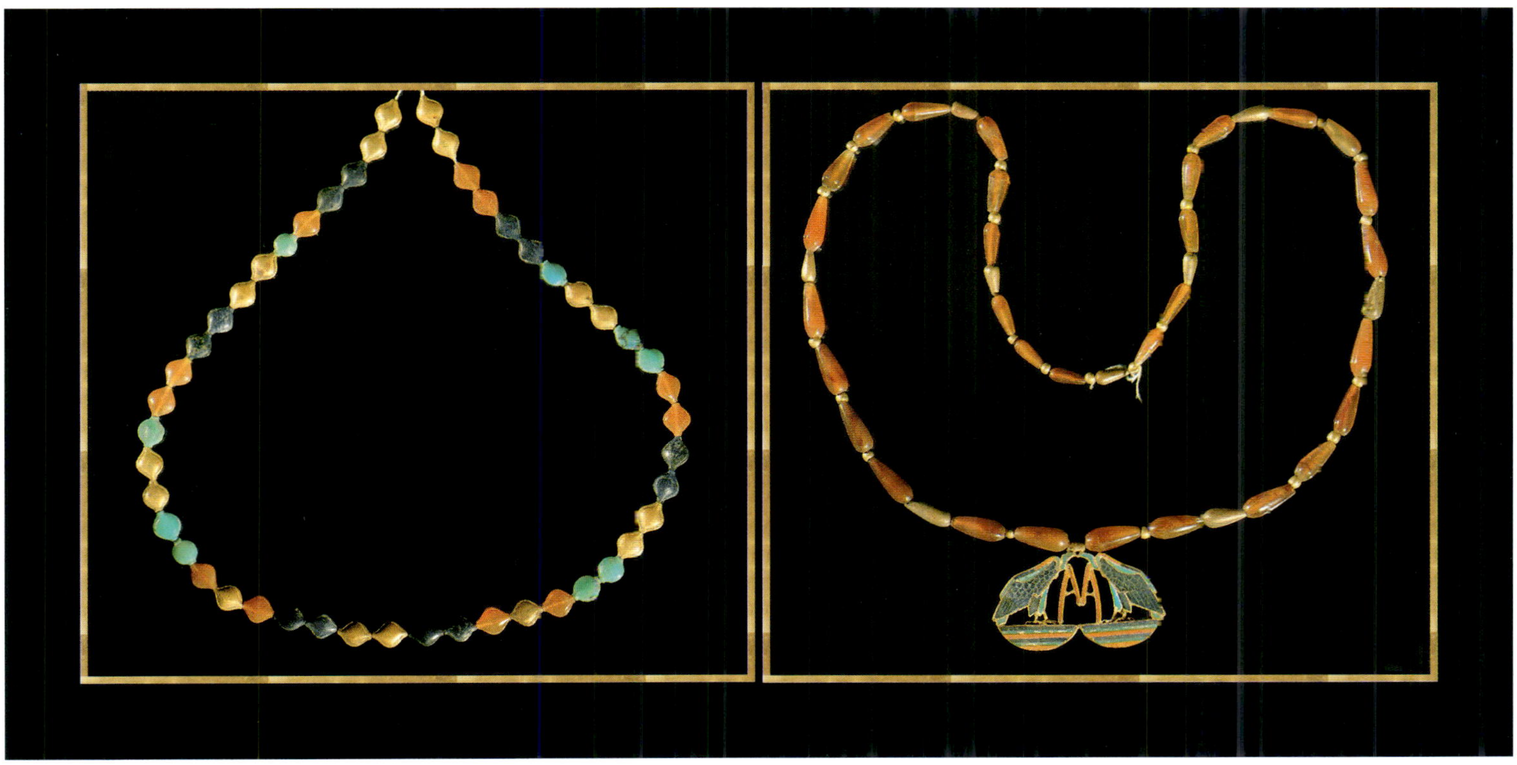

215-216 Ceinture avec des perles en forme de graines d'acacia ; collier de perles avec pendentif.

serties dans des alvéoles d'or. Elles sont fixées par un anneau à la chaînette de perles d'or. Le fermoir se compose de nœuds fabriqués en deux parties dans une feuille d'or martelée ; il est clos par une goupille. Dans les textes magiques, les amulettes en forme de nœud protègent le corps contre les serpents venimeux et les autres animaux rampants.

217 Bijoux d'or granulé de la princesse Khnoumet.

cercle, qui est entouré de huit demi-cercles, renferme un carré, aux côtés légèrement incurvés. Un rang de petites boules d'or décore l'espace compris entre les bords des fines lamelles parallèles, soudées les unes aux autres, qui forment le décor. Entre ces deux disques pend un médaillon rond avec une monture en or. Le décor en mosaïque multicolore représente une vache noire et blanche, couchée, cernée par des points bruns et blancs. La mosaïque est recouverte de cristal de roche. Trois pendentifs sont suspendus au médaillon par de fines chaînes. Comme les deux disques, ils sont ajourés et granulés. La bordure de chaque cercle est entourée par huit triangles qui dessinent une étoile.

La deuxième chaîne (217) se compose de maillons faits de fils d'or doubles. Elle supporte des séries de trois mouches ou abeilles, découpées dans une feuille d'or. Un papillon est attaché à la troisième chaîne (217). Quoique d'un type différent, il rappelle les papillons incrustés dans les bracelets en argent d'Hétephérès (163). De fins fils d'or soudés dessinent les contours du corps et la structure des ailes de l'insecte. Au revers un mécanisme permet d'attacher les deux chaînes.

La dernière chaîne, en fils d'or entrelacés, soutient deux étoiles de mer encadrées de chaque côté par cinq coquillages en relief (217). Les branches des étoiles sont faites de fils d'or soudés au bord du cercle. À l'intérieur, elles sont remplies de grains d'or. Pour réaliser les coquillages, on a embouti une feuille d'or dans des moules, puis on a reproduit les côtes naturelles en ciselant le métal.

Dans le cercueil d'Ita, princesse enterrée près de la pyramide de son père, Amenemhat III, à Dachour, les archéologues ont retrouvé un précieux poignard (218) et les restes d'une ceinture. Le pommeau de l'arme, en forme de croissant, est en lapis-lazuli et mesure 7 cm de long. C'est sans doute le plus gros morceau de lapis-lazuli qui ait jamais été travaillé en Égypte. Le manche court consiste en un tube ovale en or martelé, incurvé sur les côtés. Des disques de lapis-lazuli et de feldspath vert, disposés en rangs horizontaux et verticaux, épousent parfaitement les courbes du poignard. Dans chaque cercle est incrustée, en diagonale, une croix d'or fin. Les carrés aux côtés incurvés qui séparent les disques sont incrustés de cornaline polie.

La garde du poignard, en or massif, est fixée à la lame en bronze par trois rivets d'or. Les lignes courbes des bords en soulignent l'élégance.

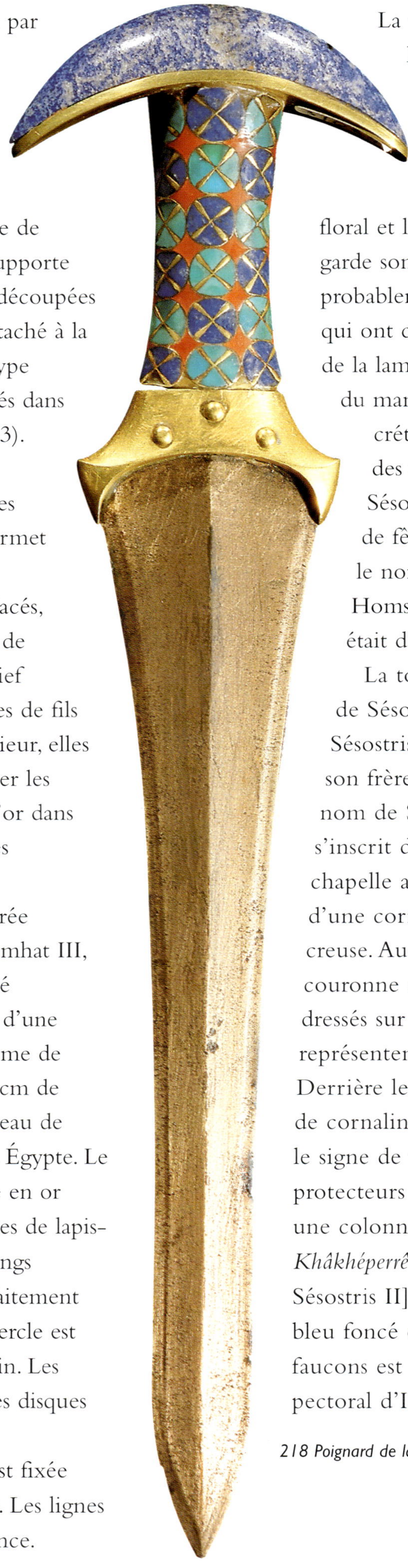

La virole en or massif et la pointe de la lame se trouvaient dans le cercueil, près de l'arme. Ce poignard est le seul de son époque à posséder un grand pommeau en lapis-lazuli et une solide garde en or. Le motif floral et la technique de fabrication de la garde sont uniques en Égypte. Ce sont probablement des orfèvres d'origine étrangère qui ont confectionné cette dague. La forme de la lame évoque Byblos, alors que les motifs du manche rappellent les dessins des tapis crétois peints sur les plafonds des tombes des nomarques d'Assiout sous le règne de Sésostris Ier. Ce décor imite les « tentes de fêtes ». Un sphinx de pierre portant le nom d'Ita, trouvé à Quadana, près de Homs, en Syrie, indique que la princesse était d'origine syrienne.

La tombe de la princesse Sathathor, fille de Sésostris II, sœur et peut-être épouse de Sésostris III, située près de la pyramide de son frère, a livré notamment un pectoral au nom de Sésostris II (219). La composition s'inscrit dans un cadre qui a la forme d'une chapelle aux parois inclinées, couronnée d'une corniche à gorge. Celle-ci est moulée et creuse. Au-dessous deux faucons, coiffés de la couronne de Haute- et Basse-Égypte, sont dressés sur le hiéroglyphe de l'or. Ils représentent le titre d'Horus d'or du roi. Derrière les rapaces, le disque solaire, incrusté de cornaline, est entouré de l'uraeus qui porte le signe de vie, *ânkh*. Il symbolise les pouvoirs protecteurs de la royauté. Au centre est inscrite une colonne de hiéroglyphes qui signifie *Khâkhéperrê* [nom de couronnement de Sésostris II] *satisfait les dieux*. Avec ses bandes bleu foncé et bleu clair, l'incrustation des deux faucons est différente de celle des rapaces du pectoral d'Illahoun au nom du même roi (233).

218 Poignard de la princesse Ita.

219 Pectoral au nom de Sésostris II.

Pages 112-113 : *220 Pectoral portant le nom de couronnement de Sésostris III.*

Le relief et la ciselure du revers sont aussi détaillés et précis que le décor de la face principale.

Fille de Sésostris III et sœur d'Amenemhat III, Méréret a été enterrée près de la pyramide de son père, à Dachour, non loin de la tombe de Sathathor. Dans sa sépulture, on a exhumé deux pectoraux, l'un au nom de Sésostris III, l'autre au nom d'Amenemhat III. Le premier (220) est orné d'un motif qui remonte à l'Ancien Empire : le roi, sous forme de griffon, créature hybride avec un corps de lion et une tête de faucon, piétine les ennemis de l'Égypte. Le motif se répète symétriquement. Le griffon est paré d'une couronne à cornes surmontée de deux hautes plumes. Au-dessus du bec se dresse l'uraeus. Le corps du lion est aussi coloré que les plumes. La patte avant levée frappe un Libyen qui demande grâce ; une patte arrière écrase un Nubien à la peau foncée. Le cartouche royal, au centre de la composition, repose sur les pattes tendues des deux griffons. Il contient le nom de couronnement de Sésostris III, Khâkaourê. Dominant les deux scènes, Nekhbet, la déesse-vautour de Haute-Égypte, aux ailes déployées, tient le signe de l'éternité dans ses serres. La représentation occupe l'intérieur d'une chapelle pourvue d'une corniche à gorge soutenue par des tiges terminées par des lotus. Des tiges se détachent une seconde fleur de lotus qui comble le vide compris entre le vautour et la queue du lion.

221 (ci-dessus) 222 (page 115) Coiffure et diadème de la princesse Sat-Hathor-Iounit.

Le pectoral au nom d'Amenemhat III (234) est également orné d'une composition symétrique inscrite dans le même cadre architectural. Il illustre aussi le thème du massacre rituel des ennemis par le roi. Le souverain porte un corselet avec une bretelle et un pagne avec un devanteau en perles. Penché en avant, il s'apprête à frapper un Bédouin du Proche-Orient qu'il tient par les cheveux. En signe de soumission, la victime à genoux tend au pharaon son poignard et une épée recourbée, le khépech, armes caractéristiques des nomades. La déesse-vautour plane au-dessus des deux scènes. Elle est qualifiée de « maîtresse du ciel » et « reine des Deux-Terres ». Elle tend au roi les signes de vie et de stabilité qu'elle tient dans ses serres. La titulature d'Amenemhat III occupe le centre du bijou : le dieu parfait, seigneur des Deux-Terres, maître de tous les pays étrangers, Ny-maât-Rê. Derrière le roi, le signe de vie, pourvu de bras, envoie la vie dans sa direction à l'aide d'un éventail.

Trop chargé, le pectoral ne met pas en valeur les motifs et les hiéroglyphes ; il est écrasé par les couleurs, le rouge de la cornaline surtout. Pour la première fois ici, les bijoutiers remplacent les pierres semi-précieuses par des morceaux de faïence glaçurée. La faïence, qui s'est détériorée, a pris une couleur brunâtre. La ciselure des motifs et des hiéroglyphes sur le revers n'atteint pas la finesse des modèles plus anciens. Malgré l'habileté technique des orfèvres, cette pièce superbe de la fin de la XIIe dynastie montre que l'apogée de la bijouterie est passé : l'orfèvrerie n'atteindra plus jamais la même perfection.

Méréret possède aussi un collier auquel sont suspendues une amulette et dix-huit pierres rondes en cornaline, turquoise et lapis-lazuli, montées sur or. Ces éléments sont fixés par de petits cylindres terminés par un anneau à une chaîne de petites perles en or. L'amulette, au centre du collier, est formée de quatre hiéroglyphes : le signe de vie *ankh*, encadré de deux signes *sa*, « protection », posé sur le hiéroglyphe de la corbeille, qui signifie « tout ».

Illahoun

Sésostris, quatrième souverain de la XIIe dynastie, a construit sa pyramide à l'orée du Fayoum. Il est sans doute le premier roi à avoir érigé un barrage régulant les eaux du bras du Nil qui irrigue la région. En égyptien ancien, *Illahoun* signifiait « bouche du canal ».

Flinders Petrie explore le complexe funéraire d'Illahoun en 1888-1889. En 1914, il mène une seconde campagne de fouilles. En dégageant la cour sud, il met au jour quatre puits funéraires. Trois sont vides. Les voleurs, qui ont pénétré dans le quatrième, ont brisé

le sarcophage de granite. La momie est détruite, mais non les viscères qui demeurent dans les vases canopes. L'inscription qui décore ces derniers révèle le nom de la propriétaire de la tombe : la fille royale Sat-Hathor-Iounit, c'est-à-dire la « fille d'Hathor de Dendérah ».

Le puits et la salle funéraire de la princesse n'ont été occupés par leur propriétaire qu'une quarantaine d'années après leur creusement sous le règne de Sésostris II. Pendant ce temps, la pluie a entraîné des quantités d'argile et de sable dans la sépulture vide. On ne s'est pas donné la peine de dégager les déblais pour procéder aux funérailles. Au cours de la période de troubles qui a suivi le Moyen Empire, les voleurs pillent la tombe, qui reste exposée aux intempéries. L'eau, l'argile et les déblais s'accumulent à nouveau sur le sol.

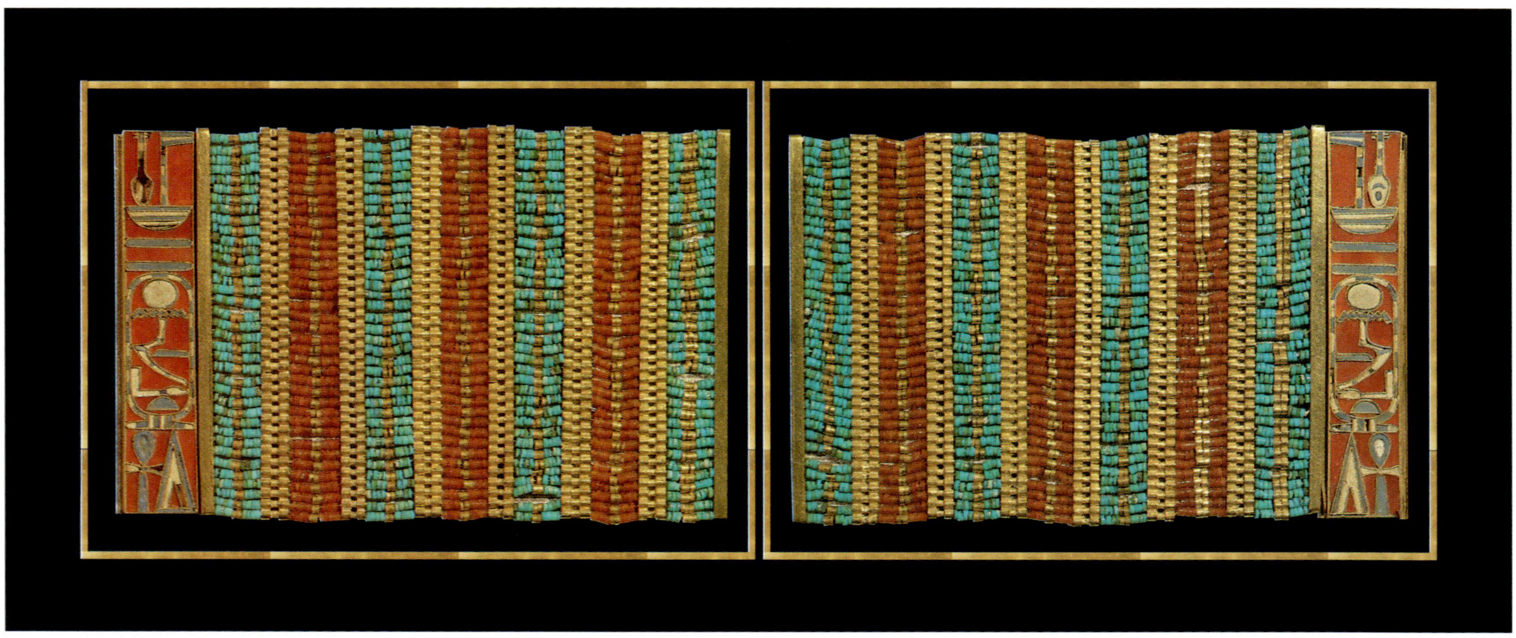

223-224 *Paire de bracelets au nom d'Amenemhat III.*

La sépulture ne semble guère prometteuse aux archéologues. Les fouilles, qui approchent de leur terme, ne font que confirmer cette première impression. Il ne leur reste qu'à vider une niche de l'antichambre pour en terminer. Au cours du déblaiement, ils aperçoivent soudain de petits tubes d'or dans la boue durcie. Afin que la découverte ne s'ébruite pas, Petrie ne laisse pénétrer dans l'antichambre que son assistant, Guy Brunton, et un jeune Égyptien. Pendant une semaine, Brunton travaille sans relâche. Il dort même dans la tombe. Avec un scalpel et une longue épingle, il dégage patiemment les perles et les autres éléments pris dans la boue. Il note sur des dessins l'emplacement exact de toutes les pièces afin de permettre le remontage des bijoux.

Gaston Maspero, directeur du musée du Caire, autorise Petrie à conserver le trésor d'Illahoun, sauf le diadème, le miroir et le deuxième pectoral de la princesse, car le musée possède des pièces similaires provenant de Dachour. En 1916, pour financer ses fouilles, Petrie vend les bijoux de Sat-Hathor-Iounit au Metropolitan Museum of Art de New York, qui les restaure dans les règles de l'art : grâce aux dessins faits par Brunton, on sait quels sont les éléments en or qui vont avec les perles. Les bijoux d'Illahoun servent ensuite de modèles pour remonter les parures de Dachour, découvertes dans le même état. Les deux trésors, de la même période, sortent probablement du même atelier royal.

Sat-Hathor-Iounit, fille de Sésostris II, sœur de Sésostris III, encore en vie sous le règne de son neveu Amenemhat III, est peut-être aussi la sœur de Sathathor, inhumée près de la pyramide de Sésostris III,

225 *Ceinture avec des cauris en or.*
226-227 *Paire de bracelets de cheville avec des serres d'oiseau et un nœud servant de fermoir.*
228 *Ceinture avec doubles têtes de léopard en or.*

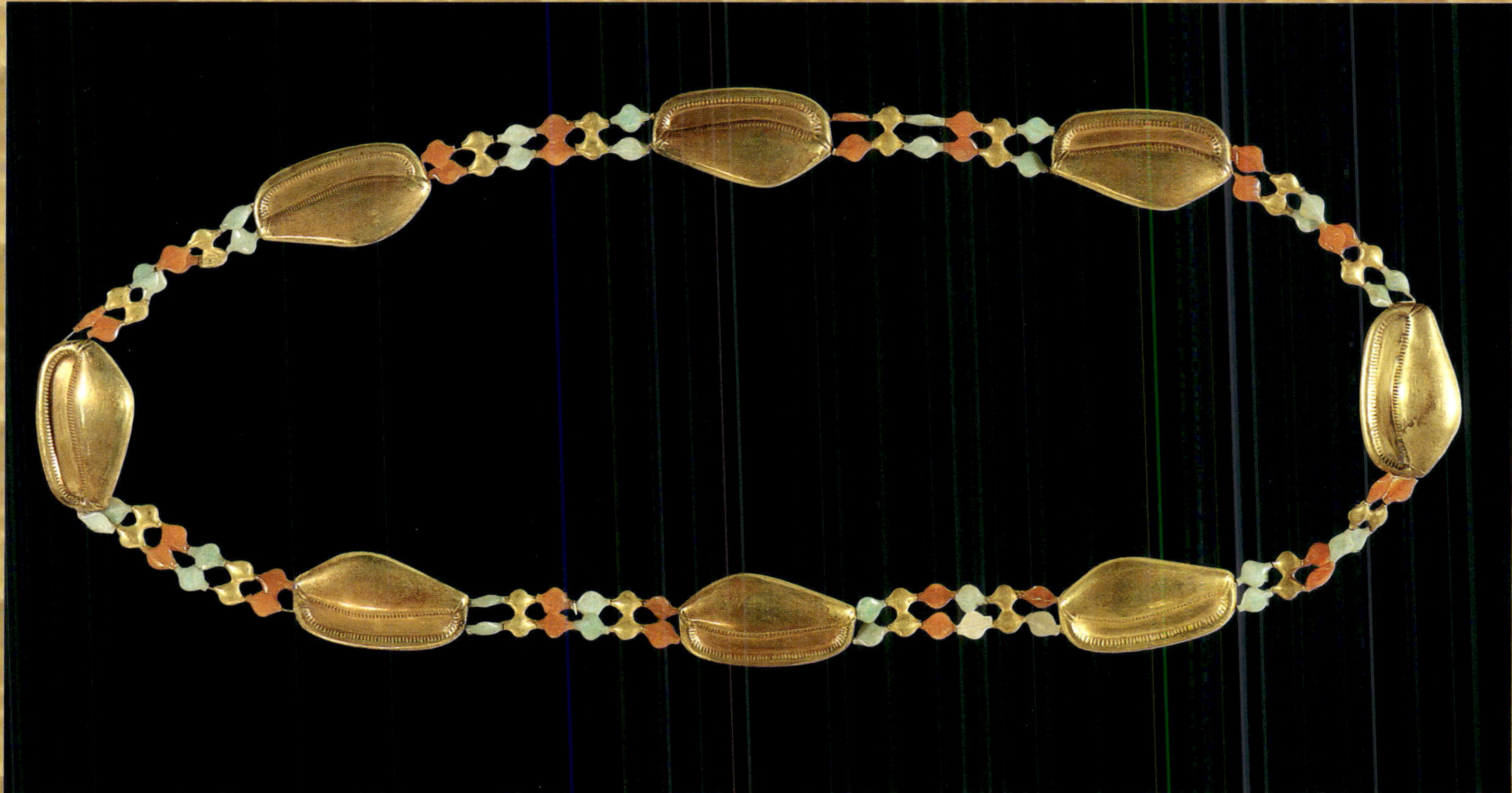

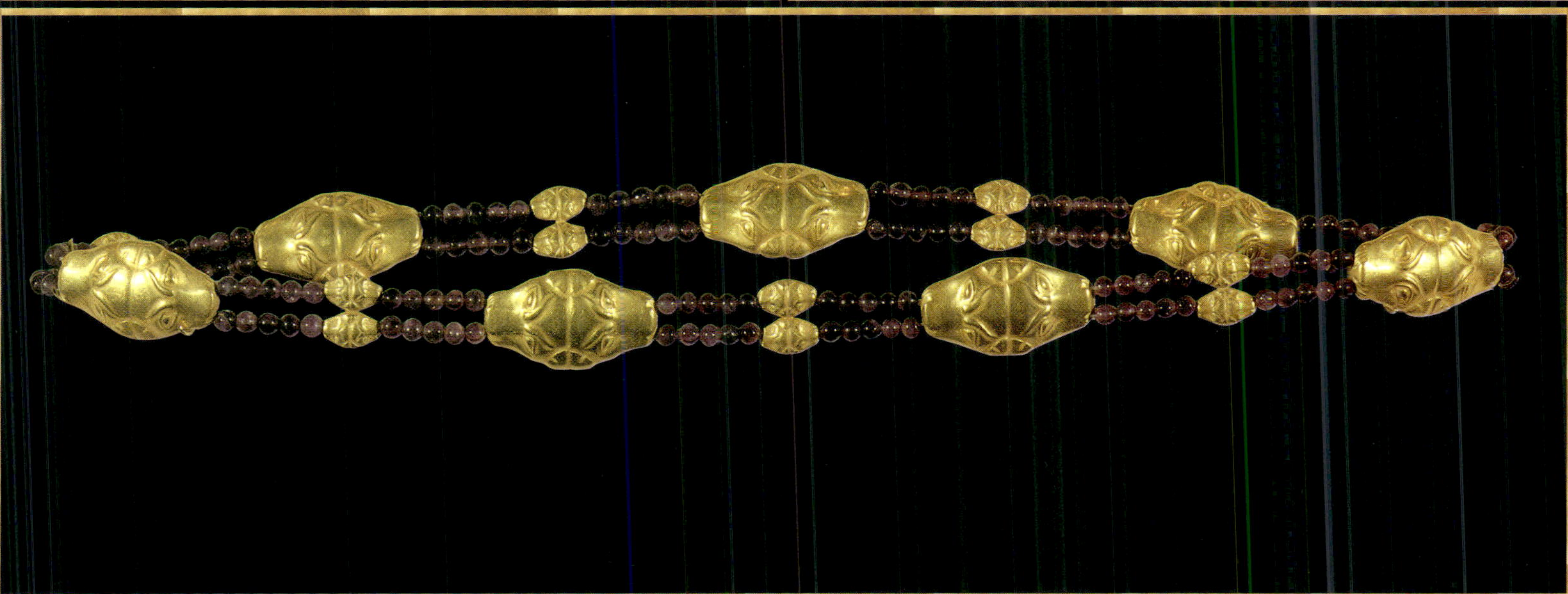

à Dachour. Les traces relevées sur ses bijoux montrent qu'elle les a portés de son vivant. La dimension des parures indique qu'elle était petite et qu'elle avait des attaches très fines.

Le diadème (222) reposait, avec ses plumes et ses trois doubles rubans détachés et posés à l'intérieur du cercle, dans un coffre aux côtés d'une perruque. L'eau, qui a pénétré dans le coffre, a détruit la perruque.

Le diadème est fabriqué dans une feuille d'or martelée. Il est orné de quinze rosettes fixées par des rivets, qui copient des modèles de l'Ancien Empire. Chaque rosette comprend une croix avec des fleurs de lotus et de « lis » (l'identification de cette plante est encore incertaine) qui s'épanouissent entre ses bras. Entre les cloisons d'or soudées à la base étaient incrustés du lapis-lazuli, de la cornaline et de la faïence bleue et verte, devenue blanche aujourd'hui.

L'uraeus amovible dressé sur le front s'emboîte dans une tige en forme de T. Le corps du serpent est fait dans une feuille d'or ajourée ; on y a soudé des lanières d'or qui dessinent des alvéoles incrustés de lapis-lazuli, de cornaline et de faïence verte qui a viré au blanc. La tête, sculptée dans du lapis-lazuli, est montée sur une languette d'or qui forme la mâchoire inférieure.

229 Uraeus de Sésostris II oublié par les voleurs.

Les yeux, en grenat rouge, sont sertis dans une monture d'or.

Une tige terminée par une ombelle de papyrus est soudée à l'intérieur du diadème, face à l'uraeus. La plante supporte deux plumes, symbole d'Hathor, déesse de la beauté et de l'amour. Trois doubles rubans d'or, fixés à une rosette, pendent derrière et sur les côtés ; très souples, ils répondent au plus léger mouvement de la tête.

Sous le diadème, on a découvert de multiples anneaux découpés dans de fines feuilles d'or. D'après la reconstitution du Metropolitan Museum of Art (221), ils ornaient les tresses de la perruque, qui descend jusqu'aux épaules.

Le pectoral au nom de Sésostris II trouvé dans la tombe de Sat-Hathor-Iounit à Illahoun (233) est aussi achevé que celui de Dachour décoré du même cartouche (219). La composition, dépourvue de cadre, repose sur une étroite bande en cloisonné, ornée de lignes brisées rouges qui se détachent sur un fond turquoise. Celles-ci représentent les eaux du chaos primordial d'où est sorti le monde. Deux faucons, face à face, une patte perchée sur le signe de l'éternité, dominent les eaux des origines. Ils incarnent le pouvoir donné à la royauté de maintenir l'ordre cosmique. L'autre patte, tendue, est posée contre le hiéroglyphe des millions

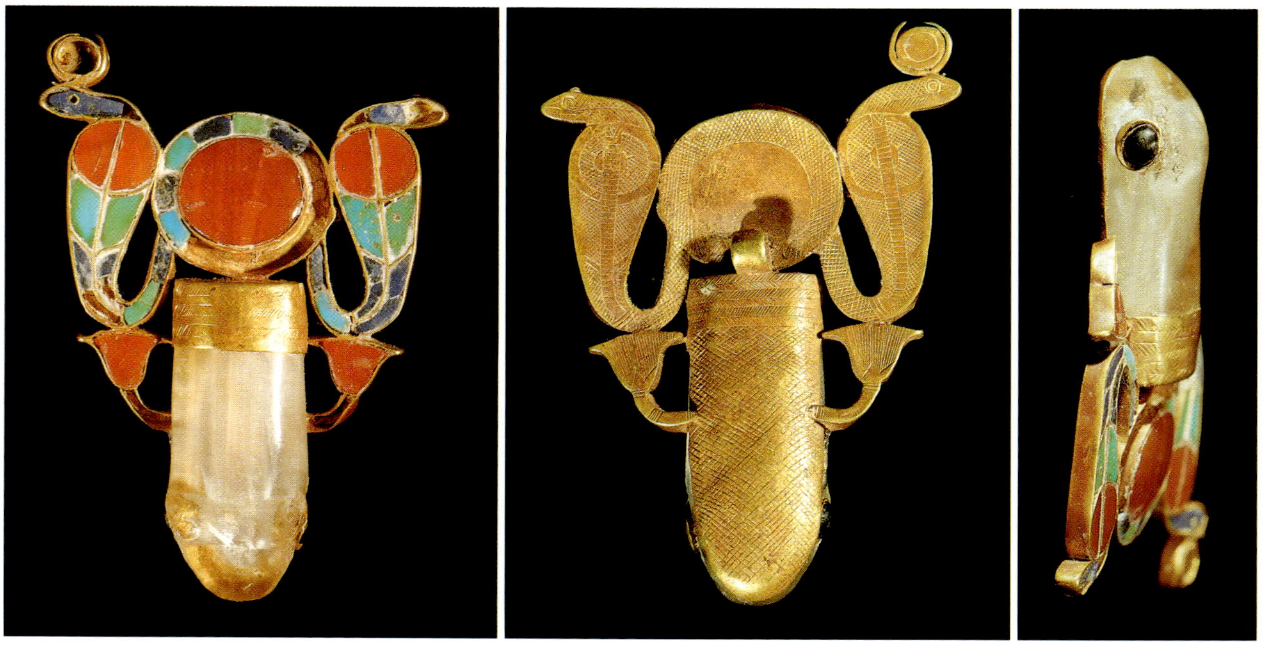

230-232 Amulette formée d'une tête de serpent surmontée du disque solaire, qu'encadrent deux uraeus posés sur des fleurs de lotus.

233 Pectoral portant le nom de couronnement de Sésostris II.

d'années : le dieu Heh, assis, tient deux tiges de palmier entaillées, représentant les années. À son bras droit est suspendu un ruban qui porte le signe du têtard, qui signifie aussi 100 000. Ce groupe est surmonté du nom de couronnement de Sésostris II, Khâkhéperrê. Le cartouche est flanqué de deux uraeus qui portent le signe de vie *ankh*. La queue du serpent s'enroule autour du disque solaire, incrusté de turquoise, emblème du dieu solaire qui couronne les faucons Horus. L'ensemble de la composition signifie : *Puisse Sésostris II vivre des millions d'années.*

Le cloisonné est d'une rare perfection. Et on a mis autant de soin à ciseler et repousser le revers qu'à exécuter les cloisons et tailler les pierres qui y sont serties. La chaîne est attachée à de petits tubes, soudés au dos des disques solaires. Un autre pectoral, au nom d'Amenemhat III, copie cette composition, mais pas la finesse du travail. Au lieu d'utiliser de l'or léger pour les contours et les détails plus fins, les orfèvres ont employé un or à forte teneur en argent. Ils ont remplacé l'alternance du bleu clair et du bleu foncé par des incrustations de cornaline rouge foncé, de lapis-lazuli et de faïence, aujourd'hui détériorée, qui ne sont pas du plus bel effet. La réalisation est assez grossière tant en ce qui concerne le cloisonné que la ciselure et le repoussé du revers. Même en tenant compte du mauvais état de conservation du pectoral, on ne peut que déplorer le déclin irrémédiable de l'orfèvrerie à la fin de la XIIe dynastie.

À Illahoun, les archéologues ont également exhumé deux ceintures, l'une ornée de têtes de léopard (228), l'autre de cauris (225). On a déjà rencontré la tête de léopard sur une amulette protectrice de Khnoumet (214) et sur la ceinture de Méréret (71). Les perles décorées d'une double tête de léopard sont constituées de deux

Pages 120-121 : *234 Pectoral au nom d'Amenemhat III.*

parties identiques. Faites d'une feuille d'or emboutie dans un moule, elles sont soudées sur les bords. Elles sont percées de deux trous à chaque extrémité où correspondent deux rangs de petites perles en améthyste qui réunissent les éléments en or. Dans les têtes de léopard, les bijoutiers ont enfermé une pierre qui résonne. Le fermoir consiste en deux têtes de léopard jointives, chacune pourvue d'une plaque en or. L'une des plaques est creusée d'une rainure, l'autre possède une rainure et une languette qui sert de fermeture.

Les huit cauris de la seconde ceinture (225) ont aussi été moulés en deux parties, soudées ensuite l'une à l'autre. Les coquillages comportent deux trous pour fixer le double rang de perles (en forme de graines d'acacia) en turquoise, or et cornaline. Les perles en or sont soudées l'une à l'autre. À l'intérieur des cauris tintent des grains faits d'un alliage de cuivre et d'argent. Le fermoir est semblable à celui de la ceinture à têtes de léopard.

Le nom d'Amenemhat III figure sur deux bracelets (223-224) qui se composent de trente-sept rangs de perles en turquoise, or et cornaline, attachés à six fixations. Celles-ci sont constituées par une double série de perles d'or, liées par de petits cylindres en or et soudées à de minces feuilles d'or. Les extrémités des fils sont attachées à des tiges creuses à l'extrémité desquelles on a soudé une barrette en forme de T. On glisse dans ces rainures le fermoir qui porte les titres et le nom d'Amenemhat III. Les hiéroglyphes en cloisonné, incrustés de faïence de couleur sur un fond de cornaline, sont décolorés.

Une paire de bracelets de cheville ornés d'une serre d'oiseau et de nœuds en or (226-227) complète les bijoux de Sat-Hathor-Iounit. La serre est sculptée dans l'obsidienne et insérée dans une feuille d'or rainurée, qui est soudée à deux rangs de trois perles d'or. L'ensemble est attaché à deux rangs de perles d'améthyste. Un nœud en or martelé sert de fermoir ; il est formé de deux parties identiques assujetties par une goupille.

Aux bijoux de Sat-Hathor-Iounit vient s'ajouter un miroir en argent poli, magnifique objet de toilette. Le manche en obsidienne a la forme d'une tige de papyrus, dominée par la tête d'Hathor avec un visage de femme et des oreilles de vache (179). Le motif joue sur le nom de la princesse, qui signifie « fille d'Hathor de Dendérah », et rappelle un hymne célébrant la déesse de la beauté, de la joie et de l'amour :

La beauté de ton visage rayonne et brille, tu es parfaite.
Devant ton beau visage, on devient ivre. Or ! Hathor !

La tête d'Hathor, placée sous l'ombelle du papyrus, est à double face. Elle est faite de deux parties moulées et soudées l'une à l'autre sur les bords. Les sourcils, en lapis-lazuli, se sont en partie détachés. Les yeux, aux pupilles en cristal de roche, sont sertis dans une monture d'argent. Quatre compartiments d'or incrustés de cornaline, de lapis-lazuli et de quartz relient la tête et le manche.

Le manche, en obsidienne, jaillit d'une fleur de lotus en cloisonné. Sur les arêtes de la tige courent quatre

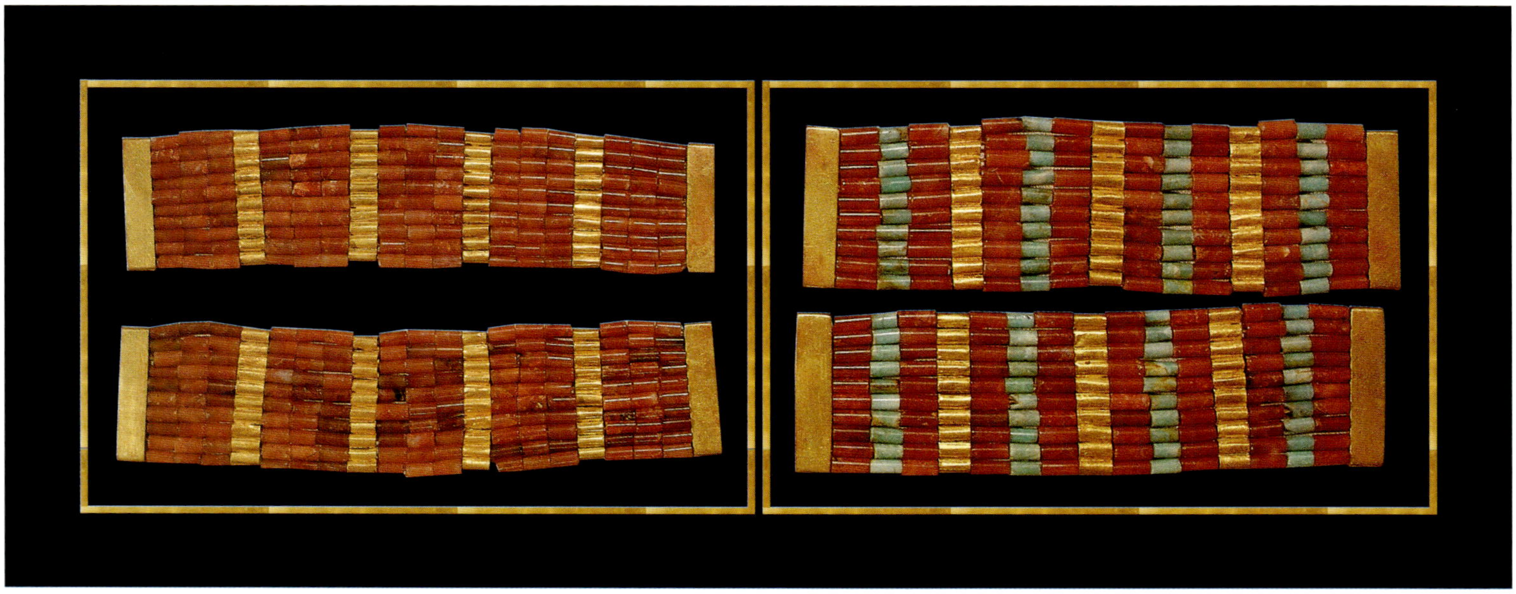

235-236 Bracelets et bracelets de cheville de la princesse Néferouptah.

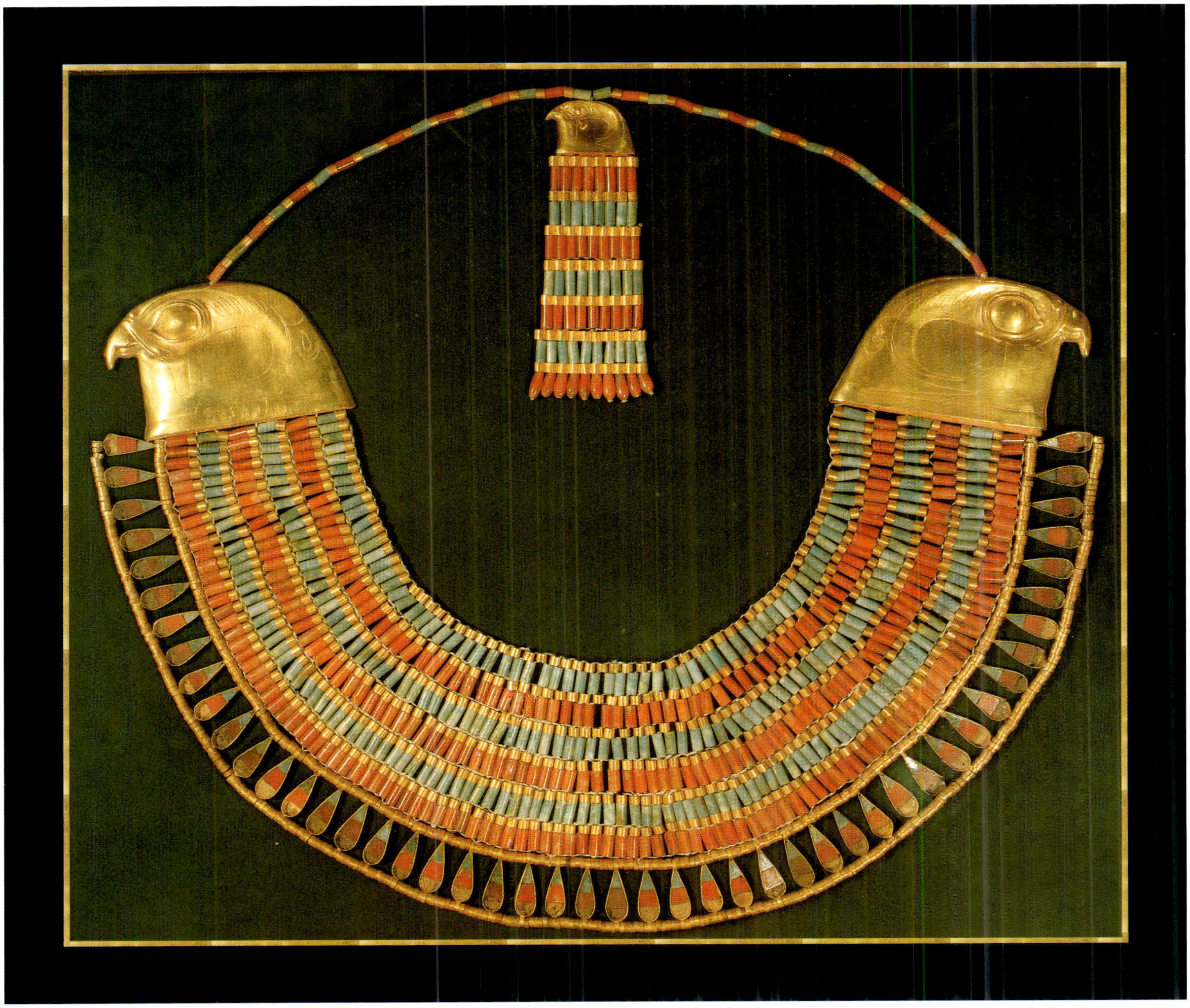

237 Collier de la princesse Néferouptah.

fines bandes d'or granulé. Ce motif est à la fois décoratif et fonctionnel : il permet de mieux saisir le manche lisse.

Le miroir est le seul exemple que l'on connaisse d'obsidienne ornée d'incrustations. Il était rangé dans une boîte à cosmétiques, qui faisait partie d'une série de cinq coffres en bois d'ébène importé du Soudan. Le coffret contenait aussi des pots à onguents, deux rasoirs en bronze avec des manches et deux pierres pour broyer le fard. On a reconstitué la boîte avec les parties subsistantes qui comprennent le hiéroglyphe de la stabilité, placé en retrait, et des incrustations d'ivoire sur les côtés des montures en or des pieds. On a également restitué le décor précieux du couvercle légèrement bombé, qui se compose des quatre emblèmes de la déesse Hathor, en or incrusté de cornaline et de faïence, et de trois plaques d'ivoire portant les noms et les titres d'Amenemhat III.

Au cours des fouilles de la pyramide en 1920, Petrie a exhumé dans les déblais de la chambre funéraire quelques perles très fines en cornaline et en feldspath et un uraeus en or (229), sans doute perdu par les voleurs. Le cobra a été réalisé dans une feuille d'or martelée. Les fines lamelles d'or des cloisons et la bande centrale annelée qui est sous le corps du reptile ont été soudées et incrustées de pierres semi-précieuses. La tête est en lapis-lazuli et l'œil subsistant en grenat serti dans une monture en or. Le corps dressé du serpent

238 *Diadème en or de Sénebtisi.*

décorait sans doute une couronne royale. Derrière, le bijou est renforcé par des boucles soudées dans les anneaux creux de l'uraeus.

Hawara

En 1956, le service des Antiquités de l'Égypte met au jour la tombe de Néférouptah, fille d'Amenemhat III, sous une pyramide ruinée en briques crues, proche de la pyramide du roi lui-même. Cette tombe, la dernière sépulture de princesse de la XIIe dynastie, contient des bracelets, des bracelets de cheville (235-236), un collier de perles (237) et un chasse-mouche. Le style simple et massif des bijoux, bien éloigné du raffinement des trésors des premières princesses, témoigne une nouvelle fois du déclin de l'orfèvrerie. Le collier est formé de rangs de perles tubulaires alternativement en feldspath vert et en cornaline, séparés par des rangs de perles plus petites en or. Il est bordé par une rangée de perles en cloisonné, en forme de gouttes. Les alvéoles en or sont incrustés de feldspath et de cornaline. Les perles en forme de gouttes sont fixées, en haut et en bas, à une rangée de petites perles en or. Le collier est fermé par deux têtes de faucon. Le *ménat* qui sert de contrepoids est construit sur le même modèle.

Le chasse-mouche, ou flagellum, est un attribut de la royauté qui remonte au début de l'Histoire. L'exemplaire trouvé dans la tombe de Néférouptah possède un manche en bois – cassé –, couvert d'une feuille d'or. Il est constitué de trois rangs de petites perles coniques en faïence décolorée, de couleur brune, de trois longs tubes de faïence et de treize perles annulaires en faïence et en cornaline, bordées d'or. On a retrouvé des flagellums dans d'autres tombes de femmes ; ils font partie des insignes divins et royaux d'Osiris, le dieu des morts, adoptés par les particuliers après qu'ils ont usurpé le privilège royal leur permettant de ressusciter comme Osiris. Ici, il est toutefois plus probable que le chasse-mouche, très décoratif, ait eu pour fonction symbolique d'éloigner les influences maléfiques.

Licht

Au Moyen Empire, les bijoux somptueux ne sont pas réservés aux femmes de la famille royale : les nobles dames sont aussi inhumées avec des joyaux. C'est le cas de Sénebtisi, membre de la famille du vizir Sénouséret et inhumée à Licht, près de la pyramide d'Amenemhat Ier, à la fin de la XIIe dynastie. Le Metropolitan Museum of Art de New York, qui fouille la tombe en 1906-1907, découvre entre les bandelettes de la momie les bijoux laissés par les pilleurs. Il reste un diadème en fils d'or, des rosettes en feuille d'or qui ornent la perruque, trois colliers, une ceinture de perles avec des pendentifs, des bracelets, des bracelets de cheville, des amulettes et un chasse-mouche doré.

239 *Pendentif de Byblos.*

Le diadème de Sénebtisi (238), en fils d'or, est formé de trois rangées de boucles et attaché à l'arrière de la tête par un fil d'or. Quatre-vingt-dix-huit rosettes, moulées dans une feuille d'or, sont attachées aux cheveux. Certaines comptent seize pétales, d'autres dix-huit. Un pendentif en fil d'or est suspendu au-dessus du front. Il occupe la place de l'uraeus royal, auquel les particuliers n'ont pas droit.

Le collier au faucon qui fait partie des offrandes funéraires est aussi à l'origine un attribut royal. Le fermoir à tête de faucon, de l'un des trois colliers de perles a été réalisé avec une feuille d'or emboutie dans un moule, puis rempli de plâtre. L'œil est en cornaline et les plumes de la tête sont reproduites schématiquement dans de la faïence bleue. La taille des perles tubulaires, rangées verticalement, décroît en allant vers le fermoir. De haut en bas, les rangs de perles sont en or, en faïence bleu-vert, en cornaline, en faïence bleu-vert, en cornaline, en faïence bleu foncé, en or et en faïence bleu-vert. La bordure inférieure est constituée de perles en or en forme de gouttes fixées à des rangs de petites perles horizontales en faïence bleu-vert, en cornaline et en or.

La ceinture se compose de quarante rangs de perles en faïence glaçurée de couleur vert foncé, vert clair et noire. Ces perles, en forme de disque, sont disposées en zigzag. Le fermoir est décoré du nom de Sénebtisi en faïence bleue incrustée dans du bois doré. Vingt-deux rangs de perles sont suspendus aux emblèmes en faïence de la ceinture, parmi lesquels on reconnaît des lotus et des papyrus, les plantes héraldiques de la Haute- et de la Basse-Égypte. Au dos est fixée une queue de taureau, en bois recouvert de perles. Les innombrables perles de ce type découvertes dans des tombes de femmes indiquent que ce modèle de ceinture était très répandu au Moyen Empire et que les femmes la portaient déjà de leur vivant. La queue de taureau est sans doute investie d'un rôle rituel ; les ceintures de perles pourvues d'une queue de taureau font partie des attributs royaux (37) depuis la période prédynastique.

Les autres bijoux du Moyen Empire

Une amulette, la seule de ce genre découverte jusqu'à présent, associe une tête de serpent, un disque solaire et deux uraeus posés sur des fleurs de lotus. Faite de cristal de roche, d'or, de lapis-lazuli, de turquoise, de cornaline et d'obsidienne, elle provient certainement d'une sépulture royale (230-232).

Un pectoral, aujourd'hui à Boston (240), représente les deux déesses tutélaires, Ouadjet, le serpent, et Nekhbet, le vautour, aux ailes déployées. Nekhbet tient dans ses serres l'anneau-*chen*, comme elle le fait depuis l'Ancien Empire dans les scènes rituelles où elle plane au-dessus du roi. À la base, découpée dans une feuille d'argent, sont soudées des cloisons en électrum. Dans les alvéoles sont serties des incrustations de cornaline. Les autres incrustations, mal conservées, ne permettent pas de savoir si la marbrure des couleurs est un reliquat des premières expériences de verre fondu. Les tenons placés au dos montrent que le pectoral était fixé à un objet, appartenant à un roi de la XIIIe dynastie, c'est-à-dire de la fin du Moyen Empire.

240 Pectoral de la XIIIe dynastie.

Au temps de son plus grand rayonnement, la XIIe dynastie entretient des relations étroites avec Byblos. Les pharaons offrent de somptueux cadeaux aux souverains et aux sanctuaires de ce port, situé aujourd'hui sur la côte du Liban. En 1924, Pierre Montet, qui fouille la nécropole de Byblos, met au jour des objets précieux qui confirment l'existence de ces échanges. Parmi eux figure un pectoral au nom d'Amenemhat III (239). Les princes de cette grande cité commerciale se parent des insignes de la royauté pharaonique. Ils les font fabriquer par des orfèvres qui empruntent à l'Égypte ses motifs et ses techniques.

LE NOUVEL EMPIRE

Après la brillante XIIe dynastie, l'histoire de la fin du Moyen Empire rappelle celle de l'Ancien Empire : sous la XIIIe dynastie, les rois se succèdent en une série de règnes trop brefs pour que la stabilité politique puisse se réinstaller. Il s'ensuit un affaiblissement du pouvoir central, l'insécurité des frontières et un notable déclin artistique. La frontière du sud est ramenée à Éléphantine, à la Première Cataracte, et la Nubie redevient indépendante. De même, au nord, les liens avec la Syrie-Palestine se relâchent. La frontière fortifiée de l'est du Delta devient perméable et ne suffit plus à contenir les incessantes incursions de tribus nomades d'origine sémitique. Ces intrus venus d'Asie, en grande partie indépendants du pouvoir central, se soumettent à différents roitelets du Delta : les derniers rois de la XIIIe dynastie voient donc leur aire d'influence réduite à la Haute-Égypte. Dans la première moitié du XVIIIe siècle av. J.-C., l'avant-garde d'un vaste mouvement migratoire au Proche-Orient atteint la vallée du Nil. Les Égyptiens en nomment les chefs *hékaou khasout* (« chefs des pays étrangers »), mot qui est devenu Hyksôs sous la plume des écrivains classiques.

241 Le masque doré de la momie de la dame Touya.

242 Le char de guerre de Toutânkhamon, détail de l'avant.

Grâce à leur politique énergique, à la supériorité de leur armement et de leurs méthodes de combat, les Hyksôs parviennent à rallier les tribus de Syrie et de Palestine et à soumettre le Delta, installant leur propre dynastie dans la ville d'Avaris vers 1650 av. J.-C. S'ils laissent en place par endroits des roitelets indépendants, les Hyksôs revendiquent le pouvoir sur toute l'Égypte.

Comme bien des conquérants après eux, les Hyksôs assimilent pratiquement tous les éléments de la culture égyptienne, qui leur doit pourtant quelques innovations : le char de guerre tiré par des chevaux, l'amélioration de la technologie des armes et l'apparition de la niellure dans le répertoire des métallurgistes. Cette technique consiste à fondre un mélange d'argent, de cuivre, de plomb, de soufre et de borax, pour obtenir un matériau noirâtre (en latin *nigellum*) sur lequel les incrustations d'or ou d'argent ressortent avec netteté. La niellure est attestée en tout premier lieu vers 1800 av. J.-C. à Byblos, où elle a probablement été inventée. Une épée en forme de faucille (khépech), trouvée à Sichem (243), est sans doute issue d'un atelier de ce port de la côte du Liban actuel. Sa lame de bronze est incrustée d'une nervure de cuivre revêtue de nielle incrusté à son tour d'un fil d'or. Des khépechs comparables, incrustés selon la même technique, ont été découverts dans trois des tombes princières de Byblos.

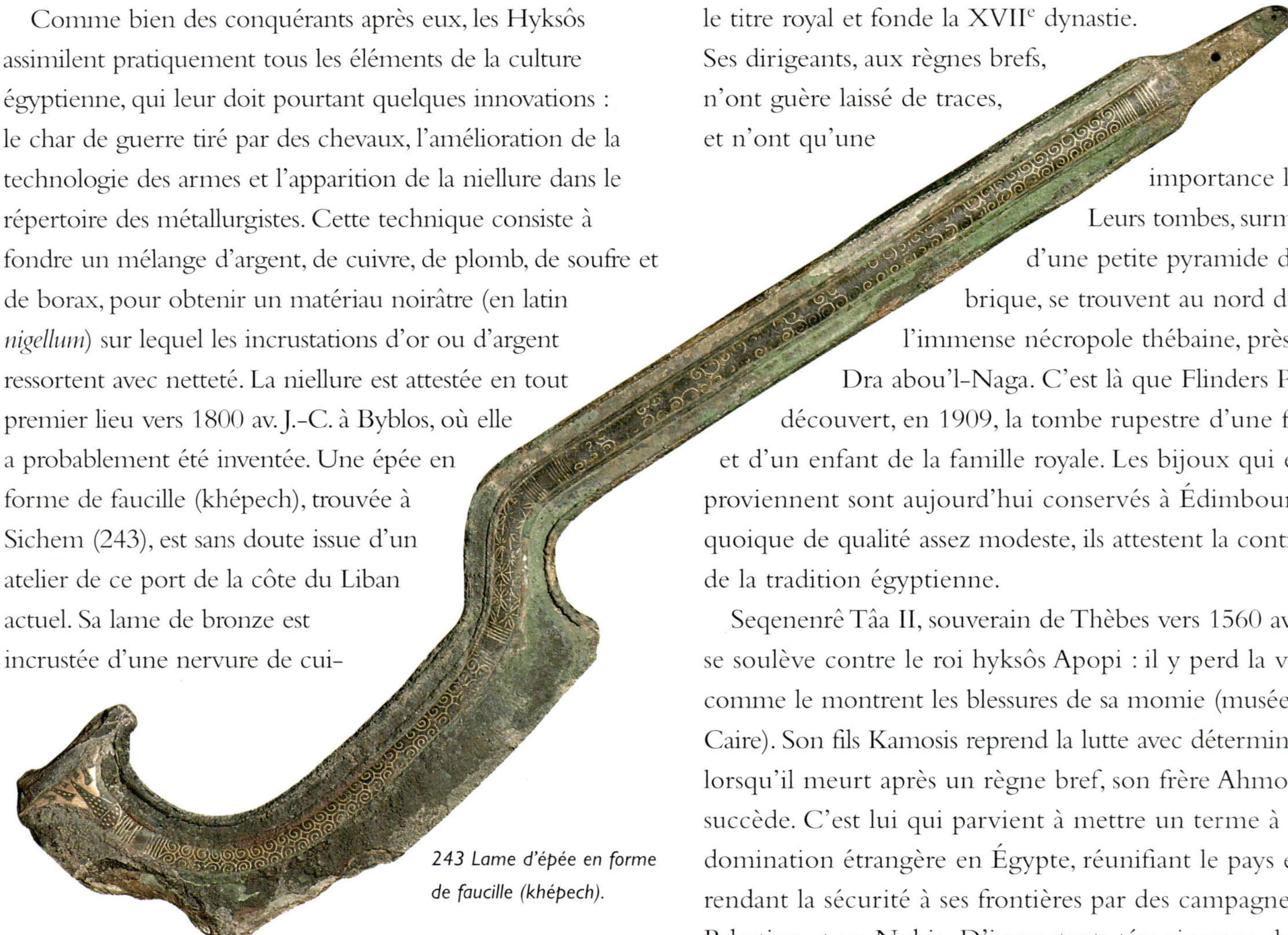

243 Lame d'épée en forme de faucille (khépech).

Parmi les bijoux influencés par le Proche-Orient, le plus remarquable est un serre-tête en or, où une tête de cerf est flanquée de quatre têtes de gazelle (244). Même si l'orfèvre qui l'a façonnée n'avait manifestement aucune idée de ce qu'est un cerf, ce diadème trouvé dans le Delta oriental ne peut se rattacher qu'à la culture proche-orientale et a dû appartenir à une princesse étrangère. Le cerf n'est pas attesté dans la faune égyptienne, bien que l'on en trouve quelques représentations dans des scènes de chasse. Les rosettes rivetées sur le bandeau, aux pétales extrêmement aigus, ont également un aspect exotique. Le motif des têtes de gazelle, dont c'est ici la première apparition sur un diadème, ne sera pas adopté dans l'orfèvrerie et la peinture murale égyptiennes avant la XVIIIe dynastie (343).

Après la fin de la XIIIe dynastie, qui dans ses dernières années ne règne plus que sur la Haute-Égypte et doit payer tribut aux Hyksôs, une famille thébaine assume le titre royal et fonde la XVIIe dynastie. Ses dirigeants, aux règnes brefs, n'ont guère laissé de traces, et n'ont qu'une importance locale. Leurs tombes, surmontées d'une petite pyramide de brique, se trouvent au nord de l'immense nécropole thébaine, près de Dra abou'l-Naga. C'est là que Flinders Petrie a découvert, en 1909, la tombe rupestre d'une femme et d'un enfant de la famille royale. Les bijoux qui en proviennent sont aujourd'hui conservés à Édimbourg ; quoique de qualité assez modeste, ils attestent la continuité de la tradition égyptienne.

Seqenenrê Tâa II, souverain de Thèbes vers 1560 av. J.-C., se soulève contre le roi hyksôs Apopi : il y perd la vie, comme le montrent les blessures de sa momie (musée du Caire). Son fils Kamosis reprend la lutte avec détermination ; lorsqu'il meurt après un règne bref, son frère Ahmosis lui succède. C'est lui qui parvient à mettre un terme à la domination étrangère en Égypte, réunifiant le pays et rendant la sécurité à ses frontières par des campagnes en Palestine et en Nubie. D'importants témoignages de cette période de lutte ont survécu dans le trésor funéraire de la reine Iâhhotep.

Les bijoux de la reine Iâhhotep

Iâhhotep, sœur et épouse de Seqenenrê Tâa II le Brave, est la mère des rois Kamosis et Ahmosis. Dans le temple de Karnak, Kamosis a érigé une stèle pour commémorer une victoire ; il y rend hommage à Iâhhotep, qui s'est distinguée pendant les années de guerre par sa prudence, son courage et le soutien moral qu'elle a fourni au roi : *Louée soit la maîtresse du pays, la princesse de la côte des insulaires de Méditerranée, celle dont le nom est grand dans tous*

les pays étrangers ; celle qui a conseillé le peuple, l'épouse royale, sœur du souverain, fille du roi, mère du roi, célèbre et compétente, qui a pris soin de l'Égypte. Elle a veillé sur ses soldats et les a protégés. Elle a ramené ses réfugiés au pays et rassemblé ses émigrants. Elle a pacifié le pays du Sud en chassant ceux qui s'opposaient à elle. L'épouse royale Iâhhotep, qu'elle vive !

La découverte et les caractéristiques du trésor d'Iâhhotep

En 1854, le prince Napoléon, futur Napoléon III, annonce qu'il projette de rendre visite au vice-roi d'Égypte. Celui-ci charge Auguste Mariette, un archéologue français, d'entreprendre des fouilles pour rassembler quelques chefs-d'œuvre à offrir à son visiteur de marque. Mariette opte pour Dra abou'l-Naga, sur la rive gauche de Thèbes.
À peine quelques jours après le début des fouilles, ses ouvriers mettent au jour dans les déblais un cercueil de bois peint. La momie qu'il contenait est décomposée, mais ses offrandes funéraires sont intactes : un poignard, deux petits lions modelés dans une feuille d'or et une petite boîte en forme de cartouche royal au nom d'Ahmosis, incrustée de lapis-lazuli et d'or, qui, tout comme les lions, a dû être cousue sur un bracelet de protection en cuir. D'après les inscriptions, le cercueil était destiné à Kamosis, frère et prédécesseur d'Ahmosis. Bien que le prince Napoléon ne soit finalement pas venu en Égypte, il a reçu en cadeau ces trouvailles, exposées aujourd'hui au musée du Louvre.

244-246 Diadème à têtes de cerf et de gazelle.

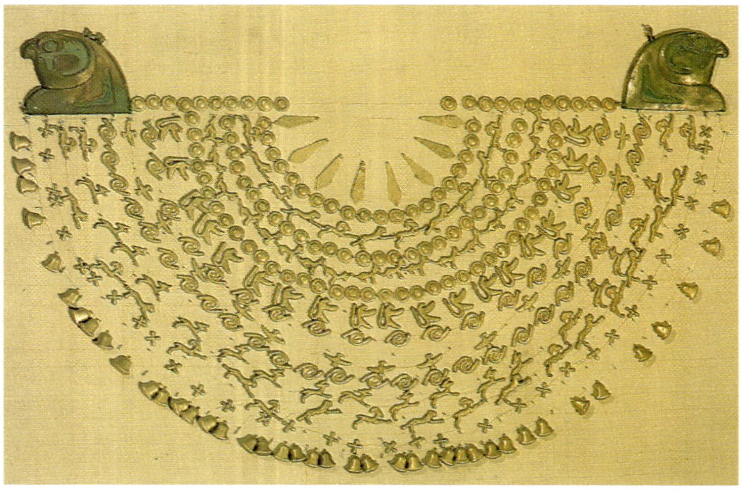

247 Ousekh de la reine Iâhhotep.

Mariette, qui entre-temps est devenu le directeur du service des Antiquités de l'Égypte fondé par le vice-roi, doit abandonner à son assistant la poursuite des fouilles. Lorsque celui-ci meurt peu après, les équipes de fellahs continuent à travailler sous les ordres d'un contremaître, mais sans aucune surveillance scientifique. Rapidement, les ouvriers exhument le cercueil de la célèbre reine Iâhhotep ; la momie, encore enveloppée de ses bandelettes, est à l'intérieur, entourée de précieuses parures funéraires.

Le gouverneur de la province de Qéna, prévenu, se fait apporter le cercueil. La momie est alors dépouillée de ses bandelettes et de ses joyaux, et brûlée. D'après ce que l'on sait des enterrements royaux de cette époque, au moins un diadème aurait disparu dans l'affaire.

Ensuite, le gouverneur de Qéna s'embarque pour Le Caire, avec le projet d'offrir en personne son butin au vice-roi. Mariette, informé de la trouvaille et de sa confiscation, prend place à bord d'un bateau à vapeur et intercepte le gouverneur au beau milieu du Nil. Par la force, il récupère les bijoux et les présente lui-même au vice-roi, si enthousiasmé par la découverte qu'il décide de construire un musée destiné aux antiquités déjà mises au jour.

Les bijoux et les armes de cérémonie de la reine Iâhhotep appartiennent à une période de transition. La tradition du Moyen Empire survit encore dans certains bracelets (253-256) et dans un pectoral (268). D'autres pièces montrent l'adoption des formes et des techniques nouvelles amenées en Égypte par les Hyksôs. Les têtes de faucon du collier de perles (247), la hache de bataille (272) et le poignard sont les plus anciens exemples de niellure découverts en Égypte.

Des rapports avec la culture minoenne de Crète, sous-entendus par la mention des îles méditerranéennes dans la stèle de Kamosis, apparaissent dans les animaux représentés « au galop volant » (247, 275) et dans le motif du griffon sur la hache de bataille (272) ; le poignard qui provient du cercueil de la reine (275) montre aussi clairement une influence égéenne dans la forme et dans la technique.

249 Cauris, maillons et amulettes en or.

248 Bijoux du trésor de Iâhhotep.

Les bijoux personnels d'Iâhhotep

Il est particulièrement déplorable que les circonstances de la découverte n'aient pas donné lieu à un rapport qui permettrait d'assembler les différents éléments du large collier de perles aux têtes de faucon (247). Dans

250-252 Bracelet rigide de la reine Iâhhotep représentant la déesse-vautour Nekhbet.

le collier remonté, il manque un nombre considérable des perles trouvées éparpillées sur la poitrine et le corps de la momie. La reconstitution est toujours sujette à discussion, car aucun autre collier de ce type n'a encore été retrouvé.

Tous ces éléments sont faits d'une mince feuille d'or battue. Certains sont de simples ornements : cabochons ronds, petites croix, spirales, emblèmes de dieux et de déesses ; on trouve aussi la créature fabuleuse qui représente le dieu Seth, des uraeus ailés, des oiseaux en vol, des lions, des gazelles et des ibex en plein « galop volant », selon le modèle égéen.

Assez bizarrement, tous ces éléments n'étaient perforés que sur les côtés, ce qui implique que les rangs n'étaient pas reliés les uns aux autres de haut en bas. On sait maintenant que les feuilles ont été placées près du cou de façon erronée lors de la reconstitution : un examen attentif révèle un œillet en haut et en bas, ce qui suggère que seules les feuilles pouvaient faire le lien entre deux rangs de perles.

Les têtes de faucon à l'extrémité du collier sont composées de plusieurs parties soudées ensemble ; la courbe des joues, la bande sous l'œil et la ligne de la

253-256 Bracelets de perles de la reine Iâhhotep.

mâchoire sont une masse compacte de nielle enchâssée dans le support, creusé assez profondément. Dix trous sont percés à la base des têtes, par lesquels passaient les fils des rangs de perles.

La longue chaîne ornée d'un pendentif en forme de scarabée (262-263) est un chef-d'œuvre d'orfèvrerie : d'une régularité extraordinaire, elle est constituée de six fils entrelacés aux extrémités encastrées dans des éléments en forme de col et de tête d'oie, en or et surmontés d'un anneau. Chacune des extrémités porte un minuscule cartouche, l'un au nom de naissance d'Ahmosis, l'autre avec son nom de couronnement,

257 Bracelet simple de la reine Iâhhotep.

Nebpéhtyrê. Longue de plus de 2 m, cette chaîne devait faire plusieurs tours de cou pour que le scarabée repose sur la poitrine.

Le scarabée lui-même, une amulette qui signifie « devenir », « avoir le pouvoir de se transformer », est un bel exemple de l'habileté de l'orfèvre. Son corps est fait de deux feuilles d'or soudées. Son ventre et ses pattes sont fidèlement rendus en repoussé, tandis que son dos a reçu des cloisons d'or soudées, horizontales sur le prothorax, verticales sur les élytres. Des incrustations de lapis-lazuli sont fixées dans les cellules, la tête du scarabée, ses pattes

262-263 Chaîne d'or et scarabée.

avant et l'anneau qu'elles enserrent sont soudés. Une boucle de suspension passe par cet anneau ; ses deux extrémités se prolongent sous le ventre et sont liées à un deuxième anneau.

Le bracelet en forme de vautour étendant ses ailes protectrices (250-252) représente Nekhbet, la déesse gardienne de la Haute-Égypte. Il est fait de deux parties semi-circulaires rigides, reliées l'une à l'autre par deux charnières, dont l'une s'ouvre à l'aide d'une goupille. Les plumes du corps de la déesse-vautour sont figurées par des incrustations de lapis-lazuli, de cornaline et de verre vert, cloisonnées d'or. Nekhbet tient dans ses serres un anneau d'éternité incrusté de cornaline, symbole royal de protection. L'autre moitié du bracelet se compose de deux tiges creuses de section semi-circulaire, dont la face externe bombée porte des turquoises espacées régulièrement, la face interne

De gauche à droite et de haut en bas.
258-260 Bracelets en or de la reine Iâhhotep.
261 Type de bracelet offert en décoration.

264-267 *Bracelet rigide : le couronnement du roi Ahmosis.*

étant un ruban d'or soudé. Entre les deux tiges est insérée une cornaline enchâssée d'or ; une fine tige d'or s'en détache, qui s'achève en bourgeon de turquoise serti d'or.

Un bracelet de perles (253-254) comporte deux fois le nom de couronnement d'Ahmosis. Il est fait de dix-huit rangs de perles sur un fil d'or, qui composent neuf bandes verticales colorées, en lapis-lazuli bleu, turquoise verte et cornaline rouge, alternant avec sept bandes d'or formées de rangées de quatre perles séparées par de minces tubes d'or, et soudées entre elles verticalement – technique mise au point au Moyen Empire. Sur le dessus du bracelet figure l'inscription : *Le dieu parfait, Nebpéhtyrê, doué de vie*, en hiéroglyphes soudés sur une plaque entourée d'un cadre étroit, le tout en or. Des morceaux de lapis-lazuli scellés remplissent les vides. Entre les deux moitiés du fermoir, un raccord a été ajouté dans un second temps, ce qui a séparé les deux moitiés de l'inscription : *Le dieu parfait, Nebpéhtyrê, doué de vie éternellement.*

Sur un autre bracelet de la tombe d'Iâhhotep (255-256), les trente et une rangées de perles sont agencées en petits carrés divisés en deux triangles, l'un de perles colorées, l'autre d'or. Les triangles de même couleur composent des rangées horizontales. Pour maintenir plus fermement les rangs de perles, et donc donner plus de précision au motif,

268 Pectoral : la purification du roi Ahmosis.

on a inséré, à intervalles réguliers, des plaques d'or au milieu desquelles sont soudées des barres minces : seules ces cloisons apparaissent à l'extérieur, et les plaques ne sont visibles qu'à l'intérieur du bracelet. Le fermoir est un mince tube où vient se loger une goupille. L'inscription suivante y est gravée : *Le dieu parfait, Nebpéhtyrê, aimé d'Amon.*

La forme du bracelet à bords plats d'Iâhhotep (258) est inhabituelle : une feuille d'or a d'abord été façonnée en canal de section rectangulaire, canal martelé ensuite en anneau et fermé par une bande de feuille d'or soudée. Les soudures sont décorées d'un fil cranté et tressé. Le diamètre de ce bijou indique qu'il ornait l'avant-bras.

De nombreuses représentations attestent que les hommes portaient aux deux poignets des joyaux comparables au bracelet renflé (260) : le roi pouvait les accorder en récompense. Enfin, un bracelet d'or (257) copie la forme simple que présentent les bracelets d'ivoire et d'autres matériaux depuis la préhistoire. Sa partie externe est une feuille d'or pliée puis martelée en anneau, sa face interne est un ruban du même métal soudé.

Les bijoux et armes offerts par Ahmosis

Outre les bijoux personnels d'Iâhhotep, son trésor comportait des pièces offertes pour son usage dans l'au-delà par Ahmosis, le second de ses fils à monter sur le trône. Parmi ces cadeaux, se trouve un pectoral (268) au cadre semblable à celui des pectoraux du Moyen Empire, surmonté d'une corniche à gorge. En revanche, la scène représentée est une nouveauté : la purification rituelle effectuée lors du couronnement royal et de sa commémoration. À la base du pectoral, une bande d'or est décorée des ondulations stylisées qui représentent l'eau : ce sont les eaux primordiales à partir desquelles le monde a été créé. Sur ce plan d'eau, un bateau contient trois personnages : au milieu le roi, à sa droite le dieu Amon-Rê, à la couronne surmontée de hautes plumes, et à sa gauche le dieu Rê-Horakhty, sa tête de faucon surmontée d'un disque solaire rouge. À l'aide de hauts vases étroits (les vases *hès*), les dieux versent au-dessus du roi de l'eau qui s'écoule devant et derrière lui en deux zigzags bleu pâle. Aux angles supérieurs du pectoral, des faucons étendent leurs ailes protectrices au-dessus de la scène. Les noms des dieux ainsi que les deux noms et les titres du roi Ahmosis figurent aussi dans le cadre. Par comparaison avec les pectoraux de la XIIe dynastie, toute clarté de composition a disparu et les motifs semblent entassés. Comme dans les exemplaires plus anciens, les détails du relief sont soigneusement ciselés au revers.

L'image d'Ahmosis apparaît sur un autre bracelet (264-267) fait de deux plaques d'or forgées en demi-anneaux, assemblées par des charnières. La face extérieure est ornée de personnages et d'inscriptions, et incrustée de lapis-lazuli. Les motifs repoussés, aux détails ciselés, qui ressortent en relief composent une unique scène : le couronnement du roi Ahmosis par Geb, le dieu de la terre et son souverain primordial. Au centre, le dieu est représenté deux fois sur son trône, coiffé à droite de la double couronne, à gauche de la couronne de Basse-Égypte. Le roi Ahmosis apparaît lui aussi deux fois, avec une perruque bouclée et un uraeus. Il est agenouillé, le dos tourné à la divinité, qui lui tient le bras et étend son autre main sur l'épaule du roi en signe de protection. Ce tableau principal est flanqué de deux inscriptions : à droite, *Le dieu parfait, seigneur des Deux-Terres, Nebpéhtyrê, doué de vie* ; à gauche, *Le fils de Rê en personne, Ahmosis, vivant comme Rê.*

Le roi regarde en direction des deux groupes de personnages qui occupent l'autre moitié du bracelet. Ce sont les « âmes de Hiérakonpolis », à têtes de faucon, et les « âmes de Bouto », à têtes de chacal. Représentant les cités de couronnement de la Haute- et de la Basse-Égypte, ils félicitent le nouveau roi par des « gestes de jubilation »,

269-271 Bracelet protecteur du roi Ahmosis, pour le tir à l'arc.

272 *Hache de bataille d'Ahmosis.*

un poing levé et l'autre ramené sur la poitrine. Au-dessus d'eux, des formules de bénédiction : *Nous te donnons toute joie ; nous te donnons toute vie et santé éternellement.*

Un autre bracelet (269-271) est orné d'un cartouche royal incrusté : *Le fils de Rê, Ahmosis, qui vit éternellement et à jamais.* Il est flanqué de deux sphinx, symboles du dieu sémitique de la vengeance, Houroun. Sphinx et cartouche sont réalisés en feuille d'or martelée, et soudés à une grosse tresse creuse, elle aussi en or. Le cartouche royal est surélevé, comme posé sur une petite boîte, entre les têtes des deux sphinx en ronde bosse. L'arrière du bracelet est une bande d'or, dont se détache une longue et étroite languette. Bande et languette sont incrustées de pierres semi-précieuses, la première des signes protecteurs « vie » et « permanence », la seconde d'un motif en arêtes de poisson. À l'ouverture du cercueil, ce bracelet se trouvait près de la tête de la momie, et fut d'abord considéré comme une petite couronne. On a ensuite pensé que c'était un brassard et que la languette servait à équilibrer le poids des lourds motifs décoratifs. Pourtant, le porter en haut du bras impliquerait que les sphinx et les inscriptions soient couchés sur le flanc, ce qui serait irrespectueux pour le nom du roi. Ce bracelet unique ne peut raisonnablement s'expliquer que comme une protection pour le poignet gauche d'un archer : alors, le cartouche royal serait vertical. Passé sur un poignet de cuir, le bracelet avec sa languette protégerait l'avant-bras du brusque retour de la corde de l'arc au moment du tir.

Étant donné le rôle joué par la reine Iâhhotep dans la guerre de libération, il n'est pas étonnant que l'on ait placé dans son cercueil des armes magnifiques, ainsi que « l'ordre des mouches d'or » (274). Il s'agit d'une décoration accordée aux combattants remarquables, les mouches symbolisant une attaque incessante. Trois grands insectes sont suspendus à une chaîne d'or, tressée de la même manière que la longue chaîne (262). Leur silhouette est découpée dans une plaque d'or sur laquelle sont soudés leur tête aux yeux globuleux et leur corps stylisé et ajouré, faits d'une feuille d'or emboutie.

La hache de bataille d'Ahmosis (272) est célèbre. Sa forme s'inspire de celle des armes simples utilisées par les guerriers hyksôs : la lame, forgée en cuivre, est enchâssée dans la rainure d'un manche légèrement courbe, et

273 *Lame de la hache de bataille d'Ahmosis.*

ligaturée avec des lanières de cuir. Le manche de cet exemplaire royal est en bois de cèdre, recouvert de feuille d'or, incrusté à l'arrière d'une lamelle d'or, elle-même incrustée du nom et de la titulature complète d'Ahmosis. Là où le bois est apparent, il y avait des anneaux d'or, aujourd'hui disparus.

Sur chacune de ses faces, la lame de cuivre forgé est divisée en trois registres. D'un côté (273), chaque zone est revêtue de feuille d'or et incrustée de lapis-lazuli, de cornaline et de turquoise ou de verre vert. Au registre du haut, le dieu Heh, assis, tient dans chacune de ses mains écartées du corps une tige de palmier crantée. Il représente les millions d'années. Au-dessous, on peut voir les deux déesses gardiennes et les plantes emblématiques de Haute- et de Basse-Égypte, le vautour sur le « lis » et l'uraeus sur le papyrus. Au registre inférieur, un sphinx tient dans sa patte

274 « L'ordre des mouches d'or » de la reine Iâhhotep.

levée la tête d'un ennemi ; tout comme les deux sphinx du protège-poignet (270), il représente sans doute Houroun, le dieu sémitique de la vengeance.

L'autre face de la lame (272) n'est dorée qu'au registre supérieur, qui porte une inscription en incrustations colorées, dont certaines ont disparu : *Le dieu parfait, Nebpéhtyrê, le fils de Rê, Ahmosis.* Dans les deux registres du bas, la lame de cuivre est revêtue de nielle, incrusté de personnages et de hiéroglyphes d'électrum. Au milieu, le roi marche hardiment et saisit un Nubien qui tombe à genoux, le maîtrisant symboliquement par un coup de poing sur la tête. Le registre inférieur est occupé par un griffon, animal mythique élaboré en Crète, ayant probablement atteint l'Égypte par l'intermédiaire du Proche-Orient. Selon des sources sémitiques plus tardives,

275 Poignard de la tombe de la reine Iâhhotep.

276-277 Bracelet de perles au nom de deux reines et bracelet de perles à renforts en or.

le griffon symbolise « le pouvoir suprême » et « le vengeur », et donc le dieu Houroun. L'inscription l'identifie ici au dieu thébain de la guerre, Montou.

Comme nous l'avons déjà signalé, le poignard (275) est de forme et de technique égéennes. Le pommeau – des têtes de femme regardant dans différentes directions – surmonte un manche cylindrique incrusté d'électrum, de cornaline et de lapis-lazuli. Des deux côtés, la garde est ornée d'une tête de taureau, dont les cornes en demi-cercle enserrent le haut de la lame : ce motif dérive de modèles mycéniens. Sur les deux faces, de la garde à la pointe du poignard, il n'y a pas un sillon, mais un ruban de nielle légèrement fuselé et incrusté d'un mince fil d'or. On y lit le nom et les titres du roi Ahmosis, accompagnés de représentations d'animaux : un lion poursuit un taureau, tous deux « au galop volant », et quatre sauterelles sont dans l'herbe. Le lion joue le rôle du roi, le taureau celui de sa victime ; les sauterelles symbolisent la foule des soldats qui suivent le roi.

Des découvertes comparables

En 1910 apparaissent sur le marché de l'art, des bijoux provenant à l'évidence du trésor de la reine Iâhhotep, parmi lesquels un bracelet de perles (277), aujourd'hui conservé au musée de Miho, au Japon. De minuscules perles annulaires en or et en lapis-lazuli sont réparties en damier par carrés de quatre perles sur quatre. Les vingt-quatre rangées sont maintenues par onze barrettes d'or, plates à l'intérieur du bracelet et incisées à l'extérieur pour ressembler aux rangs de perles ; ces barrettes sont perforées pour laisser passer les fils de montage en feuille d'or battue. Aux extrémités du bracelet, des segments de charnières s'emboîtent et peuvent être réunis par une goupille.

Les trois bracelets (278-279-280-281), en dépôt au Pelizaeus Museum de Hildesheim, offrent d'étroites relations avec les bijoux du cercueil d'Iâhhotep ; ils proviennent probablement d'une tombe royale de Thèbes-Ouest. C'est sans doute aussi le cas d'un bracelet de perles aux noms de deux reines (276), qui doit provenir d'une

278-281 Larges manchettes de perles et paire d'étroits bracelets de perles assortis.

paire. Des bandes de perles de lapis-lazuli, de turquoise et de cornaline alternent, séparées par des bandes de perles d'or ; la combinaison est répétée trois fois. Les huit bandes d'or consistent en rangs de trois perles alignées sur un mince tube dans lequel passe le
fil d'or ; tous les rangs sont soudés les uns aux autres. Aujourd'hui faussées, les deux extrémités en or du bracelet s'assemblaient à l'aide d'une goupille. Une inscription est incisée sur la face extérieure de ce fermoir : *L'épouse du dieu, Ahmès-Néfertari aimée d'Amon*. Une autre, à l'intérieur, dit : *L'épouse du dieu, Satamon aimée d'Amon*. Ahmès-Néfertari est l'épouse du roi Ahmosis, et Satamon, sa fille.

En Égypte, il arrive qu'on se transmette des biens de valeur de génération en génération. La tombe de Psousennès Ier, dans la nécropole royale de Tanis, contenait une abondante vaisselle de métal précieux, dont une aiguière en or destinée à contenir de l'eau sacrée, inscrite au nom de couronnement d'Ahmosis : elle avait donc cinq cents ans au moment de l'enterrement de Psousennès. Ce vase allongé est constitué de feuilles d'or martelées soudées ensemble. Sa large embouchure, incurvée vers l'extérieur, est façonnée de manière à s'adapter au col court auquel elle est soudée. La panse et la base du vase se fondent l'une dans l'autre, seulement séparées par une ligne gravée sur la soudure : c'est à cet endroit, le plus étroit du vase, qu'on le prenait en main. Un bec verseur incurvé est soudé au col, et, juste sous la soudure, deux lignes d'inscription sont gravées dans un cadre rectangulaire : *Le dieu parfait Nebpéhtyrê, justifié* [= décédé], *aimé d'Osiris seigneur d'Abydos*. Selon les scènes des murs des temples et des tombes, des aiguières de ce type (des vases *hès*) étaient utilisées lors de rites de purification et de renouveau comme pour des offrandes d'eau. Elles font manifestement partie du matériel rituel de base. Il existe un exemplaire presque identique à celui d'Ahmosis dans la tombe d'Aménémopé (450).

De l'or en abondance

Sous la XVIIIe dynastie, l'empire des pharaons s'étend bien au-delà des frontières de l'Égypte. La côte du Proche-Orient, la Syrie jusqu'au haut Euphrate, la Nubie jusqu'au Soudan actuel sont conquises. Qu'il s'agisse de butin ou du paiement régulier de tributs, d'incroyables richesses affluent en Égypte. Les représentations des tombeaux d'administrateurs de haut rang nous apprennent comment les revenus en or étaient exactement pesés et enregistrés au Trésor, à l'aide d'une unité de poids fixe, le dében (282-284).

En action de grâce pour ses victoires, Thoutmosis III, grand conquérant et organisateur de l'Empire égyptien, offre au dieu tutélaire du royaume, Amon-Rê, des colliers et de la vaisselle précieuse fabriqués avec l'or des territoires soumis. Dans le sanctuaire du temple de Karnak, cette offrande est immortalisée sous le titre *Ornement qui assure la protection des membres du dieu* (289). Un demi-siècle après les conquêtes audacieuses de Thoutmosis III, le pharaon Aménophis III est appelé dans une lettre « la montagne d'or qui illumine le monde entier, comme le dieu du ciel ».

Cette abondance d'or sert aussi la politique extérieure : des cadeaux en métal garantissent la tranquillité des alliés et économisent au pays le fardeau des conflits incessants. Au cours de la période amarnienne, un prince moyen-oriental, Touchratta de Mitanni, le laisse clairement entendre au pharaon : « L'or pur couvre l'Égypte comme la poussière les chemins. Je souhaite que tu m'en envoies la même quantité que ton père envoyait auparavant ».

Les décorations militaires

L'Empire égyptien est la plus grande puissance du Moyen-Orient. Héros triomphant, le roi est assisté d'une élite d'officiers qui lui sont personnellement proches et qui, avec les fonctionnaires administratifs, jouent un rôle majeur dans l'État et dans la société. Dans leurs tombes, les officiers les plus remarquables font allusion aux décorations que le pharaon leur a accordées pour leur bravoure. Elles prennent la forme de mouches en or, symboles de l'attaque incessante,

282-284 Pesée et enregistrement du tribut en or : reliefs et peintures du pays de Pount, temple de la reine Hatchepsout, et deux tombes thébaines.

285 Thoutmosis III portant le khéprech.

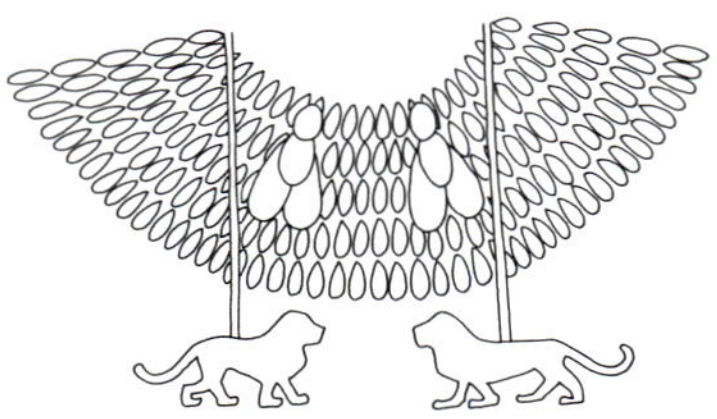

286-287 *Collier aux mouches d'or.*
288 *« Lions et mouches » : décoration octroyée au général Dédi.*

et de lions en or qui évoquent la force et le courage sur le champ de bataille (286-288).

Les exploits sont aussi récompensés par des armes et des ustensiles en or, donnés par le roi lui-même. Le général Djéhouty reçoit ainsi de Thoutmosis III une patère en or (290-291), au rebord extérieur ciselé d'une inscription : *Donné en témoignage de la faveur royale, par le roi de Haute- et de Basse-Égypte, Menkhéperrê, au prince et gouverneur, père divin aimé du dieu, compagnon du roi dans tous les pays étrangers et sur les îles du milieu de la mer, celui qui remplit les entrepôts de lapis-lazuli, d'argent et d'or, gouverneur des pays étrangers, commandant de l'armée, loué par le dieu parfait, dont le rang est accordé par le maître des Deux-Terres, le scribe royal Djéhouty, justifié.*

289 *Offrandes à Amon, dieu tutélaire du royaume, par Thoutmosis III. Relief du temple de Karnak.*

Le fond de la patère est orné de symboles végétaux et animaux. Autour du cabochon du milieu, des pétales de marguerite gravés composent une fleur entourée d'un zigzag qui évoque l'eau où nagent en cercle des perches du Nil. Ce décor est couronné d'ombelles de papyrus, reliées par de légères courbes. Poissons et papyrus sont repoussés, et leurs détails ciselés. La perche du Nil *(Tilapia nilotica)* est un symbole de résurrection, et les ombelles de papyrus peuvent se comprendre comme une allusion à la déesse thébaine de la mort.

L'or des récompenses

Les officiers militaires ne sont pas seuls à recevoir du roi des décorations : les fonctionnaires de haut rang peuvent recevoir des chaînes de perles annulaires en or et d'autres bijoux, et ceux qui ont reçu « l'or de l'honneur » ne manquent pas de consigner le fait dans leur tombe. Khâemhat, surveillant en chef des greniers royaux de Haute- et de Basse-Égypte sous le règne d'Aménophis III, est décoré par un représentant du roi (297).

Aÿ, titulaire des plus hautes charges sous le règne d'Akhénaton, accompagné de son épouse Ti, qui lève les mains en signe de prière, tous deux humblement inclinés, reçoit des bijoux des mains du couple royal (292).

Le simple fait que Sennéfer soit autorisé à ériger sa statue (293) dans le temple de Karnak est une marque de l'estime particulière d'Aménophis II pour son courtisan, qui est « maire de Thèbes » et « surveillant des entrepôts et des jardins d'Amon ». Il bénéficie également d'une distinction sans doute unique : sa statue le représente non seulement avec un collier honorifique, mais aussi avec le « double cœur ». À plusieurs endroits de sa magnifique tombe, Sennéfer se fait représenter paré de cette amulette blanche et jaune (294). Elle est parfois ornée du nom d'Aménophis II, et la légende explique sa signification :
Au bien-aimé du roi, à qui les deux cœurs d'argent et d'or ont été accordés… noués à son cou en présence du pays tout entier […] *Il* [le pharaon] *savait que j'étais tout à fait excellent* […] *Il a fait plus pour moi que n'avait été fait pour aucune autre personne.*

Cette distinction rare indique sans doute symboliquement que Sennéfer « possède » le cœur de son roi.

290-291 *Coupe du général Djéhouty.*

Parmi d'autres témoignages de la faveur royale, citons la paire de bracelets d'or bombés de Sennéfer (294), d'un type souvent représenté. On a retrouvé des parures de ce genre, notamment dans le cercueil de la reine Iâhhotep (260-261).

Les tombes et les bijoux funéraires

La plupart des bijoux et des objets précieux parvenus jusqu'à nous sont des offrandes funéraires. Les joyaux mis au tombeau avec la momie ont souvent été portés dans la vie, mais la bijouterie proprement funéraire est ornée de motifs en rapport avec la résurrection. La signification des emblèmes divins et, bien sûr, des matériaux utilisés (or, incrustations colorées) est donnée par les instructions et les formules du *Livre des morts*, qui à partir de la XVIIIe dynastie, est déposé dans le cercueil du défunt comme un guide vers l'au-delà.

292 Aÿ reçoit « l'or de l'honneur », avec sa femme Ti.

293 Sennéfer avec sa femme et sa fille.

Au début du Nouvel Empire, un gros scarabée posé sur le cœur de la momie prend une grande importance. Le mystérieux mode de reproduction du scarabée bousier *(Ateuchus sacer)* a conduit à le considérer comme un symbole du devenir et du renouvellement constant. Sur le plat du scarabée est gravé un chapitre du *Livre des morts*, qui supplie le cœur, siège de la conscience, de ne pas témoigner contre son propriétaire au cours du jugement des morts : *Mon cœur de ma mère, mon cœur de ma mère, mon cœur de mes différents âges, ne te lève pas contre moi à la cour de justice, ne te prononce pas contre moi devant le maître de la balance !*

Un exemple particulièrement beau de scarabée de cœur provient de la tombe du général Djéhouty (295-296). L'insecte de pierre verte, enchâssé d'or, est suspendu à une longue chaîne d'or. Le texte cité précédemment est gravé sur son plat, tandis que le prothorax porte le nom et les titres du propriétaire : *Le gouverneur des régions montagneuses et des habitants des pays étrangers du Nord, Djéhouty.*

294 Sennéfer portant « l'or de l'honneur » : collier à perles lenticulaires en or, double cœur et bracelets d'or.

Le mobilier funéraire du jeune roi Toutânkhamon, conservé dans son intégralité, montre à quel point la joaillerie funéraire peut être somptueuse. Au Nouvel Empire, la salle du sarcophage est appelée la « chambre de l'or », comme on le voit sur le fragment de papyrus illustré du plan de la tombe de Ramsès IV (98), où les différentes pièces de la tombe sont nommées. Cette salle contenait aussi le sarcophage, avec ses cercueils dorés.

Les rois du Nouvel Empire ne bâtissent plus de pyramides, mais sont ensevelis dans des tombes creusées dans la roche. Ils ont choisi pour nécropole une vallée isolée dans les collines à l'ouest de Thèbes, sur laquelle veille une pyramide naturelle, une montagne à la forme évocatrice. La facilité avec laquelle on pouvait fermer la vallée et surveiller d'éventuels voleurs semblait fournir des

295-296 Scarabée de cœur du général Djéhouty.

conditions de sécurité maximales. Les temples du culte aux défunts sont construits loin des tombes, à la lisière des terres cultivées. Des temples funéraires encore debout, celui d'Hatchepsout est le plus spectaculaire. Sa construction en terrasses s'élève au fond de la vallée de Deir el-Bahari, juste devant la falaise escarpée qui cache la vallée des Rois.

Les tombes des notables sont taillées dans la roche friable du versant est de la montagne. Quelques-unes de ces « tombes privées » sont pourvues de colonnes, à l'imitation d'un temple ; les plus simples imitent une maison égyptienne. Les murs et les plafonds sont peints, et les motifs colorés des plafonds font ressembler la chambre funéraire à une tente. Les peintures murales qui montrent de grands banquets organisés dans la tombe en l'honneur du défunt sont une nouveauté. Le caractère mondain de ces scènes a poussé les artistes à représenter la beauté féminine et les tendances de la mode en détail. Leur technique, plus fluide, permet aussi un rendu plus libre et plus expressif des positions et des mouvements. L'unité des personnages est atteinte par de subtiles variations dans les attitudes et les regards, dans l'inclinaison des belles têtes sous leurs lourdes perruques (313-317).

297 « L'or de l'honneur » est mis au cou de Khâemhat.

Les ateliers d'orfèvres dans les peintures des tombes

Dans les tombes du Nouvel Empire, ce sont essentiellement les ateliers d'orfèvres du temple d'Amon qui sont représentés. Contrairement à l'Ancien Empire, la scène ne se déroule pas en continu, montrant des étapes successives du travail depuis la fonte jusqu'à la fabrication des bijoux en passant par le martelage en feuilles. Conformément au style qui prévaut à l'époque, le choix et l'agencement des activités sont plus fluctuants, et les scènes, pleines de mouvement, plus vivantes. Les procédés techniques montrent de nombreuses innovations.

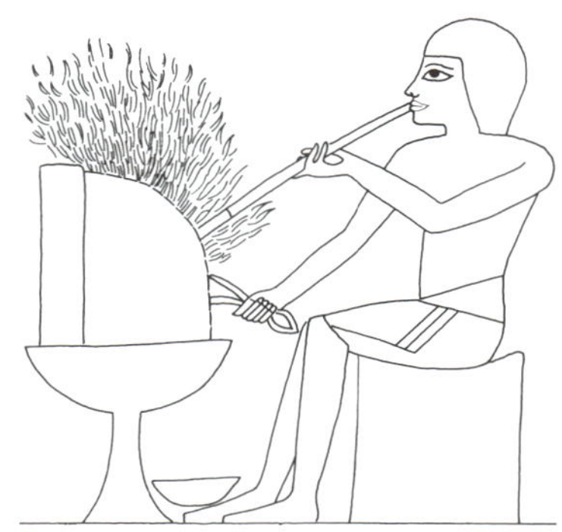

298 Orfèvre à sa forge, avec un chalumeau et des pinces.

Les chalumeaux utilisés pour augmenter et réguler la température du feu sont plus longs, et les creusets, ouverts pour mélanger et souder, sont munis de pieds, de sorte que l'orfèvre peut s'asseoir sur un tabouret (298). Pour forer plusieurs perles en même temps, les artisans alignent les noyaux de pierre dans un lit de plâtre et font rapidement tourner des forets à l'aide d'un arc (300).

Travail des orfèvres et produits finis sont représentés dans la tombe des deux orfèvres Nébamon et Ipouky (301). Deux hommes sont assis face à face sur des tabourets à trois pieds, séparés par un coffre incrusté. L'un d'eux tient son couvercle ouvert, ce qui permet d'en deviner le contenu : un pectoral orné d'un personnage accroupi entre deux cartouches d'Aménophis III. Le second ouvrier a pris deux pièces d'incrustation plates et paraît les assembler. Au-dessus des bras des deux hommes sont représentés un vase à pied et un plateau qui contient des matériaux protégés par un tissu, destinés à être taillés en incrustations. Plus haut encore, un double collier

299 Porteurs de mobilier funéraire.

possède un pendentif en forme de fleur de lotus avec des boutons latéraux. À côté de lui se trouve un autre pendentif en forme de scarabée ailé qui tient des anneaux-*chen*, signe de protection, entre ses pattes avant et entre ses pattes arrière. La scène voisine à droite, a été détruite par des pilleurs de tombes. Au sommet de cette partie disparue figurait une coupe à haut pied en métal, richement décorée, située au-dessus d'un homme assis, une palette de scribe sur son giron ; ce dernier tenait un vase sur lequel, et, à l'aide d'un calame et d'encre, il appliquait le dessin préparatoire à la décoration. L'inscription qui le surmontait l'identifiait comme le peintre d'Amon, le fils du roi Paremnéfer.

Fritte, verre, faïence et glaçures

Des perles et des incrustations de fritte et de verre sont utilisées pour la première fois au cours de la XVIIe dynastie. Pour produire ces matériaux, du sable contenant de la silice et de la chaux du désert est mélangé avec de la soude naturelle des lacs salés et/ou de la chaux et des cendres de plantes salées dans des proportions d'environ 60/40 ou 70/30, avec des oxydes métalliques pour la couleur. Les sels servent de fondant, la chaux de fixateur. Le mélange est chauffé, sans doute dans des récipients de terre cuite ; à 500-750 °C, les différentes particules s'amalgament grossièrement, mais ne fondent pas. Cette fritte poreuse peut être coupée et travaillée en perles, en incrustations et autres objets. Si la pâte est chauffée

300 Forage de perles à l'aide de plusieurs forets.

301 Atelier d'orfèvres, tombe de Nébamon et Ipouky.

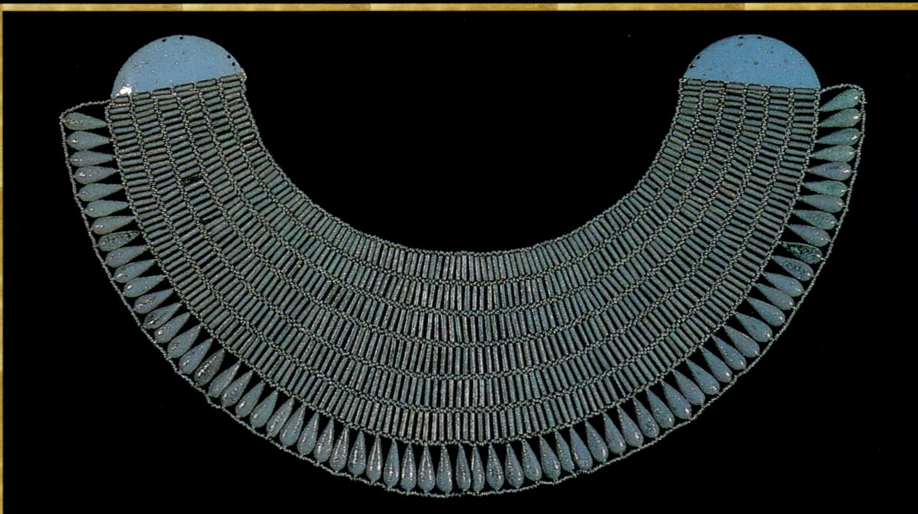

davantage, entre 900 et 1 100 °C selon les proportions du mélange d'origine, elle devient du verre à proprement parler. Ce verre est relativement opaque, conséquence de la présence d'impuretés naturelles comme des bulles d'air ou de l'oxyde de zinc, l'un des composants des résidus de bronze utilisés comme colorant.

Il semble que pendant longtemps les Égyptiens n'aient pas fabriqué le verre eux-mêmes, mais l'aient fait venir du Proche-Orient, où le bois nécessaire à sa fabrication était aussi abondant que les composants de base. Le verre brut importé était coloré dans des ateliers égyptiens.

On façonne les perles autour d'un fil, à partir d'une baguette de verre chauffé, et les incrustations dans des moules d'argile ouverts. La masse de verre visqueux est pressée dans les moules. On peut aussi faire fondre de la poudre de verre dans un moule porté au feu. Une fois refroidies et taillées, les incrustations sont collées par un mortier dans les cellules préparées pour les recevoir. Leur face supérieure, qui a souvent conservé des traces du pressage, est alors placée au fond.

Le verre, utilisé comme la pierre colorée, est appelé pierre fondue par les Égyptiens. L'émaillage, fonte de verre directement dans des cellules cloisonnées, n'est pas encore maîtrisé en Égypte ; les premiers exemples de haute qualité de cette technique apparaissant à l'époque ptolémaïque. À part l'or, aucun matériau n'est aussi utilisé que le verre. En effet, contrairement aux pierres, celui-ci peut être coloré exactement à la nuance voulue. À côté des incrustations plates, apparaissent maintenant des incrustations en relief, obtenues dans des moules ouverts ; les têtes et les membres du couple royal représenté sur le trône de Toutânkhamon (405), aux lignes élégantes et au relief subtil, figurent parmi les plus belles. Les incrustations de verre et de faïence ne peuvent souvent être distinguées des pierres colorées qu'elles imitent que par des analyses chimiques.

En apparence, la faïence égyptienne ressemble beaucoup à la céramique glaçurée. Le cœur de la pâte, cependant, est poreux et constitué de silice. Ses composants sont les mêmes que ceux du verre, mais dans des proportions et selon des méthodes très différentes. Des éclats de quartz moulus le plus finement possible, ou du sable, avec un maximum de 5 % d'impuretés telles qu'argile, chaux ou sels de sodium, sont malaxés avec de l'eau et des oxydes métalliques, puis modelés, séchés et cuits à 800-1 000 °C pour obtenir une matière en partie glaçurée.

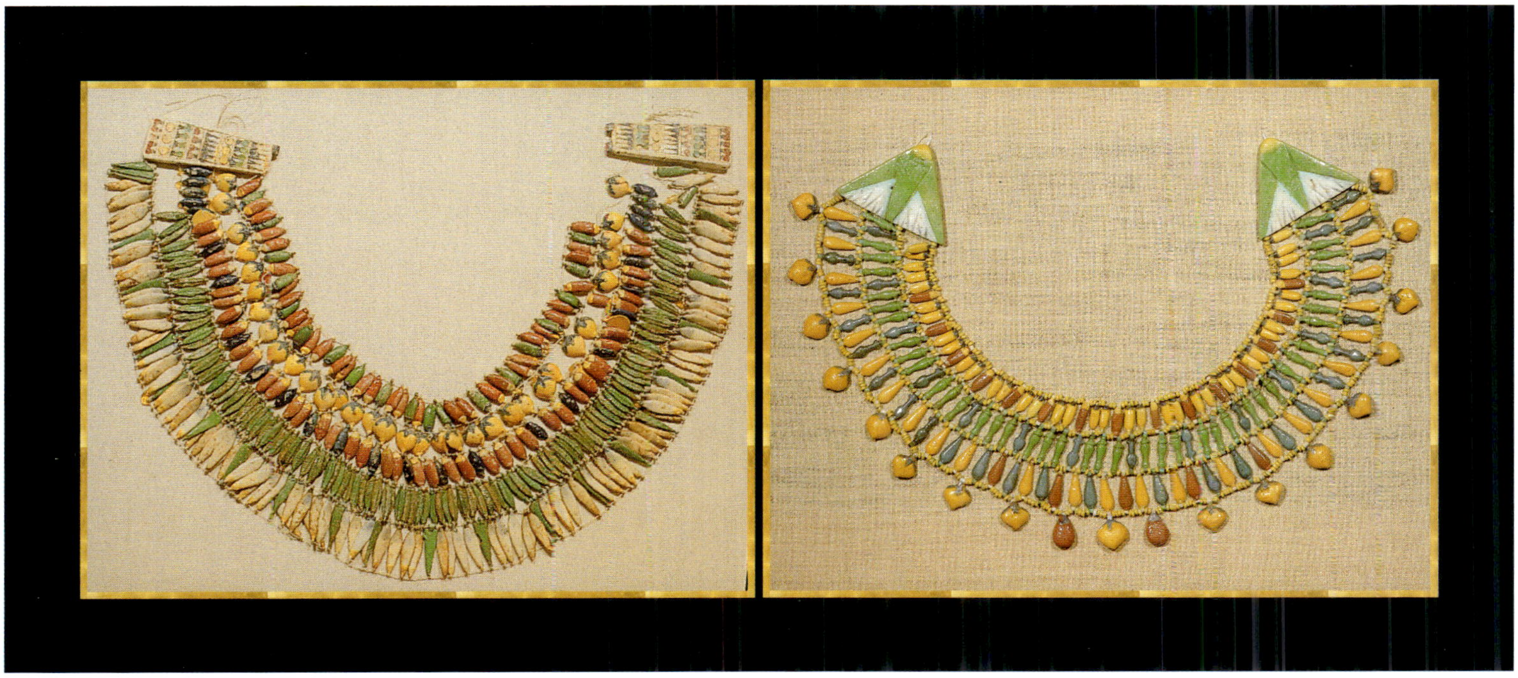

302-303 Colliers de fleurs en faïence.

304 Bague en faïence bleue.
305 Plaquette de faïence bleue.
306 Collier de perles en faïence bleue.
307 Perruque à bandeau de verre coloré.
308 Lion et Nubien en fritte bleue.
309 Collier de faïence bleue, à pendeloques en forme de fleurs de grenadier.
310 Boîte à bijoux en stéatite glaçurée verte.
311 Boutons d'oreille en faïence et en verre.
Pages 150-151 : *312 Caveau de l'ouvrier de la nécropole Nébenmaât, à Deir el-Médineh.*

La glaçure est obtenue par différents procédés, aux nombreuses étapes intermédiaires. L'une d'elles consiste à plonger la pièce avant cuisson dans un enduit de fritte pulvérisée et d'eau, ou à la peindre avec des enduits colorés, puis à la cuire. Aussi simple que ce procédé paraisse, il réclame de grandes compétences et une longue expérience.

Une autre méthode, plus simple, est l'autoglaçure. De la poudre de quartz, des sels alcalins et des colorants faits d'oxydes métalliques sont malaxés pour former une masse. Au séchage, l'eau s'évapore et véhicule une partie des sels et des oxydes métalliques jusqu'à la surface. Lors de la cuisson, aux alentours de 900 à 1 000 °C, une glaçure se forme, généralement d'un profond bleu de cuivre. En présence d'argile, qui contient toujours du fer et/ou des oxydes d'aluminium, la glaçure prendra une nuance nettement verte, bien que beaucoup de tons verts soient dus en fait aux ravages du temps.

Le dernier des trois principaux procédés est exactement inverse. La pièce est enduite avant cuisson de calcite sous forme de pâte, ou de poudre mêlée à de la soude ou à de la cendre de végétaux, à de la fine poudre de quartz et à des colorants à base d'oxydes métalliques. Au cours de la cuisson, la surface du noyau de faïence réagit avec la couverte, et une glaçure régulière se forme sur toute la surface, dont le surplus est retiré après refroidissement. Ce procédé, utilisé avec bonheur par les artisans égyptiens, est encore en usage en Iran.

Les Égyptiens nomment leur faïence « la brillante », à cause de son aspect lumineux, et la travaillent comme de l'argile. On évite un délicat travail de forage en moulant les perles autour d'un mince roseau, qui se consume et disparaît au cours de la cuisson. On a trouvé par centaines des moules ouverts en terre destinés à la fabrication des incrustations et des amulettes. Le revers de la pièce est généralement égalisé à la main avant la cuisson.

L'évolution de la mode

Les statues et surtout les peintures murales montrent à quel point le vêtement change au cours de la XVIIIe dynastie. Les robes simples attachées sur les épaules des femmes acquièrent une élégance raffinée ; plissées et transparentes, elles sont maintenant très près du corps. On porte des perruques somptueuses à longues tresses bouclées, sur lesquelles on pose des cônes d'onguent parfumé. Des guirlandes de fleurs de lotus fraîches, ou leur imitation en faïence, remplacent les diadèmes d'or ; souvent, une unique fleur de lotus pend gracieusement sur le front. Ces influences se retrouvent en bijouterie.

313 Nobles dames à un banquet, peinture de la tombe de Nakht, à Thèbes.

314 Femme portant un collier et des fleurs de lotus dans les cheveux.

315 Femme portant des bijoux de cérémonie et tenant un sistre.

Les boucles d'oreilles

La Mésopotamie et Troie connaissent les boucles d'oreilles depuis des siècles. Elles ont probablement été introduites à la cour royale égyptienne par des princesses du Proche-Orient, et sont portées par les femmes comme par les hommes. D'après des tablettes cunéiformes, la fille de Touchratta, prince de Mitanni, épouse de Thoutmosis IV, apporte dans sa dot plus de trente paires de boucles d'oreilles. Des formes très variées voient le jour – anneaux, boutons (311), disques, pendants –, exécutées dans de nombreux matériaux. Les boucles d'oreilles en or, épaisses et creuses (360-361), pincent les lobes près des maxillaires ; des essais modernes ont montré que les anneaux font ressort et tiennent parfaitement en place.

Les boucles d'oreilles en forme de disques décorés de motifs en spirales ou de rosettes sont très appréciées des femmes. Le petit buste de la reine Tiy (363) est unique en son genre : sur les rosettes de ses boucles d'oreilles en disques, des segments de lapis-lazuli et d'or alternent autour de deux uraeus d'or. Une tomographie a montré que sous la perruque se trouve un filet à cheveux en argent. Les deux uraeus en or qui pendaient devant les oreilles et la naissance de deux autres au-dessus du front ont été conservés.

Au fil du temps, les pendants d'oreilles gagnent en splendeur et en poids, certains dépassant 100 g.
Les Égyptiens apprécient les motifs végétaux stylisés, comme les fleurs, les fruits ou les capsules de graines, pendus à de fines chaînes (416).

316 Collier de perles au cou de Nébamon.

317 Femme se faisant parer de bijoux.

Colliers et pendentifs

Sous le Nouvel Empire, colliers et pendentifs restent parmi les bijoux les plus répandus chez les deux sexes. Le collier-*ousekh* (gorgerin) des époques précédentes est encore porté, avec quelques modifications. Les extrémités, au lieu de têtes de faucon, sont maintenant des fleurs de lotus en faïence (303). Les colliers floraux en faïence sont une nouveauté, mais ils nous sont parvenus en petit nombre (302). Nous connaissons aussi, d'après les peintures des tombes, des colliers de fleurs de lotus stylisées (314).

Le mince fil d'or destiné à la fabrication des chaînes est obtenu par étirement d'étroits rubans de métal à travers des trous (tréfilage) dans des plaques de pierre, de plus en plus petits selon l'épaisseur désirée. Il peut ensuite être artistiquement tressé et soudé (262, 274). De simples colliers, dont le remontage est souvent incertain, sont ornés de motifs floraux, de signes hiéroglyphiques et d'emblèmes divins comme des amulettes en pendentif. Un collier de faïence bleue représente des fleurs de grenadier (309) ; un autre, des bleuets moulés en or massif (332). Le bleuet est garant de la réincarnation et de la participation au cycle éternel, car, tout comme le lotus, il s'épanouit le matin et se referme le soir.

Sur un collier en perles (333-334) est suspendue une tête de guépard, amulette puissante. Elle est en feuille d'or emboutie ; ses yeux, son mufle et les lignes de ses joues sont incisés.

Un autre collier en perles de verre, est orné d'un chacal et du signe hiéroglyphique *néfer*, qui signifie « beauté », le tout en or (336). Nous avons déjà mentionné les amulettes en forme de mouche et de lion (286-288) parmi les décorations militaires.

Bagues-scarabées et bagues-sceaux

La bague-scarabée est une forme ancienne, développée au Moyen Empire à partir du scarabée-sceau. Les scarabées, dont le plat est souvent gravé au nom du roi ou d'un fonctionnaire de haut rang, ou encore de vœux, de symboles de chance et autres ornements, continuent à être portés jusqu'à la fin de la période dynastique. Ils sont aussi adoptés par les peuples voisins comme amulettes.

318 Bague ornée en cloisonné.

319-321 Bagues-scarabées en or et stéatite glaçurée.

322-324 Bagues-sceaux d'Aménophis II.

325-326 Bagues-sceaux de Thoutmosis III.

Le scarabée, généralement fait de faïence ou de stéatite glaçurée en vert, est foré dans sa longueur et fixé au doigt par un cordon ou un mince fil d'or. Plus tard, afin d'éviter l'inconfort d'un nœud à l'intérieur de la main, on glisse une goupille d'or dans le trou du scarabée et on fixe ses extrémités à un étrier en U, comme nous le voyons sur une bague dont le scarabée porte le nom d'Amon-Rê (319).

Au fil du temps, l'étrier devient plus épais et ses fixations sont plus élaborées. Pour éviter l'usure, le trou du scarabée est revêtu d'or ; une monture en feuille d'or à la base de l'animal remplit le même rôle sur les bagues du trésor funéraire des trois princesses (352) et sur un autre scarabée de la même époque (320-321). Le plat de celui-ci est gravé d'un sphinx coiffé d'une couronne et d'un uraeus, surmonté d'un serpent ailé et du nom de couronnement de Thoutmosis III, Menkhéperrê.

327 Remise du sceau de fonction.

Il était logique de troquer la bague-scarabée, dont le montage compliqué s'abîme facilement, contre un anneau plus solide, dont le sceau peut être fixe ou amovible. À l'origine, les bagues-sceaux moulées d'une seule pièce sont empruntées à la Crète, où elles apparaissent dès 1700 av. J.-C., plusieurs siècles avant leur adoption dans la vallée du Nil. Les bagues-sceaux crétoises, toutefois, sont très différentes de forme et de fabrication. Leur sceau ovale est toujours fixé perpendiculairement à l'anneau, alors que le sceau égyptien lui est parallèle et prend la forme d'un rectangle ou d'un cartouche (322).

Les bagues-sceaux égyptiennes sont fondues à cire perdue. La bague entière, ou le sceau uniquement s'il est amovible, est modelée en cire dure dans ses moindres détails, ainsi que les conduits et les évents. De l'argile très fine est alors pressée autour de la cire, et mise à sécher. À la cuisson, la cire disparaît, puis le métal en fusion est coulé par les conduits dans le moule creux, l'air s'évacuant par les évents. Après refroidissement, l'argile est brisée pour libérer la bague, après quoi on lime l'excès de métal qui occupait les conduits et les évents. La bague est finalement polie, avec un morceau d'ardoise et du charbon d'après les traces laissées sur les bijoux.

328 Femme au collier-ménat, des fleurs de lotus dans les cheveux.

Une bague-sceau est l'insigne d'une charge, remise aux fonctionnaires lors de leur investiture. Sa présentation au vice-roi de Kouch (Nubie) est illustrée par une peinture murale de la tombe d'Houy (327), titulaire de cette fonction sous Toutânkhamon. Outre les simples scarabées et les bagues-sceaux, il existe des anneaux plus richement

329 Collier-ménat en bronze incrusté d'or et d'argent.
330 Femme tenant un collier-ménat.

décorés. Les quinze bagues du trésor de Toutânkhamon (393-394) et d'autres du même genre, comme un anneau au décor cloisonné (318) dont le chaton à trois perles de faïence est monté entre deux fleurs de lotus, traduisent la splendeur et la variété des bagues de la XVIIIe dynastie.

Le collier-*ménat*

Ménat est le nom donné à un bijou à signification religieuse et rituelle, qui consiste en un faisceau de minces rangs de perles bleues attachés à un contrepoids de bronze. Le collier-*ménat* est connu dès l'Ancien Empire, associé au culte de la déesse Hathor : on l'utilise comme une sorte de crécelle pour accompagner les chants et les danses des musiciennes. Dans les peintures de la XVIIIe dynastie, il est porté comme une amulette ou tenu dans la main comme un instrument de culte (328-330). Imprégné des pouvoirs de guérison de la déesse Hathor, il est considéré comme vecteur de vie et de protection, de joie et d'amour : l'imposer sur quelqu'un ou le lui tendre est supposé avoir une influence favorable sur la renaissance.

Parfois, le contrepoids du collier-*ménat* en bronze est incrusté d'or et d'argent, ou de pierreries et de verre. Le décor incrusté de métal de celui qui provient d'el-Amarna (329) fait référence à Hathor. Dans le cercle du bas, la déesse, sous la forme d'une vache dont les cornes enserrent un disque solaire, navigue dans un fourré de papyrus. Plus haut, elle apparaît sous forme humaine. Dans la partie supérieure, une tête de femme coiffée d'une dépouille de vautour.

Les bijoux d'or de la princesse Satamon

Satamon est la fille aînée du roi Aménophis III et de la reine Tiy (363), donc la sœur d'Akhénaton. Sa chaise d'enfant a été placée dans la tombe de ses grands-parents Youya et Touya. Le dossier et les accoudoirs sont ornés de reliefs dorés, la scène intérieure étant commentée par une inscription : *L'arrivée de l'or des pays étrangers du Sud ; Satamon, sa fille royale bien-aimée.*

Sur le dossier (366), une double scène symétrique : la princesse sur son trône porte un diadème de fleurs et de boutons de lotus, complété sur le front d'une tête de gazelle, bijou caractéristique des épouses royales secondaires et des princesses. Elle tient dans une main un sistre, dans l'autre le collier-*ménat*, deux attributs de la déesse Hathor, protectrice du harem.

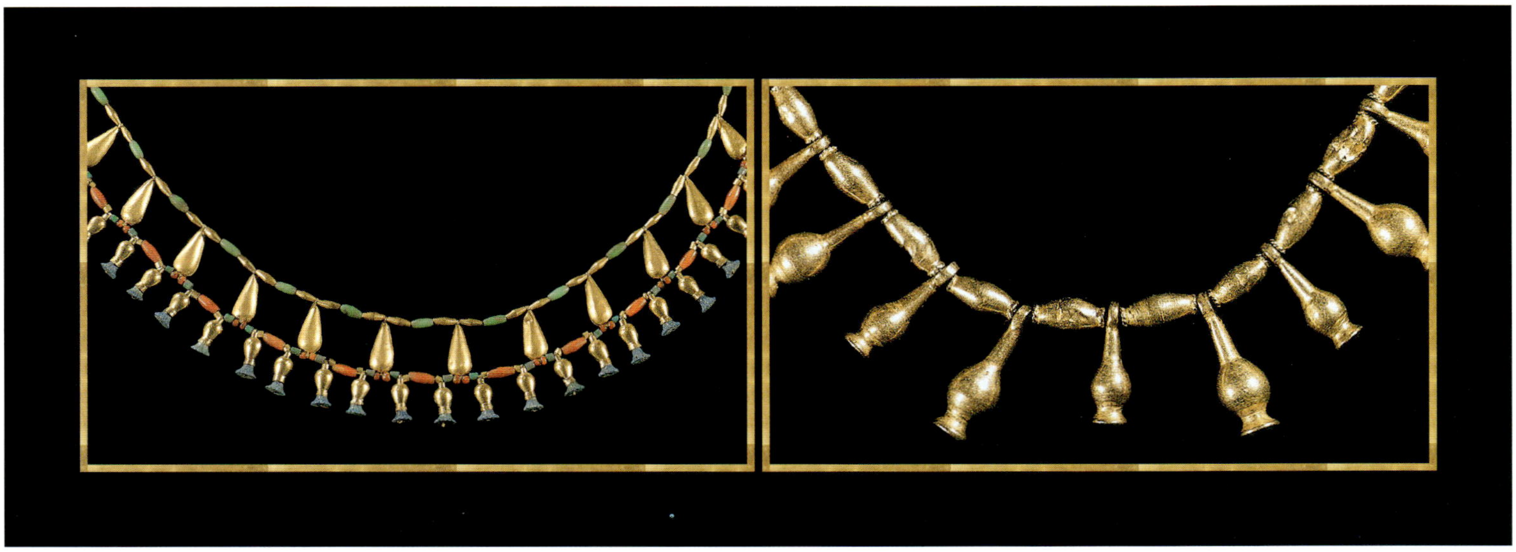

331-332 Colliers de perles à pendeloques en fleurs de bleuet.

En face de Satamon, une Nubienne debout lui tend un collier d'or. À l'intérieur des accoudoirs (365), quatre femmes du harem portent chacune de l'or forgé en anneaux. À l'extérieur (364), Touéris et Bès, deux protecteurs des enfants, sont en train de danser.

Le trésor des trois princesses

Dans son harem, Thoutmosis III accueille trois épouses secondaires, dont les noms indiquent l'origine proche-

333-334 Collier à pendentif en tête de guépard (en haut à gauche et en-dessous).
335 Collier de perles avec canards en or (en bas à gauche).
336 Collier au chacal et aux pendeloques-néfer (en haut à droite).
337 Pendentif au dieu Ched.
338 Anneaux de Néfertiti et d'Akhénaton.

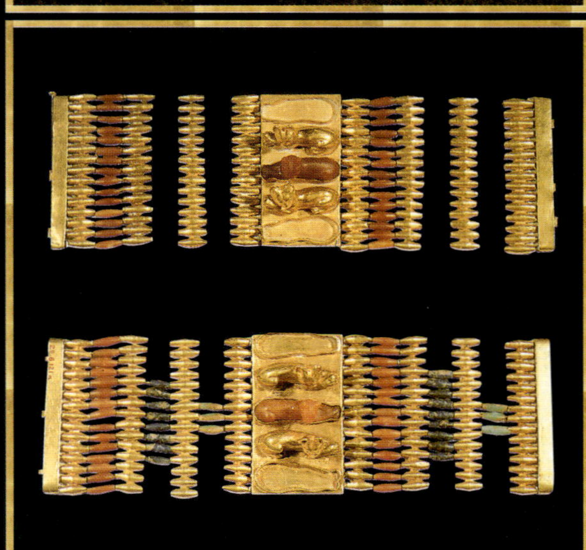

orientale. Elles meurent sans doute toutes trois au même moment, victimes de la peste ou d'une révolte de harem, et sont enterrées ensemble. L'entrée de leur tombe dans une montagne, à l'ouest de Thèbes, se situe en hauteur, au-dessus de la vallée du Nil, cachée dans une faille inaccessible du rocher.

En 1916, les villageois des alentours font une curieuse constatation : à la suite d'un violent orage, l'eau qui ruisselle des falaises disparaît soudain dans un rocher pour resurgir beaucoup plus bas. Ils explorent l'endroit où l'eau disparaît, descendent suspendus au bout d'une corde dans la crevasse sombre, et découvrent une salle creusée dans le roc, la sépulture cachée des trois princesses.

Comme presque tout ce qui n'était pas fait de pierre ou de métal précieux, les momies et les cercueils ont été détruits par les inondations qui envahissent périodiquement la tombe ; les incrustations de verre et de fritte des bijoux sont aussi passablement corrodées. En toute hâte et dans le plus grand secret, les villageois vident la chambre funéraire, s'emparant de tout ce qu'ils peuvent et l'entassant dans des paniers pour vendre leur butin le plus vite possible aux antiquaires de Louqsor. Tout ce qui pourrait fournir une information sur les femmes enterrées à cet endroit, leur mobilier funéraire ou la disposition des bijoux, est détruit lors de ce pillage.

La plus grande partie de la découverte est achetée par le Metropolitan Museum de New York. En rassemblant les bijoux, le vendeur a habilement remplacé certains des fragments disparus ; il y a quelques années, après un examen attentif, on a retiré toutes ces pièces ajoutées, et il ne reste aujourd'hui que les éléments originaux.

Les trois princesses possédaient sans doute des séries de bijoux identiques. Dans de nombreux cas, des éléments ont disparu et les montages demeurent incertains, notamment dans le cas des colliers et des bracelets de perles.

Les parures de tête

Le diadème aux deux têtes de gazelle au-dessus du front (343-344) est confectionné dans une épaisse feuille d'or en forme de T. À l'extrémité arrondie de chacune des trois branches est soudée une tête de léopard en feuille

339 Coiffure d'une épouse secondaire de Thoutmosis III.

340 Boucles d'oreilles dorées à rosettes.

341 Paire de bracelets de perles.

342 Paire de brassards avec des chats en relief.

343-344 Diadème à têtes de gazelle.

d'or emboutie. Dans sa gueule, un anneau permet de passer des liens noués derrière la tête. Au front, les deux têtes de gazelle sont réalisées en plein relief dans une épaisse feuille d'or, et fixées au diadème par deux tubes d'or en forme de fuseau. Au-dessous des têtes, au bord du ruban d'or, plusieurs petits anneaux soudés recevaient un ornement pour le front, qui a disparu. Au-dessus et de part et d'autre des deux têtes de gazelle sont soudées deux sortes de pâquerettes aux pétales incrustés de cornaline et de verre vert et bleu.

Les gazelles sont peut-être apparues comme ornements de diadème avec les princesses proche-orientales. Ce motif, qui se perpétue jusqu'à l'époque ramesside, attribue la grâce de la gazelle aux femmes du harem.

La parure de tête en forme de lourde perruque flexible (339), faite de centaines de rosettes en or cloisonné, est un ornement unique. Les rangées verticales sont reliées à une plaque ovale posée au sommet de la tête. Cette plaque est gravée d'un motif de palme, jadis incrusté de verre coloré.

Les rosettes, terminées en demi-cercle, sont reliées entre elles par un fil qui passe dans des anneaux de chaque côté. Chaque rangée débute par un élément en losange fixé sans articulation à la première rosette, et se termine par une rosette à trois éléments en croissant. La taille des rosettes va en augmentant vers le bas de la rangée. De tailles différentes, elles ont dû être fabriquées par plusieurs orfèvres. À part la cornaline, les incrustations colorées en forme de fleurs ont presque toutes disparu. Des traces de réparation suggèrent qu'au moins l'une des princesses a porté cette parure de son vivant.

Des rosettes d'or cloisonnées et incrustées ornent également une série de boucles d'oreilles (340), consistant chacune en six tubes de feuille d'or soudés ensemble. Les deux tubes du milieu, plus longs, passaient dans le lobe percé de l'oreille.

Les colliers

Les extrémités en tête de faucon de l'un des colliers du trésor des trois princesses sont en or (347). Au-dessus des yeux en obsidienne, les sourcils sont incrustés de cornaline, la courbe des joues et le plumage sont incrustés de faïence aujourd'hui décolorée. Tous ces détails sont répétés en ciselure au revers, avec les cartouches et les titres de Thoutmosis III. Sept rangs de perles tubulaires de cornaline et de fritte bleu-vert alternent avec des rangs de petites perles d'or, et le collier est bordé d'une rangée de pendeloques en forme de larme incrustées et reliées entre elles par un dernier rang de perles d'or.

Un autre collier aux extrémités en demi-cercle est conçu sur le même modèle. Les demi-cercles sont ornés de magnifiques cloisonnés qui composent le nom et les titres de Thoutmosis III, entre des fleurs de lotus. Un contrepoids en fleur de lotus pend dans le dos.

Le collier répétant sur cinq rangs le signe hiéroglyphique de la beauté *néfer* (348) est d'aspect léger et délicat. La plupart des incrustations en verre qui coloraient les hiéroglyphes sont dégradées. Le collier est bordé par un rang de palmettes en or, un motif originaire de la côte égéenne.

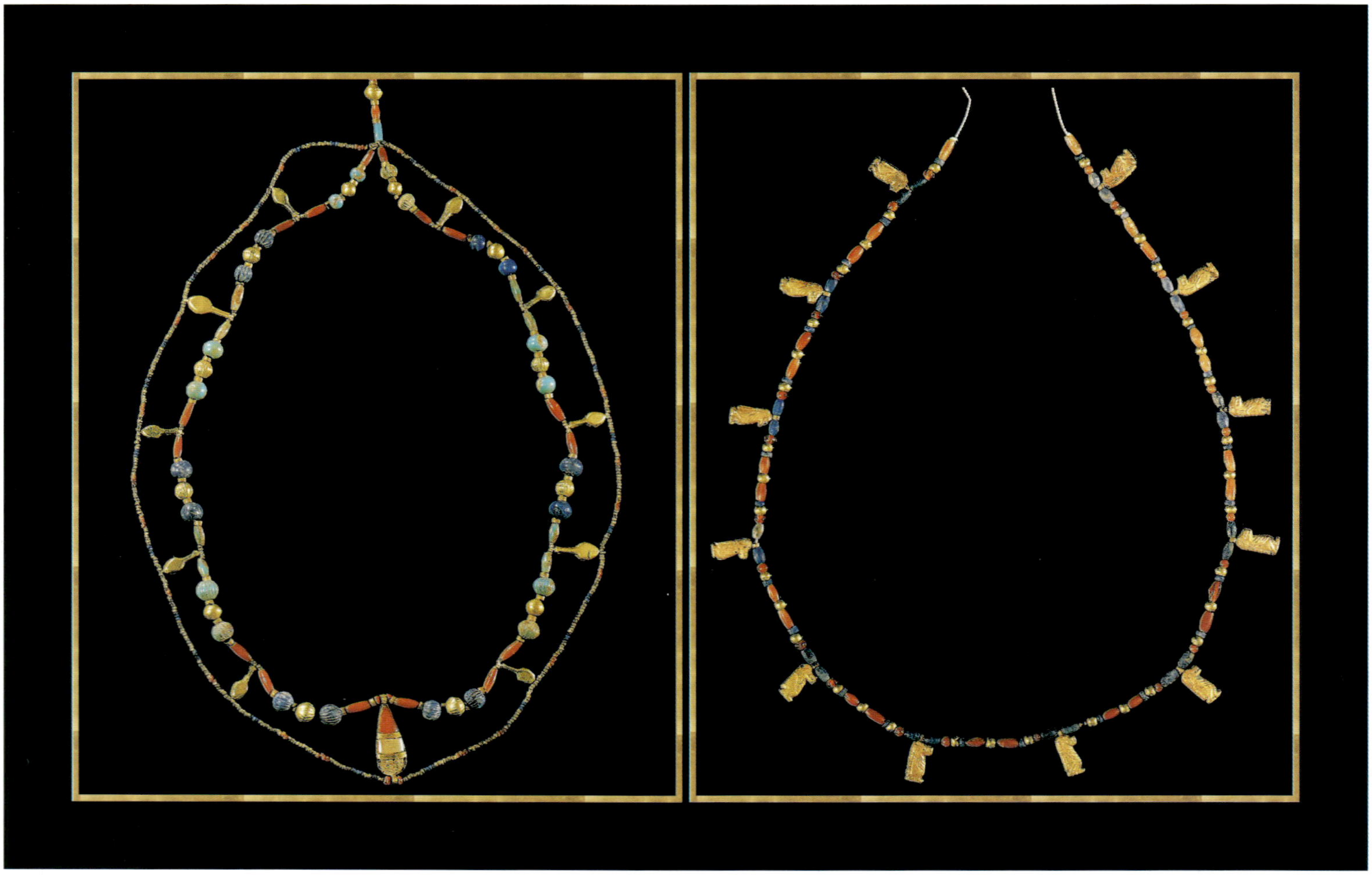

345-346 Deux colliers, à pendeloques-néfer (« beauté ») et à pendeloques Touéris.

Les bracelets

Le bracelet rigide en or (349-350) porte des traces d'utilisation : il a dû être porté du vivant de sa propriétaire. Ses deux moitiés sont assemblées par des charnières, dont l'une s'ouvre et se ferme à l'aide d'une longue goupille d'or. Sur la face extérieure du bijou, des bandes creusées dans la plaque d'or ont reçu des incrustations de turquoise, de cornaline et de fritte bleue, côtelées pour imiter une juxtaposition de perles tubulaires.

347 Collier à grandes têtes de faucon.
348 Collier d'or aux signes néfer.

On ignore exactement combien de paires de bracelets se trouvaient à l'origine dans la tombe, aussi la reconstitution de deux brassards (342) est-elle incertaine. Chacun est composé de quinze rangs de perles fuselées d'or, de cornaline, de feldspath vert et de fritte bleue. Les perles d'or sont soudées les unes aux autres en barrettes.

Au milieu du brassard, une plaque d'or est ornée de cinq chats en relief, la tête à demi tournée et les pattes croisées. Les deux chats extérieurs, faits de fritte, se sont désagrégés sous l'effet de l'humidité. Ils étaient, tout comme le chat du milieu, sertis dans une monture d'or. Les deux autres chats, en or, sont soudés directement sur la plaque.

Les bracelets d'une autre paire (19, 341) réunissent chacun sept fils de perles d'or de tailles et de formes différentes, bleues, rouge clair et rouge foncé. Quatre

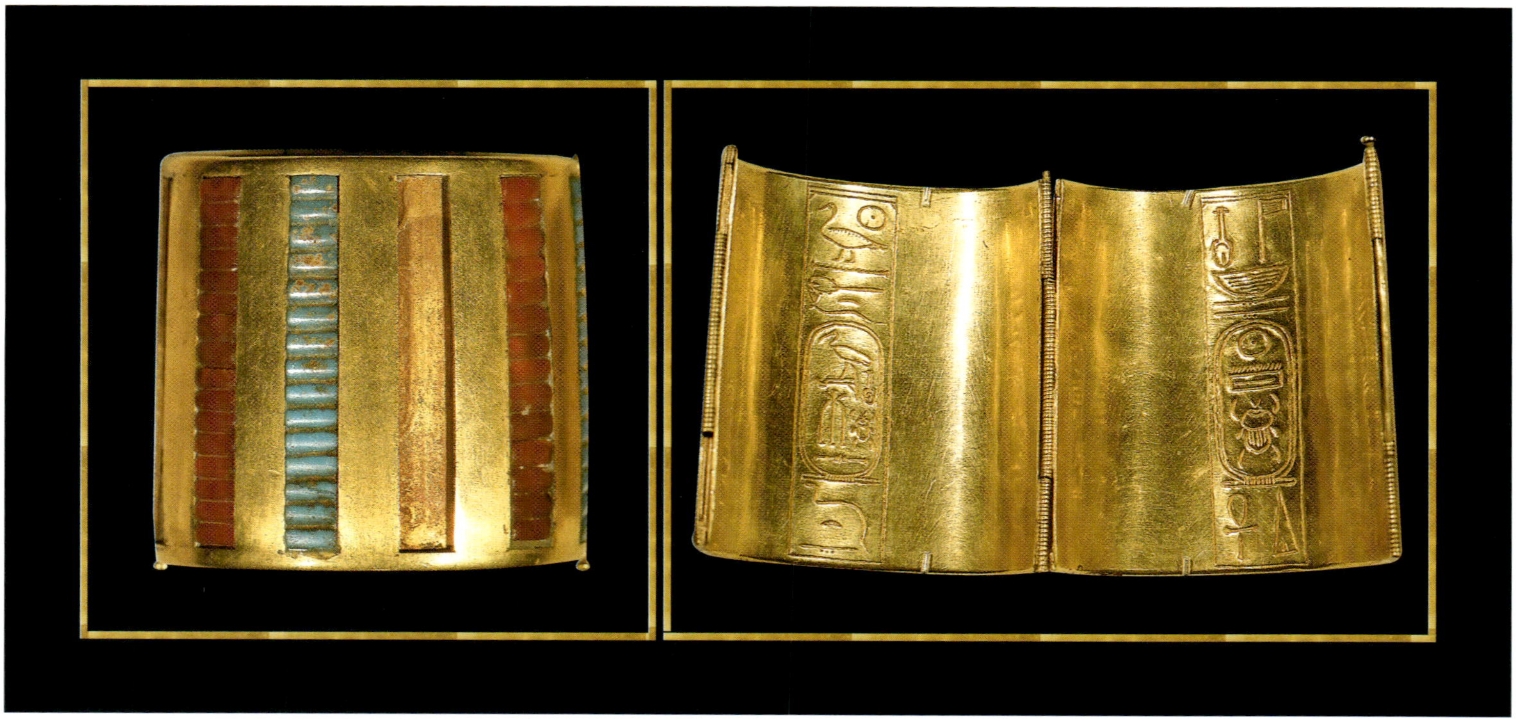

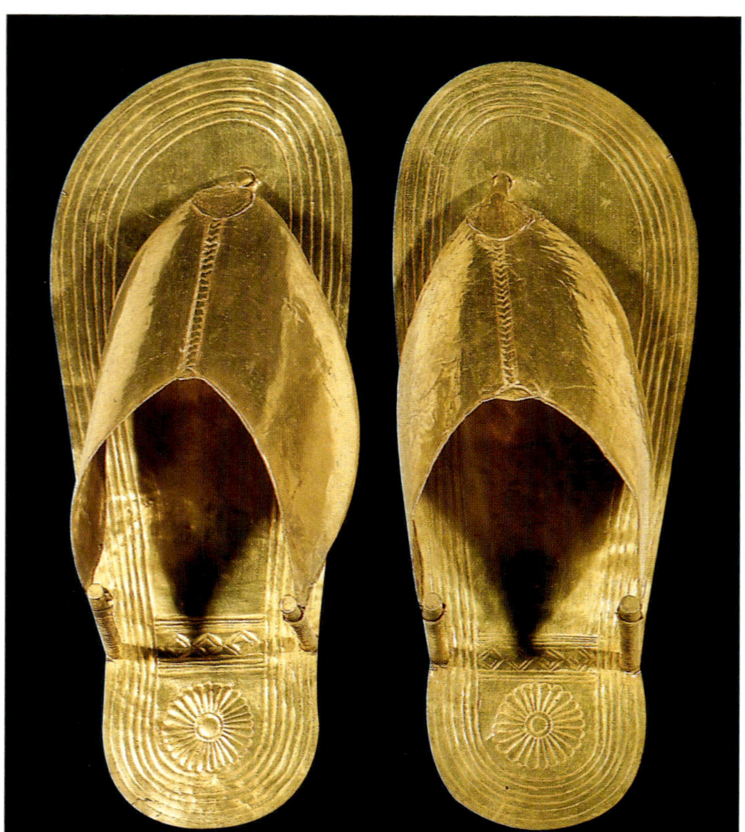

349-350 Bracelet rigide d'une épouse secondaire de Thoutmosis III : extérieur et intérieur.

351 Paire de sandales funéraires en or.

barrettes creuses en or, régulièrement espacées, maintiennent les rangs solidaires. Chacune est ornée de deux représentations superposées de la déesse Touéris, au repoussé.

Touéris, « la grande », prend la forme d'une femelle hippopotame gravide, au dos et à la queue de crocodile, debout sur des pattes arrière de lion, et dont les pattes avant ou parfois les mains humaines reposent sur le signe hiéroglyphique « protection ». Des amulettes de cette divinité de la fertilité très populaire, qui protège les parturientes et les enfants en bas âge, font leur apparition dans la joaillerie féminine de luxe au début de la XVIIIe dynastie (346).

Les autres bijoux

L'opulent trésor des trois princesses comprenait encore des colliers (345-346), des bagues (352), des ceintures et des bracelets de cheville. Une ceinture composée de vingt-deux perches du Nil *(Tilapia nilotica)* en or vaut d'être mentionnée (353-354). Les poissons sont faits de deux moitiés embouties dans des moules, soudées ensuite par les côtés. Aux extrémités des poissons, un trou laisse passer le fil et des perles d'or en rang triple. On trouve des amulettes en forme de poisson dès le Moyen Empire (194) : sur la ceinture portée à même le corps par une jeune princesse figurent des perches du

352 Bagues-scarabées d'une épouse secondaire de Thoutmosis III.

Nil, des gousses d'acacia et des cauris, amulettes de fertilité.

On peut supposer que les trois paires de sandales en or (351) ornaient les momies des princesses de Thoutmosis III. La semelle et le dessus des sandales sont découpés dans une épaisse feuille d'or. Le dessus est fait de deux moitiés rivetées ensemble sur le cou-de-pied et fixées à la semelle de part et d'autre par des chevilles. Tout comme de vraies sandales en cuir, le pourtour de la semelle est bordé de lignes martelées et le talon orné d'une marguerite. Chaussée de ses sandales d'or, la défunte était supposée prendre la route vers l'au-delà et atteindre la « maison d'éternité ».
Le rôle de l'or était de protéger le corps et de le conserver intact, sauvegardant le fonctionnement de ses membres. Doigts et orteils étaient ensuite assujettis dans des étuis d'or.

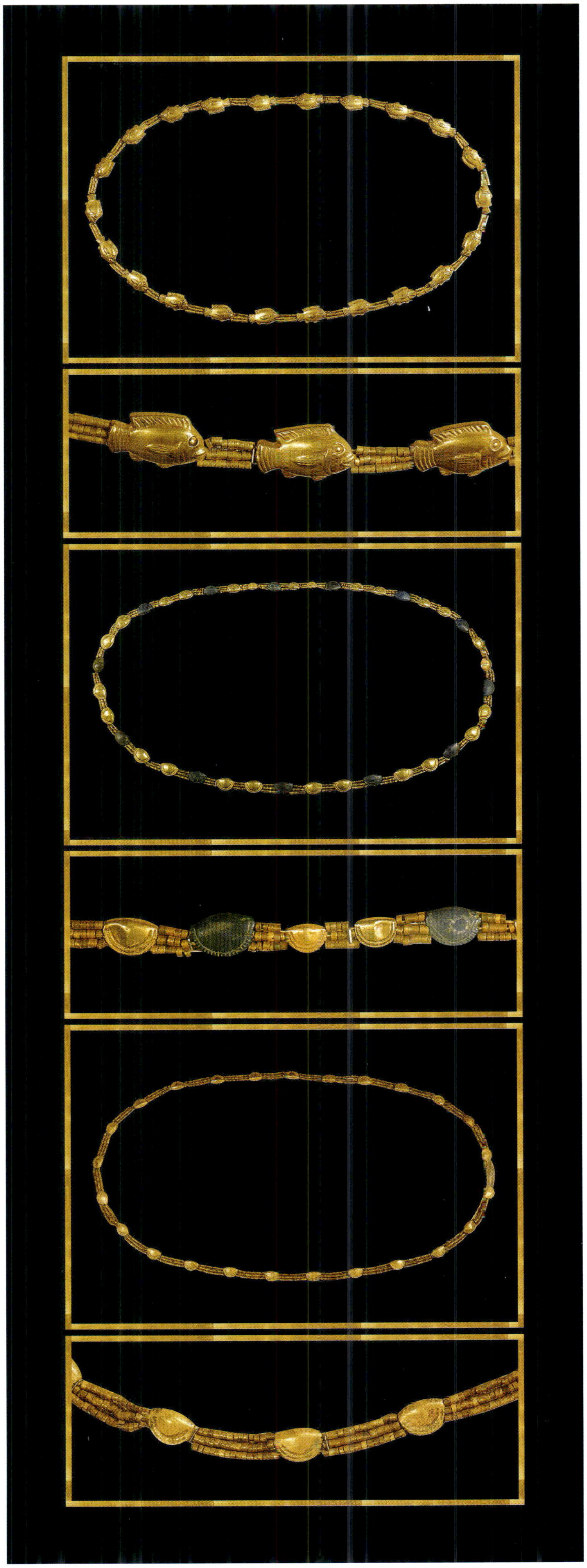

353-358 Ceintures d'une épouse secondaire de Thoutmosis III.

Le trésor de Toutânkhamon

Toutânkhaton, qui devait plus tard s'appeler Toutânkhamon, est le dernier roi légitime de la XVIIIe dynastie. Sa courte vie se déroule sous le signe d'une tension politique nationale et internationale. Il a grandi à Akhétaton (aujourd'hui el-Amarna), à la cour d'Akhénaton, à la mort de qui il devait avoir environ dix ans. Pour assurer la continuité de la lignée dynastique, on le marie à Ânkhésenpaaton, troisième fille d'Akhénaton et de Néfertiti, et il devient pharaon. Il semble résider encore quelque temps à Akhétaton, mais l'opposition au culte solaire monothéiste imposé par le « roi hérétique » Akhénaton l'emporte rapidement ; Toutânkhaton devient Toutânkhamon et transfère sa résidence dans la vieille capitale de Memphis. Là, il publie l'édit de restauration qui rétablit les anciens dieux et leurs clergés. Il règne encore environ neuf ans avant de mourir, aux alentours de dix-neuf ans, comme l'indique l'étude de sa momie.

La découverte de la tombe

C'est grâce à la découverte de sa tombe, la seule des tombes royales égyptiennes à avoir traversé les millénaires pratiquement intacte après son scellement, que Toutânkhamon est aujourd'hui le plus célèbre des pharaons. Celle-ci se trouve parmi les sépultures des rois des XVIIIe, XIXe et XXe dynasties, dans la vallée des Rois. Comparée aux tombes à plusieurs pièces et à longs couloirs, que les autres rois ont fait creuser dans la roche en guise de dernière demeure, la tombe de Toutânkhamon est d'une modestie étonnante. L'accès aux petites chambres souterraines était dissimulé par les déblais rejetés lors du creusement de la tombe de Ramsès VI toute proche. Les ouvriers de la nécropole avaient ensuite bâti des huttes sur les déblais. Tout souvenir de la tombe avait donc disparu : elle resta ignorée des voleurs anciens et modernes, et même des archéologues qui exploraient systématiquement la vallée des Rois.

En 1907, des jarres contenant du matériel utilisé pour la momification de Toutânkhamon sont découvertes dans une cavité de la vallée des Rois. Encouragé par cette trouvaille au nom d'un roi dont la tombe manque encore dans la série des tombes royales du Nouvel Empire, l'archéologue britannique Howard Carter et son commanditaire, lord Carnarvon, entreprennent des recherches.

Les années qui suivent n'apportent qu'échecs et déceptions, et des tonnes de déblais sont remuées sans résultat. En novembre 1922, Howard Carter et lord Carnarvon font une ultime tentative, ordonnant la démolition des huttes des ouvriers en contrebas de la tombe de Ramsès VI. À en croire Husseïn Abd er-Rassoul, son père, Mohammed, membre d'une célèbre

359 Anneaux de jaspe.

360-362 Boucles d'oreilles en or.

363 Tête de la reine Tiy portant des boucles d'oreilles en disque.

famille de pilleurs de tombes, aurait donné à Carter des indications : « Carter a travaillé ici pendant vingt ans sans rien trouver. Mon père a montré la tombe à Carter, alors Carter l'a ouverte et en a sorti tout l'or. À la fin, il a mis un collier autour de mon cou et m'a pris en photographie. »

Aussitôt après la démolition des huttes et l'évacuation des déblais, Howard Carter bute sur un escalier creusé dans le roc. Quelques marches plus bas, il se heurte à une porte scellée revêtue de mortier, sur laquelle il lit non pas le sceau du roi, mais celui des gardiens de la nécropole. Il comprend qu'il y a là une tombe qui a été profanée par des voleurs, et que l'administration de la cité des morts a scellée à nouveau.

Pourtant, lorsque la porte est complètement dégagée, les sceaux de Toutânkhamon apparaissent. Dès que la porte est ouverte et le couloir qui la suit déblayé, Carter se trouve devant une deuxième porte marquée des sceaux de Toutânkhamon et des gardiens de la nécropole. Il retire avec précaution quelques pierres du mur et fait passer une bougie par l'orifice :

« Au début je ne voyais rien, car l'air chaud qui s'échappait de la pièce faisait vaciller la flamme de la bougie, mais, au fur et à mesure que mes yeux s'accoutumaient à l'éclairage, des détails de la pièce émergèrent lentement du brouillard, des animaux étranges, des statues, et de l'or : partout, le scintillement de l'or. Pendant un moment, qui a dû paraître une éternité à ceux qui m'accompagnaient, je restai muet de stupéfaction, et quand lord Carnarvon, incapable de supporter davantage l'attente, demanda avec anxiété : "Voyez-vous quelque chose ?", tout ce que je parvins à articuler fut : "Oui, des choses merveilleuses". »

La tombe de Toutânkhamon est la découverte archéologique la plus sensationnelle que le monde ait jamais connue. Elle a fait de ce roi la personnification de la splendeur pharaonique. Des années de travail ont été nécessaires pour inventorier et extraire du tombeau le sarcophage, les chapelles dorées, les bijoux d'or de toutes sortes qui couvraient la momie du pharaon, les trônes, les coffrets, les chars, les armes et autres objets entassés dans les chambres voisines. Ces trésors, aujourd'hui mondialement célèbres, sont la principale attraction du Musée égyptien du Caire.

Dans l'étroite chambre funéraire (368) aux murs peints, il ne reste de nos jours que le sarcophage de pierre qui contient l'un des cercueils de bois doré. À l'intérieur repose, conformément au vœu de Howard Carter, la momie de Toutânkhamon.

364-365 Accoudoirs du fauteuil de la princesse Satamon, extérieur et intérieur, avec le dieu Bès dansant de chaque côté de la déesse Touéris.

Les bijoux et les amulettes de la momie

Dans les croyances égyptiennes, la parfaite conservation du corps est une condition nécessaire à la vie après la mort. Pour assurer le passage à la vie

366 Dossier du fauteuil de la princesse Satamon (364-365).

367 Un autre fauteuil de la princesse Satamon.

éternelle, des amulettes sont posées sur le cou, la poitrine et le cœur de la momie. Dans le cas de Toutânkhamon, cent quarante-trois amulettes ont été insérées entre les bandelettes de lin. Elles matérialisent les chapitres du *Livre des morts* que l'on récite au cours de l'embaumement et de l'enterrement et renforcent leur pouvoir magique.

Les ornements intacts de la momie de Toutânkhamon sont une illustration inestimable des croyances religieuses et des coutumes funéraires qui doivent assurer le règne du roi dans l'au-delà. L'or et les pierres fines peuvent être utilisés de multiples façons pour garantir l'immortalité du pharaon et son accueil favorable par les dieux. À cet égard, le trésor de Toutânkhamon est unique en son genre.

Quatre chapelles plaquées d'or, un sarcophage de quartzite, deux cercueils de bois doré à la feuille et un cercueil en or massif aux incrustations colorées (369) enveloppaient la

La vallée des Rois

Lorsque Howard Carter met au jour, en novembre 1922, la demeure d'éternité de Toutânkhamon, la découverte ne doit rien à la chance. Depuis 1917, il ne cesse de chercher dans la vallée des Rois cette tombe en particulier, que l'égyptologue américain Theodore Davis pense avoir déjà trouvée en 1907, sous la forme d'une pièce presque totalement vide. Carter a toujours douté que cette chambre soit la tombe qui manque à la liste des sépultures des pharaons du Nouvel Empire déjà découvertes. Après quatre campagnes de fouilles, lord Carnarvon, le commanditaire de Carter, est découragé. Il ne souhaite pas continuer à financer les recherches. L'égyptologue pourtant n'est pas prêt à abandonner ; sa ténacité convainc lord Carnarvon de lui donner une dernière chance. Quatre jours seulement après ce qui devait être la toute dernière saison de fouilles, Carter peut lui envoyer un télégramme : « Ai enfin fait une découverte merveilleuse dans la vallée ; une magnifique tombe avec sceaux intacts. »

Seule déception pour les archéologues, la tombe ne contient aucun document qui permette de lever le voile sur le mystère de la naissance de Toutankhâmon. Est-il le fils qu'aurait eu le roi « hérétique » Aménophis IV/ Akhénaton avec une concubine ? Mais dans ce cas, pourquoi ne connaît-on aucune représentation du prince héritier datant de l'époque d'Akhénaton alors que l'on possède de nombreuses images des six filles qu'il a eues avec Néfertiti ?

Ci-dessus. La tombe de Toutânkhamon, en face de celle de Ramsès VI.

Ci-dessus. La momie du roi portait aux bras treize bracelets.

À gauche. Le trésor de la tombe de Toutânkhamon retrouvé.

momie. Le cercueil intérieur, qui pèse environ 110 kg, est l'objet en or le plus gros et le plus lourd jamais trouvé en Égypte. Il a la forme d'Osiris momifié, le dieu qui s'est levé d'entre les morts et dont le roi défunt souhaite partager le destin. Il porte la coiffure royale à rayures, au front orné de l'uraeus (un cobra) et de la tête de vautour, la barbe divine, et tient dans ses mains croisées sceptre et fléau. Un double rang de perles d'or et de faïence orne son cou, au-dessus du large collier incrusté de lapis-lazuli, de cornaline et de turquoise. Sur la poitrine, les épaules et les bras, les divinités protectrices – un vautour et un cobra en cloisonné incrusté de pierres colorées et de verre – déploient leurs ailes. Le bas du corps est protégé par les images ailées d'Isis et de Nephthys, sœurs d'Osiris. Des formules de protection entourent le cercueil.

Le masque qui recouvrait la tête et les épaules de la momie (371-373), chef-d'œuvre de la joaillerie égyptienne, est fait d'une épaisse feuille d'or martelée. C'est un portrait idéalisé du jeune Toutânkhamon. La coiffure royale rayée (*némès*) et la barbe divine tressée sont incrustées de verre bleu. Le vautour et le cobra du bandeau sont en or massif coulé. Le bec du vautour est en verre, la tête du cobra en faïence bleu foncé. Ses yeux enchâssés d'or sont incrustés de disques de quartz rougeâtre, son capuchon, de lapis-lazuli, de quartz, de cornaline et de verre couleur turquoise.

Les yeux du masque sont en verre, ses pupilles d'obsidienne. Les contours des paupières, la ligne de fard et les sourcils sont incrustés de verre. Un large collier terminé par des têtes de faucon complète la parure royale. Les rangs de perles cylindriques en lapis-lazuli, en quartz et en feldspath vert sont terminés par un rang cloisonné de perles en gouttelettes.

Au revers du masque d'or et sur les parties du cercueil qu'il touche, le chapitre 151 du *Livre des morts* est inscrit :

Ton œil droit est la barque de la nuit, ton œil gauche est la barque du jour, tes sourcils sont l'Ennéade. Ton crâne est Anubis [dieu des morts], *ta nuque est Horus* [fils d'Osiris], *tes doigts sont Thot* [dieu de la sagesse], *ta mèche de cheveux est Ptah-Sokar* [dieu de la nécropole].

En dessous du masque en or se trouve un mince diadème (6) que Toutânkhamon a sans doute porté de son vivant. En effet, le vautour et le cobra sont amovibles et pouvaient donc être placés sur d'autres parures de tête. En fait, on les a découverts dans les bandelettes de la momie, le long de ses cuisses. Ce diadème est une version élaborée du bandeau noué derrière la tête porté sous l'Ancien Empire. Il est revêtu de disques de cornaline enchâssés dans de l'or et maintenus en place par des clous à tête d'or, sur un fond rayé de verre bleu clair et bleu foncé. La tête dorée du vautour est modelée avec art, et l'expression de l'oiseau, traduite par ses yeux d'obsidienne, est fascinante. Le cobra se dresse au-dessus du front du pharaon. Sa tête et son capuchon sont incrustés de lapis-lazuli, de cornaline, de faïence et de verre.

368 Caveau de Toutânkhamon, avec le sarcophage et le cercueil en or.

Le chapitre 85 du *Livre des morts* contient les paroles « prendre la forme du *ba* vivant », et le chapitre 89 les mots « afin que le *ba* réintègre son corps ». Par le mot *ba*, les Égyptiens entendent l'âme qui, durant la vie, réside dans le corps, dont elle est libérée à la mort. Le but des rites de transfiguration du *Livre des morts* est d'assurer que le défunt puisse quitter sa tombe sur les ailes déployées d'un faucon, qu'il puisse se mouvoir librement n'importe où, et retourner à la momie. Un tel « oiseau-âme » (*ba*), probablement à l'image de Toutânkhamon enfant, a été posé sur la momie royale entre les bandelettes (370). La tête, représentée de profil, est ornée d'un diadème orné du cobra et la barbe royale. Un collier-*ousekh* décore la poitrine. Dans ses serres, l'oiseau tient des disques solaires de cornaline entourés de l'anneau d'éternité.

À l'intérieur des bandelettes, pas moins de sept colliers-*ousekh* couvraient la poitrine et les épaules de la momie. Ils sont tous du même modèle : des créatures dont les ailes déployées dessinent pratiquement un cercle. De cette manière, le faucon, le vautour ou le cobra sont supposés envelopper le roi, le prendre sous leur aile et lui procurer protection magique. Quatre des colliers sont de fragiles bijoux funéraires découpés dans de fines feuilles d'or ciselées (374-375). Les trois autres sont cloisonnés, composés de plusieurs parties reliées entre elles par des fils d'or passés dans des anneaux soudés (376-377).

Toutânkhamon avait aussi des pectoraux de types très variés et de fonctions très diverses. Sur la poitrine de la momie s'étalait un pectoral orné de l'œil-*oudjat* (378), qui symbolise l'indestructibilité du corps et l'assiste dans son processus de renaissance. Composé d'éléments d'œil humain et d'œil de faucon, c'est l'œil d'Horus, dieu des cieux, à la fois dans ses aspects humains et animaux. Selon la mythologie égyptienne, le dieu Seth assassina son frère Osiris. Pour le venger, Horus, fils d'Osiris, se battit avec son oncle. Au cours de cet affrontement, il perdit un œil, mis

369 Cercueil en or de Toutânkhamon.

en pièces par Seth. Thot, dieu de la sagesse et de la magie, en retrouva les fragments, les rassembla et reconstitua l'œil en crachant dessus. Horus le donna ensuite à manger à Osiris pour lui permettre de revivre.

370 *Oiseau-ba de Toutânkhamon.*

Placée dans les tombes, l'amulette œil-*oudjat* a le pouvoir de réveiller le mort, comme Osiris. Il existe des yeux-*oudjat* droit et gauche ; l'œil droit du dieu des cieux est le soleil, son œil gauche est la lune. En tant qu'incarnation symbolique du soleil pourvoyeur de vie, l'œil droit a plus de pouvoir magique et il est plus répandu. Il apparaît aussi sur ce pectoral, protégé par le cobra avec la couronne de Basse-Égypte et le vautour avec la couronne-*a'ef*, symbole de souveraineté sur l'Égypte entière. Ce pectoral cloisonné sans encadrement est suspendu à trois fils de perles colorées et en or. Le contrepoids est décoré du nœud d'Isis *(tit)* et du signe de la stabilité.

Le pectoral orné du « soleil sur l'horizon de l'est » (379) est lui aussi sans encadrement. Sur une bande de lapis-lazuli, qui symbolise les eaux du monde souterrain, navigue la barque du dieu-soleil sous la forme d'un scarabée. Le coléoptère pousse devant lui le hiéroglyphe « horizon » contenant le soleil levant. Le scarabée est en lapis-lazuli, et le disque solaire en cornaline d'un rouge clair. Son voyage dans le ciel s'effectue sous la

protection du cobra, la fille du dieu-soleil. Le scarabée est entouré de deux cobras coiffés de disques solaires, la queue terminée par les hiéroglyphes « perfection », « vie » et « stabilité ».

Les deux rubans de suspension, légèrement plus étroits vers le haut, sont décorés symétriquement : deux scarabées de lapis-lazuli surmontés de disques solaires en or et d'une paire de cobras couronnés de disques en cornaline, encadrant le signe hiéroglyphique « vie ». Au-dessus de ce motif, les signes « fête » et « stabilité » sont placés sous un disque de cornaline. Les pièces d'épaule incurvées sont en forme de vautours aux ailes déployées, et le fermoir est fait de deux cobras dressés fixés à des rangs de perles.

La métamorphose du soleil au cours de son voyage cyclique est représentée sur un autre pectoral orné d'un gros scarabée (15). La ligne de sol, les piliers du ciel sur les côtés et un soleil ailé flottant dans le ciel représentent le monde. Comme le scarabée ailé, jeune dieu-soleil, le roi souhaite se lever rajeuni chaque matin, né une seconde fois pour traverser le ciel du jour en tant que faucon et passer dans le monde souterrain la nuit. Les cartouches à son nom sont donc opportunément placés entre le scarabée et le soleil aux ailes de faucon. Isis et Nephthys tiennent à distance les dangers qui menacent la renaissance. Les robes des déesses, recouvertes de résilles de perles, sont incrustées d'un motif délicatement cloisonné qui évoque le ciel nocturne étoilé. Le revers du pectoral fait allusion au royaume souterrain de leur frère Osiris. Au plat du scarabée est gravé un chapitre du *Livre des morts* qui supplie le cœur de ne pas témoigner contre le défunt devant le tribunal des morts, car seul l'homme droit peut s'engager dans le cycle de la renaissance. Le texte mentionne le nom d'Aton, le dieu-soleil de la période amarnienne, ce qui suggère que le pectoral a été confectionné au début du règne de Toutânkhamon.

371-373 Masque en or de Toutânkhamon (ci-dessus et page 175).

La pièce connue sous le nom de pectoral-rébus (383) se compose de motifs évoquant la transformation. La créature composite, en partie scarabée et en partie faucon, deux incarnations du dieu-Soleil, matérialise une phrase des *Textes des pyramides* : « Il vole comme un

oiseau et touche terre comme un scarabée. » Les pattes avant et l'extrémité des ailes soutiennent la barque céleste dans laquelle l'œil-*oudjat* gauche (celui qu'on identifie à la lune) est protégé par deux cobras. Au-dessus, le disque et le croissant de la lune représentent des étapes de la transformation. Sur le disque de la pleine lune, un relief montre l'ascension du roi aux cieux. Il y est accueilli par le dieu solaire à tête de faucon Rê-Horakhty et par le dieu Thot à tête d'ibis. Le premier est coiffé du disque solaire, le second du disque et du croissant lunaires, que le roi porte également.

Le dieu-soleil Khépri, sous la forme d'un scarabée, a un corps composite aux ailes et aux pattes de vautour, et il tient dans ses serres des anneaux-*chen* ainsi qu'une fleur et des lotus. Le bas du pectoral est composé de

374-375 Collier aux deux déesses gardiennes.

fleurs incrustées de vives couleurs, qui alternent avec des marguerites stylisées.

Un grand pendentif cloisonné (23, 24) comporte les hiéroglyphes du nom de couronnement de Toutânkhamon, Nebkhépérouré (« Rê est le seigneur des transformations »). Au-dessus du hiéroglyphe de la corbeille (« seigneur ») surgit le scarabée (« transformation »), qui pousse devant lui le soleil levant (« Rê »). Le scarabée est taillé dans un bloc de lapis-lazuli bleu sombre, le disque solaire est une lumineuse cornaline, et les ailes du faucon sont incrustées de bâtonnets de turquoise, de feldspath vert, de lapis-lazuli, de calcite et de cornaline rouge. Le décor de l'avers du pendentif est repris au revers, gravé sur la surface d'or.

376-377 Collier aux deux déesses gardiennes.

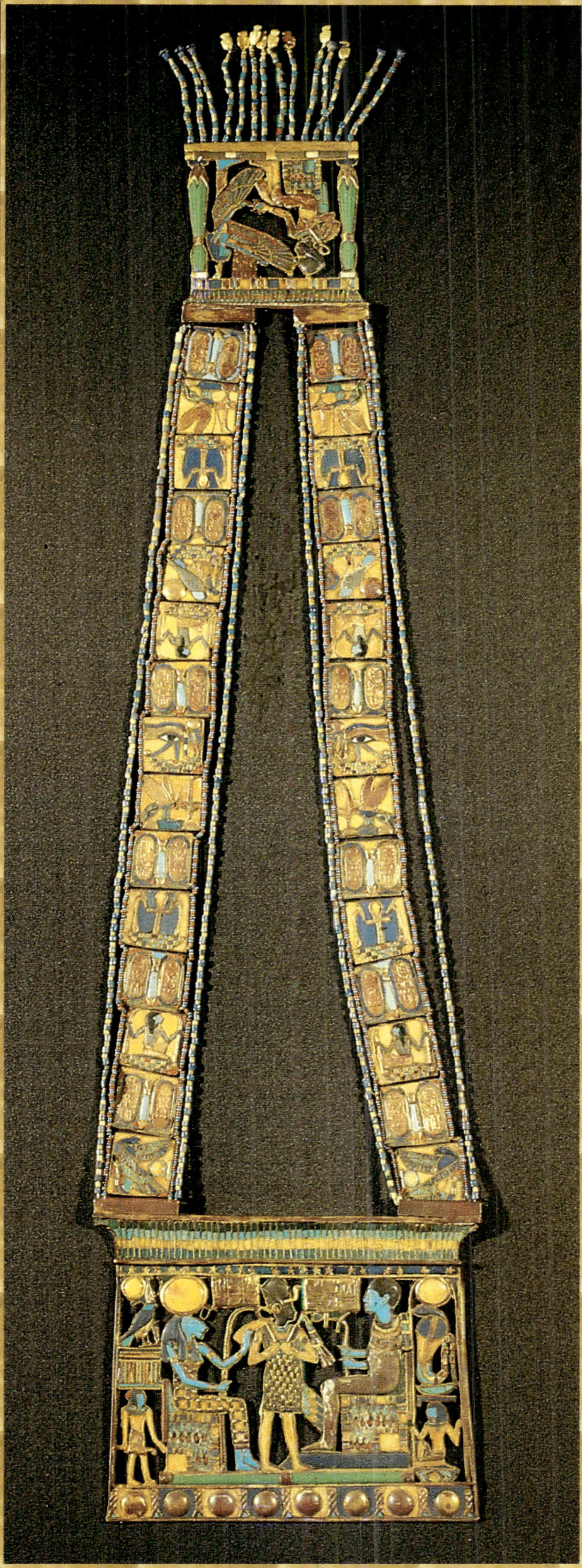

Page 178 : *378 Pectoral à l'œil-oudjat.*
Page 179 : *379-380 Pectoral au « soleil sur l'horizon de l'est » et pectoral du couronnement de Toutânkhamon.*

Le pectoral en forme de vautour (388, 389) provient de la pièce connue sous le nom de « trésor ». Elle contenait probablement une partie des bijoux personnels du pharaon, qu'il pourrait avoir portés de son vivant. Le vautour étend ses ailes en signe de protection, et chacune de ses serres tient un anneau d'éternité contenant un disque solaire. Le cloisonné des plumes est incrusté de lapis-lazuli et de cornaline. La tête du vautour, modelée en plein relief sur le corps plat, est inhabituelle. Elle est tournée en direction du visage du porteur du bijou et coiffée de la haute couronne-*atef*, symbole de souveraineté sur toute l'Égypte.

La figurine, coulée en or massif (5), d'un pharaon accroupi coiffé de la couronne bleue et paré d'un collier de perles multicolores, possède une bélière à l'arrière du cou, dans laquelle passait une longue chaîne d'or au moment de la découverte. L'objet était enveloppé d'étoffe, dans une boîte dorée qui contenait également deux cercueils miniatures emboîtés. Le cercueil intérieur portait le nom de la reine Tiy et renfermait une mèche de ses cheveux. Howard Carter voyait dans la figurine de roi une ressemblance avec l'époux de cette reine, Aménophis III, car il considérait que la statuette et la mèche de cheveux étaient des souvenirs de famille déposés dans la tombe avec le dernier descendant direct de la lignée royale thébaine. Quoi qu'il en soit, Toutânkhamon est représenté dans le

381 Pectoral à la barque de la lune.

382 Bracelet aux scarabées.

même costume et la même attitude sur plusieurs objets de son trésor funéraire. La position de l'enfant-roi accroupi sur le sol avec tous ses attributs royaux rappelle celle du jeune dieu Néfertoum sur une fleur de lotus. Il symbolise l'enfant-soleil au moment de sa renaissance chaque matin.

383 Pectoral-rébus de Toutânkhamon.

Page 182 : *384-385 Pectoral avec Nout, déesse du ciel, aux ailes déployées en signe de protection.*
Page 183 : *386-387 Pectoral au pilier-djed, avec Isis et Nephthys.*

Cette figurine pourrait donc évoquer la résurrection quotidienne et servait peut-être d'amulette.

Dans un coffret en forme de cartouche royal, on a trouvé le pectoral que Toutânkhamon portait sans doute à son couronnement (380), accompagné de brassards et de boucles d'oreilles. Le pectoral est en forme de chapelle : la base est formée de huit groupes de hiéroglyphes « éternité », le sommet est un ruban de ciel avec des étoiles dorées surmonté d'une corniche à gorge. La scène principale montre le roi coiffé de la couronne bleue, portant un vêtement de couronnement qui lui descend aux genoux, tenant un sceptre et un fléau. Il se tient debout entre deux divinités de Memphis assises sur des trônes : à droite, le dieu Ptah donne au roi « vie, pouvoir et bonheur » ; à gauche, son épouse, la déesse Sekhmet, tient une tige de palme et donne au roi « des années d'éternité ».

Ci-contre et ci-dessous.
388-389 Pectoral-vautour de Toutânkhamon.

Derrière Sekhmet se dresse le *ka* du roi, une petite image de Toutânkhamon coiffé d'une façade de palais sur laquelle se tient le faucon d'Horus portant la double couronne et un disque solaire. Derrière Ptah est agenouillé Heh, le dieu du temps infini, tenant deux côtes de palme crantées, signes pour « millions d'années ».

Le large ruban de suspension, bordé de fils de perles d'or et bleues, est orné des cartouches du roi, d'éléments de sa titulature et de vœux pour un long règne, le bonheur et la santé. Le contrepoids, comme le pectoral lui-même, a la forme d'une chapelle dont la corniche supérieure est soutenue par des colonnes de papyrus vertes. Dans la chapelle, le roi est assis sur son trône devant Maât, déesse de la justice, qui déploie ses ailes protectrices. Il reçoit d'elle le signe « vie ». À la base du contrepoids pendent des fils de perles, dont les huit médians se terminent par des pendentifs en or en forme de poisson : des perches du Nil, symboles de fertilité.

Le corselet porté par Toutânkhamon à son couronnement (391) est une pièce d'orfèvrerie particulièrement somptueuse. Ce type de corselet figure dans de nombreuses représentations en tant que vêtement royal ou vêtement d'apparat des dieux. Celui-ci, orné de scènes du rituel de couronnement, est le seul exemple qui ait survécu jusqu'à aujourd'hui. Le dos et le devant ont été confectionnés séparément, puis assemblés sur les côtés et aux épaules par des charnières.

Il est constitué de deux parties rectangulaires à motif de plumes, le décor habituel pour ce genre de vêtement. Les écailles en verre bleu foncé et bleu clair, incrustées de petits chevrons d'or et de triangles de verre rouge, sont assemblées en mosaïque par un fil qui passe alternativement dans les plaquettes et dans leurs tiges. La rangée du haut est

390 Pectoral-faucon de Toutânkhamon.

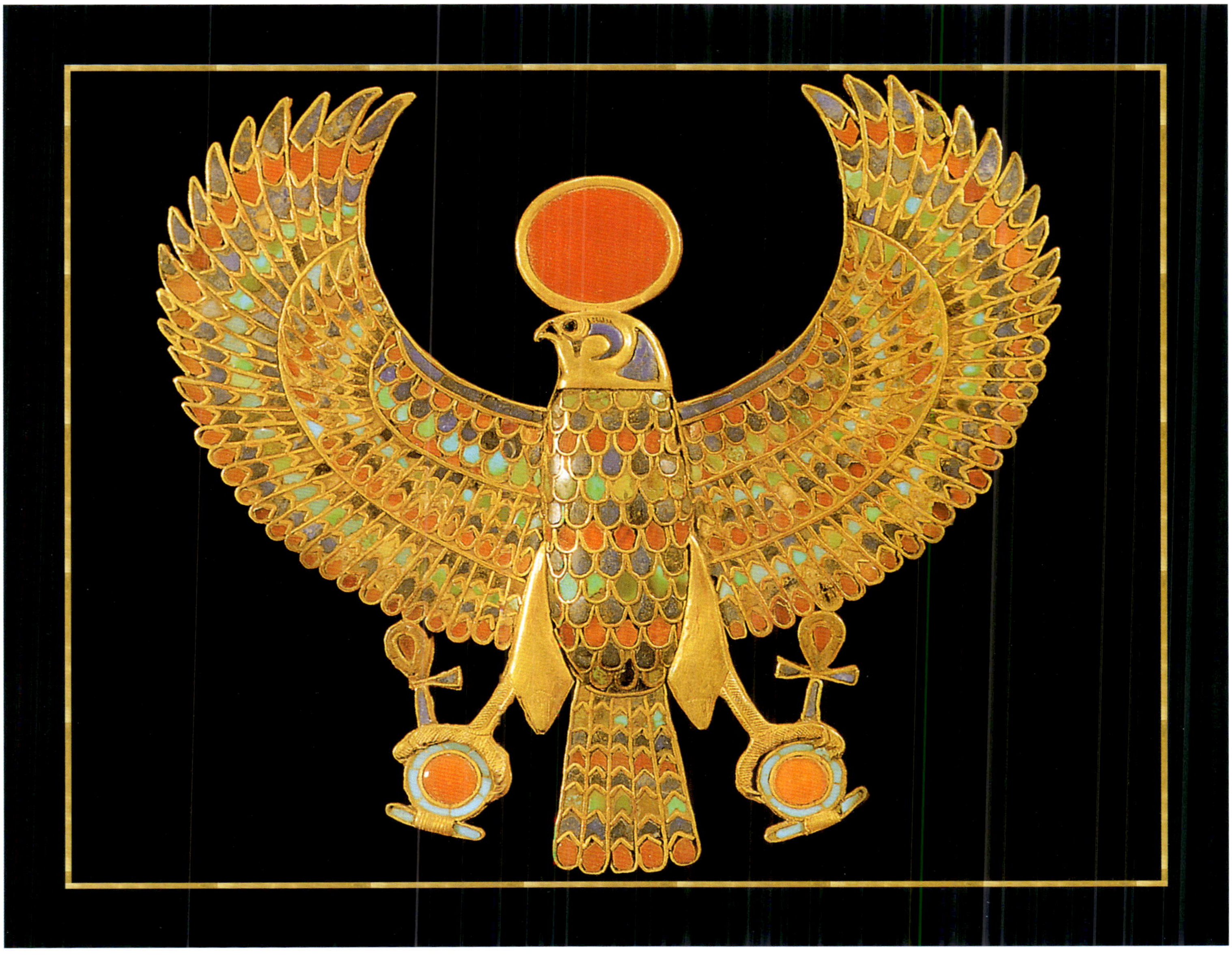

faite de moitiés d'écaille enchâssées dans des alvéoles d'or, munies d'anneaux qui permettent de les attacher par du fil aux anneaux correspondants de la bordure supérieure. La rangée du bas est composée de tiges en or munies d'anneaux. Les bordures supérieure et inférieure, qui ont un liseré de perles, consistent en de larges cellules incrustées d'or et de verre coloré, des plaquettes carrées et des groupes de baguettes verticales en alternance.

391 Corselet porté par Toutânkhamon à son couronnement.

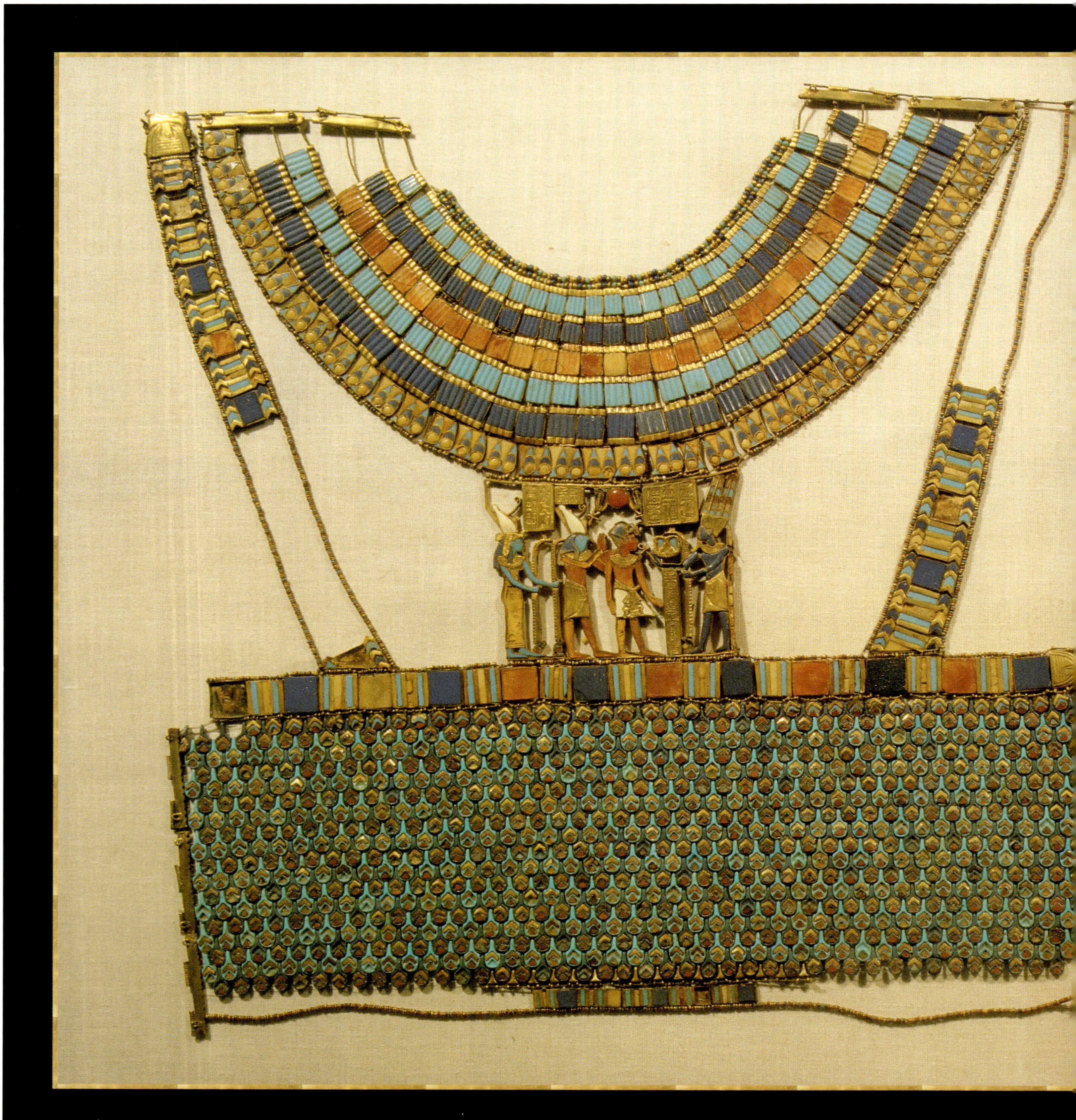

Les bretelles du corselet, attachées à la bordure supérieure, sont fabriquées de la même manière ; leurs incrustations sont bordées de chaque côté d'une ligne de chevrons imbriqués.

Entre les bretelles, devant et au dos, un large collier est fait de cinq rangs de cellules carrées incrustées de verre bleu clair, bleu foncé et rouge. Les incrustations de verre côtelé évoquent des perles

cylindriques, et leur encadrement ressemble à des rangées de perles d'or.

Le collier est bordé au sommet par deux rangs de perles colorées, et à la base par des pendeloques en gouttes cloisonnées. Sur la poitrine, le collier et le corselet sont reliés par un pectoral cloisonné ajouré, incrusté de verre, d'ivoire et de feuille d'or martelée et gravée. Sous le disque solaire rouge protégé par deux uraeus au cou desquels pendent des signes de vie, Toutânkhamon se tient debout, portant la couronne bleue, un large collier d'or et un pagne richement orné. D'une main, le dieu Amon-Rê de Thèbes tend le signe de vie vers le visage du roi, de l'autre il tient une tige qui supporte le signe du jubilé. Le dieu créateur Atoum d'Héliopolis (à tête de faucon et double couronne) et sa compagne Iousâas (à tête de vautour et double couronne), qui tient deux tiges, mènent le roi en présence d'Amon. Ces tiges sont ornées d'un têtard, le signe pour 100 000, ce qui veut dire que le jubilé devrait être renouvelé indéfiniment.

Fils de Rê, Toutânkhamon est identifié au dos du collier au dieu-soleil lui-même. Des éléments de son nom de couronnement, comme le scarabée et le soleil, s'intègrent dans les formes divines du scarabée et du faucon. De la base de l'encadrement trapézoïdal pendent des rangs de perles terminés par des pendentifs en forme de fleurs et d'ombelles de papyrus, les plantes héraldiques de Haute- et de Basse-Égypte.

On ignore pourquoi, dans sa tombe, Toutânkhamon ne portait pas de boucles d'oreilles. Les lobes percés de la momie et les traces d'usage des boucles d'oreilles trouvées dans les coffrets prouvent que le roi en a effectivement porté de son vivant, pratique qui était devenue à la mode à la cour égyptienne dès le début de la XVIIIe dynastie. Les exemplaires montrés ici (396-398) sont tous faits à peu près sur le même modèle. Deux tubes creux terminés en boutons sont passés à travers le lobe et s'emboîtent l'un dans l'autre. Un étrier décoré fait la jonction entre la boucle et son pendentif. Dans un des bijoux (398), cet étrier orné de granulation retient un anneau de perles sphériques creuses en or rouge légèrement granulé, alternant avec des perles en résine tendre de même taille et des disques de faïence bleu foncé. Sous la perle centrale en or est soudée une bande à motif de spirale granulé. Sept courts fils de perles d'or, de cornaline et de verre bleu y sont suspendus. Ils sont terminés par des perles en forme de grenade et de goutte alternées.

Sur une autre boucle (397), c'est un faucon aux ailes déployées qui fait le raccord entre le fermoir et l'anneau.

392-394 Amulette : la déesse-serpent Ouret-hékaou allaitant le roi ; bague richement décorée ; anneau double.

395 Pectoral au scarabée de Toutânkhamon.
396-398 Boucles d'oreilles de Toutânkhamon.

Ce dernier, en or, décoré à l'extérieur de fils d'or crantés, encercle la minuscule représentation en cornaline du jeune roi portant un sceptre et un uraeus en or. Toutânkhamon est debout sur le signe « cérémonie » entre deux uraeus couronnés de disques solaires. L'anneau est entouré d'un rang de perles discoïdes colorées et en or. Les pendeloques sont des fils de perles colorées alternant avec des perles d'or granulé, terminés par des perles en forme de cœur.

Le roi défunt portait sept bracelets au bras droit et six au bras gauche, tandis que d'autres étaient répartis dans les bandelettes et dans la tombe. Un très grand nombre d'entre eux sont ornés du scarabée, par exemple un bracelet (12) avec les hiéroglyphes du nom de Toutânkhamon. Le grand scarabée *(khéper)* de lapis-lazuli incrusté dans des alvéoles d'or est debout sur une corbeille *(neb)* incrustée de verre bleu clair, et tient dans ses pattes avant le cartouche du nom de couronnement du roi, Nebkhépérourê. Le bracelet, en perles, est fermé par des charnières de part et d'autre du scarabée. Des perles fuselées en or, en électrum, en lapis-lazuli et en albâtre, des perles arrondies en verre et en cornaline et enfin des anneaux d'or lisses et granulés sont disposés symétriquement entre de minces rubans d'or. Ils sont bordés de fils de perles d'or.

Apparemment surpris par les gardiens de la nécropole, les voleurs qui avaient pénétré dans la tombe de Toutânkhamon prirent la fuite, laissant tomber un certain nombre de lourds anneaux d'or, de simples bagues-sceaux et de doubles bagues emballés dans un morceau d'étoffe. Les cartouches de l'un des anneaux doubles (394) font apparaître, en or sur fond bleu sombre, deux formes affrontées du dieu Thot : à gauche un babouin accroupi sur un socle, à droite un homme à tête d'ibis tenant un sceptre. Tous deux sont coiffés du croissant et du disque lunaires ; l'anneau est gravé d'un babouin dans l'attitude de l'adoration. Parmi les quinze anneaux de la tombe de Toutânkhamon, certains ont un chaton orné de motifs en trois dimensions, comme le bel anneau triple (393). Un scarabée de lapis-lazuli en plein relief porte la couronne-*atef* flanquée de deux uraeus et pousse devant lui la barque de la lune. Derrière lui se dresse un faucon d'Horus, les ailes déployées en signe de protection. Des fleurs de lotus et des boutons de coquelicot cloisonnés sont soudés à la base d'or : leurs tiges forment l'anneau de la bague, dont l'intérieur est gravé du nom de couronnement de Toutânkhamon « aimé de Thot ».

399 Poignard à lame de fer.

La momie a été ensevelie avec deux poignards, l'un à lame de fer (399), l'autre à lame d'or trempé. Le fourreau de ce dernier (400) porte à l'avers un motif de plumes cloisonné, et au revers (401) un décor repoussé sur feuille d'or, surmonté d'une ligne d'inscription de louange au roi : *Le dieu parfait, au bras fort, doué de vie.* Au-dessous d'une bande de motifs en spirale sont représentées des scènes de chasse : un

400-401 Fourreau du poignard à lame d'or.

402 Pectoral au vautour de Toutânkhamon.

403 Pectoral au scarabée avec Isis et Nephthys.

ibex bondissant est attaqué par un lion, un chien a sauté sur un veau et lui mord la queue, tandis qu'un léopard et un lion fondent ensemble sur un ibex. Ailleurs, un chien plonge les dents dans le corps d'un taureau, tandis qu'un veau s'enfuit en tournant la tête. Des plantes stylisées comblent les vides de la composition et la pointe du fourreau. Les motifs et les techniques de fabrication de ce chef-d'œuvre d'orfèvrerie suggèrent une origine proche-orientale ou égéenne, ou encore le travail d'un orfèvre étranger au service du pharaon.

d'ateliers qui continuaient à travailler dans le style de l'époque amarnienne. Toutefois, dans l'ensemble, les bijoux du pharaon ont été confectionnés après le rétablissement du culte des anciens dieux, par des orfèvres adeptes des formes traditionnelles de la période de restauration.

Le scarabée est remarquablement fréquent sur les bijoux de Toutânkhamon. En tant qu'élément de son nom de couronnement, il apparaît dans des variations sans fin pour symboliser et garantir la renaissance du roi défunt, qui souhaite renaître comme le soleil.

404-406 Trône de Toutânkhamon.

Les caractéristiques des bijoux de Toutânkhamon

Certaines pièces du trésor de Toutânkhamon sont marquées par le style caractéristique de la période amarnienne : grâce et pouvoir expressif de l'art du temps d'Akhénaton et de Néfertiti. Les reliefs dorés des panneaux de la chapelle de statue (407), avec leurs scènes d'intimité pleines d'éclat et de charme sensuel, symboles de régénération, sont tout à fait dans cette tradition. Dans une scène comparable du dossier du trône (405), le disque solaire Aton se montre au-dessus du couple royal, dispensant la vie et le pouvoir de ses rayons. Les inscriptions à l'arrière du dossier utilisent encore les anciens noms Toutânkhaton et Ânkhésenpaaton. À moins que de tels objets ne soient des souvenirs de l'enfance ou des premières années de règne, ils sont issus

Outre l'usage abondant du scarabée, une autre innovation caractérise le style de cette joaillerie. Beaucoup des pectoraux ne sont plus suspendus à une chaîne, mais à un large ruban abondamment orné, muni d'un contrepoids de forme très variable. Plusieurs exemples (379, 383, 397-398) sont réalisés en or rouge, une invention de l'époque amarnienne : du cuivre qui, en s'oxydant, donne à l'or une nuance plus foncée est ajouté au métal en fusion.

À quelques exceptions près, les bijoux de Toutânkhamon paraissent lourdement ornés. La subtilité, l'équilibre des formes et des couleurs des chefs-d'œuvre de la XIIe dynastie ne sont presque jamais égalées. La principale qualité de ce trésor est de nous avoir fourni l'inventaire à peu près complet d'une tombe royale d'une période capitale de l'histoire égyptienne.

L'époque des Ramessides

À la fin de l'époque amarnienne, le royaume pharaonique traverse une grave crise. Elle conduit au pouvoir un militaire, le général Horemheb, qui choisit pour successeur un officier nommé Paramessou. Celui-ci fonde sous le nom de Ramsès Ier la XIXe dynastie, dont l'apogée est associé aux noms de Séthi Ier et de Ramsès II.

La XIXe dynastie se donne pour tâche pratique de reconstruire l'empire de Thoutmosis III ; sur le plan spirituel, elle se doit d'apaiser les dieux irrités par le « coup d'État » d'Akhénaton, ce qui nécessite un programme de construction de temples de très grande envergure. Aussi impressionnantes que soient les réalisations architecturales de l'époque, les vestiges du travail des orfèvres des XIXe et XXe dynasties sont très rares, car les tombes ont été saccagées par les voleurs.

407 Toutânkhamon et Ânkhésenpaaton dans un fourré de papyrus.

Le trésor de Zagazig

Lors de la construction d'une voie de chemin de fer à l'est du Delta en 1906, des vases d'or et d'argent sont découverts à Tell Basta près de Zagazig, l'ancienne Bubastis. Quelques-uns de ces objets aboutissent sur le marché des antiquités, et de là aux musées de Berlin et de New York. Toutefois, les pièces les plus importantes sont récupérées par le Musée du Caire. La même année, pas très loin de la première trouvaille, des ouvriers mettent la main sur un second trésor qui, grâce à la vigilance du service des Antiquités, revient en totalité dans la capitale. Ces trésors provenaient probablement du temple de Bubastis et pourraient avoir été cachés au cours des troubles de la fin de l'époque ramesside.

Du premier lot provient un groupe de trois vases en or et en argent portant l'inscription : *Atoumemtaneb, maître des celliers royaux, aux mains pures*. Parmi eux figure un vase en argent (408-409) dont l'anse d'or est un bouc dressé sur ses pattes arrière. L'animal est moulé en deux moitiés soudées ; les cornes, les oreilles et l'anneau de nez sont rapportés. La panse du vase est décorée de rangées de chevrons repoussés, l'épaule et le haut col cylindrique sont couverts de motifs gravés et estampés. En haut, des groupes d'animaux combattant et un griffon ailé, séparés par des palmiers : ces motifs, tout comme la poignée, trahissent une influence étrangère. En bas, des scènes de la vie dans les marécages du Delta.

La plus belle pièce de la seconde trouvaille de Zagazig est une paire de bracelets de Ramsès II (411), peut-être un cadeau du roi destiné à parer une statue de culte. Ces bracelets d'or massif sont constitués de deux moitiés réunies par une charnière et un fermoir à goupille. Sur la partie supérieure, une plaque de lapis-lazuli incurvée représente le corps d'un canard, muni de deux têtes tournées vers l'arrière et d'une queue en éventail, le tout en or. La monture de la pierre et le rebord du bracelet sont magnifiquement décorés de granulation et de fils lisses, tressés et perlés. Entre les têtes des oiseaux et la charnière, le car-touche au nom de Ramsès II est en feuille d'or repoussée.

Les bijoux découverts au Sérapéum de Sakkara

Durant près de mille quatre cents ans, à partir du règne d'Aménophis III, le Sérapéum est la dernière demeure des taureaux sacrés Apis. Là, ils sont momifiés et enterrés, et il faut sans cesse l'agrandir. En 1851, Auguste Mariette commence à explorer les salles souterraines creusées dans le roc : il découvre des galeries longues de plusieurs centaines de mètres, aux murs et aux plafonds autrefois revêtus de calcaire fin. Dans des chambres disposées de part et d'autre

408-409 Vase d'argent à l'anse en forme de chèvre ; ci-dessous, son décor gravé.

des galeries se dressent vingt-quatre énormes sarcophages de granite rouge et noir poli, datant du VIIIe au Ier siècle av. J.-C., tous violés (108). À proximité des souterrains, il met au jour des tombes individuelles creusées pour les taureaux de la fin de la XVIIIe et du début de la XIXe dynastie. Dans l'une d'elles, intacte, il discerne non sans émotion une empreinte de pied dans le sable : celle du prêtre qui, trois mille ans plus tôt, a mené l'animal au tombeau.

En 1852, Mariette trouve sous un bloc tombé du plafond un cercueil en bois contenant la momie intacte du prince Khâemouaset, un fils de Ramsès II qui était grand prêtre de Ptah à Memphis. Son visage est recouvert d'un masque d'or, et autour de son cou sont passées deux chaînes d'or avec des amulettes en feldspath vert et en jaspe rouge. Un faucon d'or cloisonné aux ailes déployées protège sa poitrine. Khâemouaset a fait creuser la galerie où seront enterrés vingt-huit taureaux Apis et s'est lui-même fait inhumer à proximité. Certains reliefs montrent Ramsès II et Khâemouaset faisant offrande à Osiris-Apis.

410 Bague-sceau de Ramsès II.

Dans la tombe du prince, deux cercueils de bois peints en noir contiennent des offrandes funéraires : dans le premier, des amulettes de cornaline et de serpentine, ainsi que de nombreuses plaquettes d'or ; dans le second, entre autres offrandes, un pectoral au cartouche de Ramsès II (414). Son encadrement rectangulaire en argent, surmonté de la traditionnelle corniche à gorge, est incrusté de verre de différentes couleurs et de faïence bleue. À l'intérieur, les motifs sont comme entassés : deux piliers-*djed* flanquent les déesses gardiennes, le cobra lové de Basse-Égypte et le vautour de Haute-Égypte, dont les ailes encadrent le cartouche royal. Entouré d'argent et de couleur bleue, le nom de couronnement de Ramsès II se dessine sur un fond d'or. Entre le cartouche et les têtes des déesses protectrices un faucon à tête de bélier déploie ses ailes. Le faucon et le vautour tiennent dans leurs serres l'anneau d'éternité *(chen)*. L'avers du pectoral est d'aspect assez sombre, car la plupart des incrustations se sont dégradées ou ont disparu. Au revers, la feuille d'argent est gravée de détails légèrement différents : le faucon, au lieu d'une tête de bélier, a une tête d'homme à courte barbe.

411 Bracelet de Ramsès II avec un motif central en forme de canard entouré d'une riche granulation.

412 Ramsès II en jeune dieu-soleil assis sur une fleur de lotus.

413 Pectoral-faucon à tête de bélier.

Un autre pectoral finement travaillé présente la forme d'un faucon à tête de bélier, aux ailes déployées. Il tient des anneaux d'éternité dans ses serres (413). La tête de bélier, tournée vers le haut, est soudée au corps du faucon. Les plumes, réalisées en cloisonné, étaient incrustées de lapis-lazuli, de turquoise et de cornaline, dont il ne reste aujourd'hui que des traces. Les détails du revers du pectoral, en or, sont ciselés.

Un pendentif en or, d'origine inconnue, représente Ramsès II en jeune dieu-soleil surgissant d'une fleur de lotus épanouie (412). La figurine accroupie, les mains posées sur les genoux, est très stylisée, et seule la tête est détaillée. Elle est réalisée en feuille d'or martelée, en deux parties soudées l'une à l'autre. L'uraeus au front et le disque solaire sur la tête ont été faits à part et soudés. Du sommet de la tête au cou, une rainure était destinée à recevoir la traditionnelle mèche de l'enfance. La fleur de lotus et le collier avec son contrepoids dans le dos, tous deux cloisonnés et incrustés de verre coloré disparu en grande partie aujourd'hui, sont soudés au corps.

Sur le chaton d'un anneau d'électrum massif coulé (410), des hiéroglyphes profondément gravés en creux avec des détails très fins composent l'inscription : *L'aimé d'Amon-Rê, Ramsès*. À part une légère griffure en haut du chaton, due à un prélèvement de matière pour analyse, cette bague est parfaitement conservée et ne montre aucun signe d'usure, ce qui suggère qu'elle a fait partie du matériel funéraire du roi.

La tombe de Ramsès II dans la vallée des Rois a été pillée peu de temps après sa fermeture. Vers 1000 av. J.-C., le grand prêtre Pinédjem ordonne que la momie du roi soit enveloppée de bandelettes neuves et transférée dans une cachette destinée aux momies royales près de Deir el-Bahari. Lorsqu'on l'a examinée après la découverte de cette cachette en 1881, elle ne portait aucun bijou, ce qui laisserait supposer que la bague a quitté la tombe du roi au cours des pillages de la XXe dynastie.

Dans plusieurs représentations de sa tombe de la vallée des Reines, Néfertari, l'épouse préférée de Ramsès II, est coiffée de la couronne au vautour, coiffure d'orfèvrerie des grandes épouses royales et des déesses (415). On n'a retrouvé aucune de ces coiffures, mais elles devaient être faites d'éléments en or lisses ou incrustés, assemblés de manière à produire un couvre-chef souple. Enveloppant la perruque, la couronne au vautour est surmontée d'un mortier qui supporte habituellement un disque solaire et deux hautes plumes.

414 Pectoral au nom de Ramsès II.

Les bijoux de Séthi II et de la reine Taousert

Après la mort de Séthi II, son épouse Taousert exerce la régence au nom du jeune héritier du trône. Lorsqu'il meurt à son tour prématurément, elle se maintient au pouvoir en son propre nom pendant environ deux ans, jusqu'à ce que le général Sethnakht, fondateur de la XXe dynastie, monte sur le trône. Comme Hatchepsout, Taousert adopte une titulature royale, et, en tant que souverain régnant, se fait creuser une tombe dans la vallée des Rois.

En 1908, Edward Ayrton, qui travaille dans la vallée des Rois pour le compte de l'Américain Theodore Davis,

415 Néfertari portant une couronne-vautour en or.

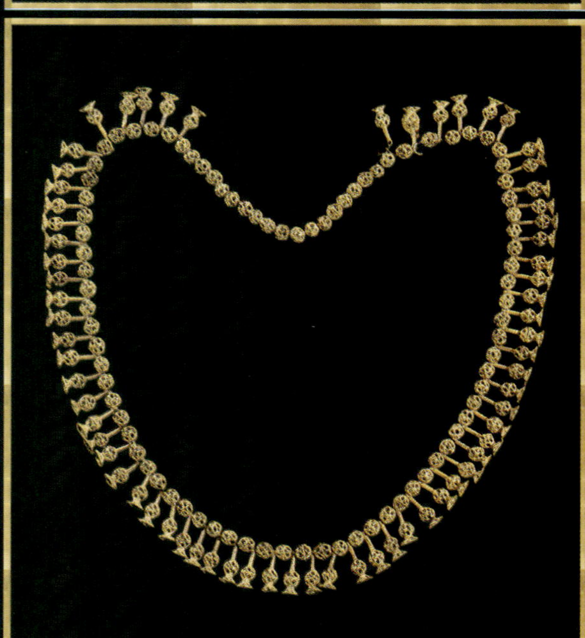

découvre un petit hypogée ; il est rempli de boue durcie, probablement entraînée par les pluies dans la tombe après son ouverture par des voleurs dans l'Antiquité. Près d'un cercueil miniature décomposé est découvert un lot de bijoux dont certains sont inscrits aux noms de Séthi II et de son épouse Taousert. S'agit-il d'une cache de pilleurs de tombes ? Les bijoux ont-ils appartenu à Séthi II et Taousert ? Ou ont-ils été offerts par le couple royal à l'une de leurs filles, morte encore enfant, et enterrée dans cet endroit ? On l'ignore.

Le diadème floral (417) est ciselé à l'intérieur des pétales aux noms du couple royal. Les seize fleurs en or, embouties dans un moule, sont fixées très simplement à l'étroit ruban de feuille d'or : deux fils d'or, soudés aux pistils hémisphériques, sont passés par deux trous percés dans la fleur et dans le diadème, puis repliés vers l'extérieur.

Une paire de pendants d'oreilles en or (416) se fixe comme ceux de Toutânkhamon (396-398), à l'aide de deux tubes creux qui traversent le lobe, le plus étroit s'emboîtant dans le plus large. À l'extrémité de chaque tube est soudée une cupule, l'une lisse, l'autre martelée en forme de fleur dont les pétales portent le nom de Séthi II. Un élément trapézoïdal, où est aussi inscrit le nom royal, est suspendu aux tubes. À sa base, des tiges terminées par des capsules de graines côtelées, trois grandes intercalées entre quatre petites. Les proportions de ces boucles d'oreilles ne sont guère harmonieuses, et le travail lui-même en est assez fruste : on voit nettement la soudure entre les deux hémisphères de chaque capsule de graines.

En dégageant la tombe, Ayrton a également trouvé des perles et des pendentifs en grand nombre, aujourd'hui remontés en deux colliers. L'un d'eux est conservé au Metropolitan Museum de New York, l'autre au Musée égyptien du Caire (418). Des perles alternent avec des pendentifs en forme de bleuets, le tout réalisé en anneaux de fil savamment entrelacés et soudés : ce collier délicat est le plus ancien exemple égyptien de filigrane.

Les bijoux de la XXe dynastie

Ramsès III, fils de Sethnakht – le fondateur de la dynastie –, est si soucieux de ressembler à Ramsès II qu'il copie son nom de couronnement et son temple

416 Pendants d'oreilles de Séthi II.

417 Diadème floral aux noms de Séthi II et de la reine Taousert.

418 Chaîne filigranée à pendeloques en forme de bleuets.

funéraire. Dernier souverain important du Nouvel Empire, il combat avec succès pour défendre l'Égypte de la double menace des Libyens et des Peuples de la Mer.

À la période suivante, lui et ses successeurs, tous gratifiés du nom de naissance Ramsès, doivent affronter en politique intérieure des difficultés grandissantes. Les fonctionnaires s'octroient de plus en plus d'indépendance, tandis que l'incompétence et la corruption menacent l'approvisionnement de la population. Il s'ensuit des famines, des grèves, des révoltes jusqu'à la faillite de la loi et de l'ordre. Les pilleurs de tombes peuvent saccager la nécropole thébaine en toute impunité, et, lorsque des enquêtes de police sont enfin organisées, elles révèlent que la corruption a gagné les plus hauts échelons de l'Administration.

Ramsès XI, le dernier des Ramessides, n'est plus à la fin de son règne que le souverain théorique de l'Égypte. Dans le nord du royaume, le pouvoir effectif est aux mains du vizir Smendès, grand prêtre d'Amon à Tanis. À Thèbes, Hérihor parvient à cumuler les charges de vice-roi de Kouch, de général en chef, de vizir et de grand prêtre d'Amon ; il finit par revendiquer le statut de roi et modifie même le calendrier.

À la faveur du déclin économique et politique de la fin de l'époque ramesside, la dégradation de l'art devient manifeste dans le décor peint des tombes de la vallée des Rois. De même, les rares bijoux qui nous sont parvenus ne sont pas d'une grande qualité. La somptueuse paire de boucles d'oreilles au nom de Ramsès XI (419) est une exception remarquable. Elle a été trouvée par Mariette sur la momie dégradée d'une femme de la maison royale, enterrée dans un sarcophage sous le saint des saints du temple d'Osiris à Abydos.

Le musée d'Hildesheim conserve un bracelet au nom d'Hérihor (420) qui perpétue la tradition des bracelets rigides à charnières du début de la XVIIIe dynastie ; de tels bijoux, ornés d'un motif central, apparaissent pour la première fois dans le trésor de Toutânkhamon et se retrouvent dans l'orfèvrerie du temple de Bubastis (411). Ce bracelet est fait de trois rubans d'or maintenus parallèles par cinq rubans verticaux. À l'extérieur, de petits demi-cylindres d'or soudés à de courts intervalles alternent avec des fragments préformés de faïence émaillée, produisant un motif géométrique. Le décor central, encadré de la même composition décorative, est une turquoise laissée brute de taille et fixée à la plaque d'or par des clous d'or. La surface libre est meublée d'un motif cloisonné d'or à incrustations colorées. On y reconnaît encore un uraeus lové, avec des vestiges de fritte bleu foncé sur le capuchon gonflé

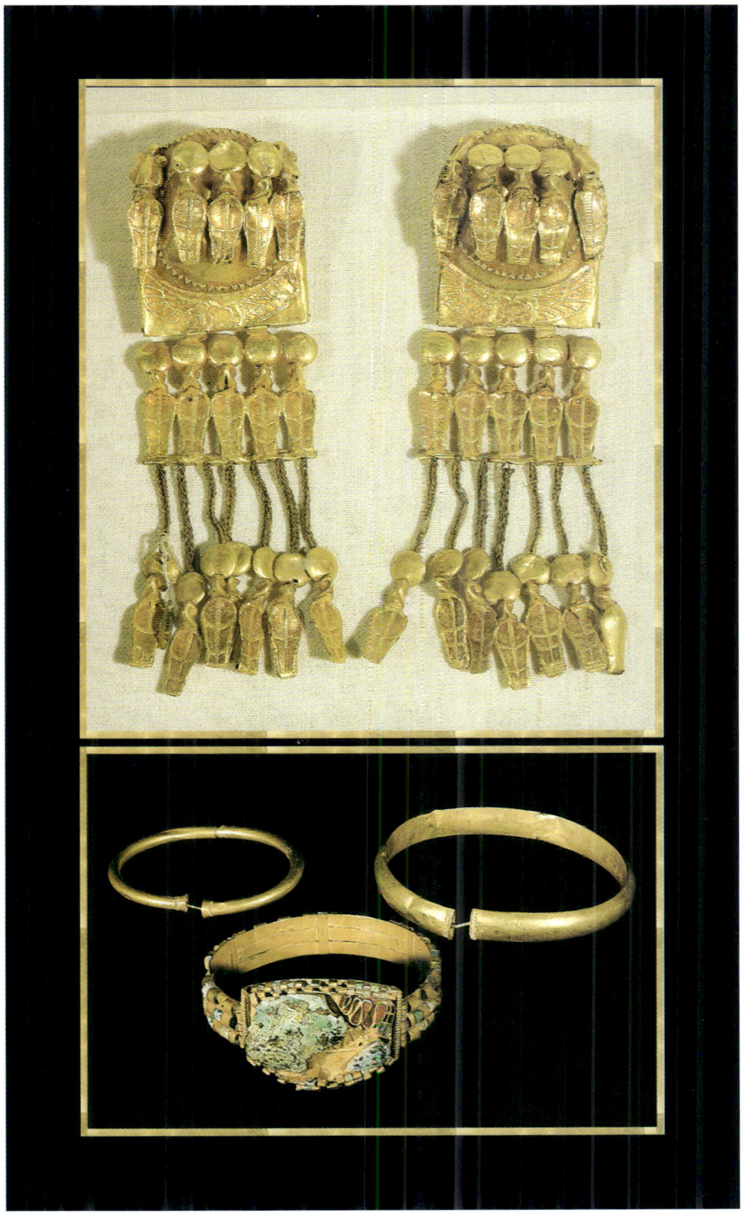

419 Pendants d'oreilles au nom de Ramsès XI.
420 Bracelets au nom d'Hérihor.

et de cornaline sur les replis de son corps. Le motif symétrique, dont la monture d'or est écrasée, n'est plus identifiable avec certitude. Au revers, on peut lire en hiéroglyphes grossiers : *Le premier prophète d'Amon-Rê roi des dieux, Hérihor, justifié.* Cette épithète et la structure assez fragile du bracelet suggèrent qu'il peut s'agir d'un bijou funéraire.

LA FIN DE LA PÉRIODE DYNASTIQUE

À la fin de l'époque ramesside, vers 1100 av. J.-C., le royaume se divise. L'Égypte perd ses territoires de Nubie et du Proche-Orient. Elle entre dans la troisième période intermédiaire. Comme les deux premières périodes intermédiaires, qui ont amené pauvreté et déclin culturel, la troisième est la conséquence d'un processus naturel de décomposition. Pourtant, elle s'intègre dans un phénomène plus ample de faillite qui affecte tous les États de la Méditerranée et du Proche-Orient au passage de l'âge du bronze à l'âge du fer. Après la mort de Ramsès XI, Smendès monte sur le trône et fonde la XXIe dynastie. La nouvelle famille royale fait de gros efforts pour maintenir les traditions de l'époque ramesside, bien qu'elle ne gouverne plus dans la « ville de Ramsès » mais à Tanis, la Zoan de la Bible, une vingtaine de kilomètres plus au nord. Au sud, les dirigeants de Thèbes ont conquis leur autonomie et établi la théocratie d'Amon, selon laquelle le souverain, dieu tout-puissant, dirige toutes les activités par voie d'oracles. En théorie, l'unité du royaume est préservée.

421 Pendentif.

422 Bracelet à tête de serpent.

423-425 Bague-scarabée de Mendès : deux dieux.

En Haute-Égypte, les dates continuent à être libellées suivant les années de règne du roi du Nord, après que Hérihor a renoncé au nouveau système de datation de son « ère de la renaissance ». Si les grands prêtres d'Amon adoptent parfois le titre de roi, ils semblent le faire avec l'accord du pharaon en titre. Les maisons gouvernantes de Tanis et de Thèbes sont liées par le sang, et les relations entre les deux cités sont étroites et amicales. Cette fois, contrairement aux autres périodes intermédiaires, l'ordre intérieur est préservé en Égypte.

Alors qu'il y a peu à retenir de l'activité architecturale de l'époque, l'art de l'orfèvrerie connaît un étonnant renouveau. Le mobilier funéraire commandé par les rois de Tanis et par les grands prêtres de Thèbes ne laisse aucun doute : non seulement les ateliers des orfèvres perpétuent le meilleur de la tradition ancestrale, mais ils sont capables de créer de nouveaux types de bijoux, de conception admirable. Les formes limpides du cloisonné aux motifs verts ou bleus sont enchanteresses. Les bagues et les boucles d'oreilles se font plus rares, et on voit plutôt de lourds colliers de plusieurs rangs de perles discoïdes en or, des pectoraux et des bracelets ornés de cascades de fines chaînes terminées par des fleurs délicates. Les fermoirs à charnières sont bien mis en évidence, et désormais ornés eux aussi de pendeloques. La fonte du métal atteint son apogée.

Les bijoux des grands prêtres de Thèbes

Pinédjem Ier devient grand prêtre à Thèbes à peu près au moment où Smendès accède au trône. Il reçoit en mariage la fille de ce dernier, Hénouttaouy, et prend le titre de roi. À sa mort, il est mis au tombeau dans un cercueil de Thoutmosis Ier. Parmi les offrandes qui l'accompagnent, un pectoral (426) porte son nom de couronnement, Khâkhéperrê, flanqué de deux abeilles, l'emblème de la Basse-Égypte, sur le signe de l'or. Les hiéroglyphes sont en partie en feuille d'or repoussée et finement ciselée, partiellement cloisonnés de lapis-lazuli, comme le motif du cadre. La chaîne triple, dont les maillons sont des petits anneaux striés, est garnie de pendeloques en forme de calices hexagonaux. À la base du pectoral pendent neuf chaînes au bout desquelles les mêmes fleurs sont soudées.

Pinédjem II ordonne que les momies royales, déjà déplacées plusieurs fois à la suite du pillage de leurs tombes, soient rassemblées à Thèbes avec les vestiges de leur mobilier, et déposées dans une tombe rupestre de la falaise au sud de Deir el-Bahari. Lui-même se fait inhumer dans cette tombe, où sa momie demeure en paix jusqu'à ce que les villageois voisins découvrent la cachette en 1871. Les objets précieux dérobés dans la tombe sont vendus pendant des années dans la région de Louqsor, mais Gaston Maspéro finit par identifier les voleurs et peut récupérer presque tout cet énorme trésor pour le musée du Caire.

On a trouvé sur la momie de Pinédjem II une paire de bracelets du type rigide (427), faits de deux demi-cercles décorés en symétrique. Un fil dissimulé par une perle de lapis-lazuli sert de charnière ; l'une de ses extrémités est soudée, l'autre est glissée dans une ouverture. Le fermoir consiste en un crochet qui s'engage dans une fente et se bloque à l'aide d'une goupille. À côté, de petits anneaux retiennent des chaînes de deux types : deux ont des maillons d'or striés, les autres sont des fils de perles cylindriques en or, en lapis-lazuli et en cornaline. Ces fils de perles sont terminés par des calices d'or hexagonaux incrustés de pierre, les chaînes d'or par des pendeloques semblables mais en lapis-lazuli. Entre des rubans d'or soudés, un décor floral se répète tout autour du bracelet, incrusté de lapis-lazuli et de cornaline à l'effet gai et coloré. La structure rappelle celle des bracelets de Toutânkhamon, et le fermoir est comparable à celui des bracelets de Hérihor (420). Les pendeloques en forme de fleur, quant à elles, sont typiques de la XXIe dynastie, et en vogue à Tanis comme à Thèbes.

Le trésor de Tanis

L'une des conséquences du pillage fréquent des tombes de la vallée des Rois à la fin de l'époque ramesside est que les souverains de Tanis choisissent un endroit mieux protégé pour leurs tombes : dans l'enceinte du temple de leur capitale. Dans cette « Thèbes du Nord », on vénère la même triade divine qu'au sud : Amon, son épouse Mout et le dieu-enfant Khonsou-Néferhotep. La disposition du sanctuaire suit aussi celle de Karnak. C'est sous la protection de son mur d'enceinte massif que les rois des XXIe et XXIIe dynasties installent leurs « maisons d'éternité ». La surface réduite de la colline où est construite la ville n'autorisait toutefois pas l'édification de grands complexes funéraires. Les bâtiments au sol n'ont pas survécu ; les chambres souterraines, appareillées en blocs de calcaire, sont revêtues de dalles de pierre et ornées de reliefs. Le matériau de construction a été récupéré dans la proche « cité de Ramsès » (Pi-Ramsès), qui n'est plus alors qu'une carrière. Même les sarcophages de certains rois antérieurs ont été réutilisés.

Étant donné la petite taille et la construction bas de gamme de ces tombes royales, l'opulence du matériel funéraire en or et en argent surprend. La forte humidité du delta du Nil n'autorisait pour le mobilier funéraire que l'utilisation de matériaux impérissables. Les meubles de menuiserie, les coffrets, les statues en bois, les chars de guerre, les tissus, même les chapelles de bois protégeant les sarcophages, tous susceptibles de se décomposer, devaient être bannis. En revanche, les vases de métal précieux sont abondants, et on n'en a jamais trouvé autant en Égypte.

Une mission française, dirigée par Pierre Montet, commence à fouiller à Tanis en 1929. Dans les années qui précèdent, Montet a mis au jour à Byblos, entre autres importantes découvertes, un groupe de tombes royales datant des alentours de 1800 av. J.-C. ; une partie de leur mobilier se révèle être des cadeaux des pharaons du Moyen Empire aux dirigeants de cette cité levantine. Dans l'espoir d'en apprendre davantage sur les relations entre l'Égypte et le Proche-Orient, Montet choisit Tanis, un site du nord-est de la vallée du Nil, établi sur une colline de 400 ha qui culmine à 35 m au-dessus du plat Delta.

426 Pectoral du prêtre-roi Pinédjem Ier.
427 Bracelet de Pinédjem II.

Les découvertes de Tanis

On a longtemps cru que l'immense champ de ruines de la colline de San el-Hagar, à l'est du Delta, était l'emplacement de la « cité de Ramsès » (Pi-Ramsès), car on y a trouvé un grand nombre de fragments d'obélisques et d'éléments architecturaux inscrits au nom de ce roi. De nos jours, Pi-Ramsès a été localisée près de Qantir, où les rois des XXIe et XXIIe dynasties ont récupéré des matériaux de contruction et des monuments pour leur nouvelle capitale de Tanis. En 1929, une mission archéologique française dirigée par Pierre Montet commence à fouiller Tanis. Sa persévérance est récompensée quand, le 25 février 1939, au cours de la onzième saison de fouilles, ils traversent le plafond d'une chambre funéraire située à l'intérieur de l'enceinte du temple d'Amon, sous des ruines de briques crues. La nécropole des rois tanites est découverte : on y trouvera les inhumations de six rois et hauts fonctionnaires des XXIe et XXIIe dynasties, dont trois sont intactes depuis leur fermeture. Quatre masques d'or, deux cercueils d'argent et deux douzaines de vases précieux sont, entre autres, exhumés. Beaucoup de ces trouvailles sont transportées au musée du Caire, mais l'imminence de la Seconde Guerre mondiale fait que de nombreuses découvertes secondaires restent sur place, dans des magasins scellés. Au début de 1943, ces magasins sont fracturés et les objets qu'ils contiennent, comme les figurines funéraires (*ouchebtis*), sont dispersés sur le marché de l'art.

Le masque en or d'Aménémopé, endommagé par les pilleurs de tombes.

L'entrée de la tombe d'Osorkon II est découverte par la mission Montet.

Le masque d'or de Chéchonq II, à l'intérieur de son cercueil d'argent.

Collier et pectoral de la momie de Chéchonq II.

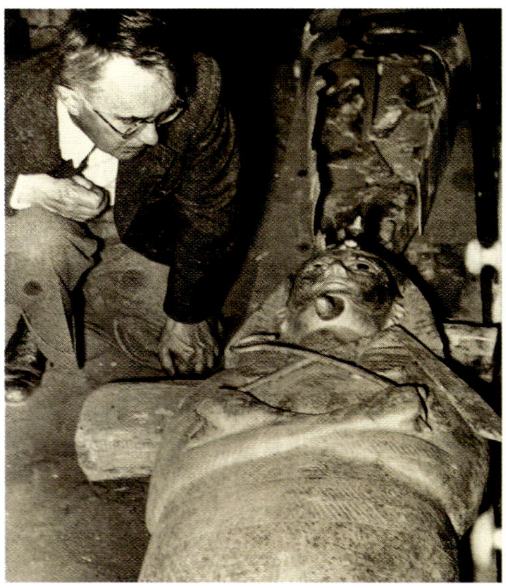

Ci-contre. L'égyptologue français Pierre Montet auprès du cercueil d'argent de Psousennès Ier.

À droite et en bas à droite. Les ruines de Tanis : le temple d'Amon et la nécropole royale.

Les années passent sans amener de découverte remarquable : dans des conditions très pénibles, les vestiges du grand temple sont dégagés du sable et des remblais. Finalement, la persévérance de Montet est récompensée au cours de la onzième saison lorsque, en 1939, sous des ruines de briques, les fouilleurs butent sur les dalles de couverture d'une tombe. L'une des dalles manque, et, par cette ouverture due aux pillards, l'un des archéologues descend dans une petite pièce. Dans la pénombre, il déchiffre les inscriptions des reliefs muraux : c'est le complexe funéraire d'Osorkon II, qui a régné à Tanis en tant que quatrième roi de la XXIIe dynastie.

Des ouvertures dans le mur conduisent du caveau à un petit labyrinthe de pièces souterraines, contenant des sarcophages violés et quelques objets répandus sur le sol boueux.

La déception des archéologues à la découverte d'une tombe violée s'envole quand une deuxième tombe du même type est trouvée tout près, sa couverture de 20 m^{2} encore intacte. Une dalle est retirée, et Montet lui-même descend dans le caveau, où il lit sur un mur le nom de Psousennès Ier, un roi de la XXIe dynastie.

Le sol est jonché de vases canopes, d'*ouchebtis* et de mobilier funéraire, mais l'attention de Montet est attirée par un cercueil d'argent à tête de faucon dont le couvercle est légèrement déplacé. L'or scintille par la fente.
À l'ouverture du cercueil, en présence du roi Farouk, on s'aperçoit que la momie qu'il contient n'est pas celle de Psousennès, mais celle de Chéchonq II, un souverain de la XXIIe dynastie mis au tombeau un siècle plus tard dans l'antichambre de son prédécesseur, Psousennès.

Le caveau intact de Psousennès Ier

Les murs de la chambre funéraire de Psousennès sont encore complètement revêtus d'une couche d'enduit peint, et l'entrée bloquée par un énorme bloc de granite, un fragment d'obélisque brisé, que les fouilleurs peuvent déplacer à l'aide des rouleaux de bronze qui avaient servi à le mettre en place. La petite chambre funéraire, profondément enfouie, est si humide que l'eau suinte des murs. L'entrée de la pièce est encombrée d'équipement funéraire : une table d'offrandes en bronze, des vases, des ustensiles, des vases canopes, des centaines de statuettes funéraires (*ouchebtis*). Pourtant, l'œil est attiré par l'éclat de l'or de la vaisselle de culte et de cérémonie du roi.

Au fond de la pièce trône un grand sarcophage de granite rose encore fermé. La dépose du couvercle révèle un sarcophage de granite noir, et entre les parois des deux sarcophages des armes et des sceptres, parmi lesquels une épée de bronze dont seule la poignée revêtue d'une feuille d'or au pommeau en tête de faucon finement ciselée est préservée (431). Le sarcophage intérieur, qui comme le plus grand provient d'un enterrement plus ancien, contient un cercueil d'argent (428).

Contrairement aux sarcophages réutilisés, le cercueil momiforme en argent a été confectionné pour Psousennès lui-même. Les traits du visage sont stylisés et rappellent les portraits royaux de l'époque ramesside. La barbe divine et les bras qui tiennent la crosse et le fouet croisés sur la poitrine représentent la figure divine du roi transformé en Osiris. Le front est ceint d'un bandeau de feuille d'or finement battue, au-dessus duquel se dresse un uraeus en or. Les sourcils et les yeux sont incrustés de verre. La barbe d'argent martelé a été fabriquée à part, tout comme les insignes royaux, et fixée au menton par des rivets.

Le couvercle et la cuve du cercueil sont martelés et rivetés ensemble. Les rayures de la coiffure-*némès* royale, le large collier de fleurs, les bracelets, les inscriptions hiéroglyphiques et les divinités protectrices qui enveloppent le corps de leurs ailes sont tous ciselés. À l'intérieur de la cuve, la déesse Nout protège le roi défunt de ses ailes déployées, et une inscription du couvercle dit : *Ô ma mère Nout, étends sur moi tes ailes. Accorde-moi d'être comme les étoiles circumpolaires éternelles et infatigables.*

428 Cercueil en argent du roi Psousennès Ier.

Pages 206-207 : *429-430 Masque d'or de Psousennès Ier.*

431 Manche d'épée.

L'équipe de Montet a découvert l'entrée de la tombe de Psousennès Ier le 15 septembre 1940, et deux semaines plus tard le couvercle du cercueil d'argent est retiré.

La dépouille mortelle du pharaon est protégée par un masque d'or et une plaque d'or de plus de 1 m de long, ciselée de formules protectrices et de représentations de divinités. Il ne reste de la momie que quelques ossements couverts de bijoux : des colliers d'or et de lapis-lazuli, trois colliers d'or « de l'honneur » disloqués en centaines de perles d'or en forme de disques, six pectoraux incrustés, douze bracelets au bras gauche, dix au bras droit et encore quatre dispersés, trente amulettes. À ces parures s'ajoutent une plaque en or recouvrant l'incision d'embaumement, des étuis pour les doigts et les orteils, des sandales d'or. Pareille trouvaille ne peut demeurer secrète, et elle est surveillée jour et nuit pour prévenir toute tentative de vol. En quelques semaines, tous les trésors sont récupérés, et le 3 mai 1941 ils sont transférés au musée du Caire.

Le masque d'or de Psousennès Ier (429-430), à l'expression digne et distante, est le plus parfait des quatre masques découverts à Tanis. Il est aussi le seul confectionné en deux parties : la face encadrée de la coiffure-*némès* royale et d'un collier de fleurs d'une part, de l'autre l'arrière du *némès*. À la jonction, les deux parties se chevauchent et sont rivetées. Fait de feuille d'or martelée très mince, finement ciselé mais non poli, de sorte que la lumière s'y reflète avec douceur, ce masque est un chef-d'œuvre de l'orfèvrerie tanite. La maîtrise technique se manifeste aussi dans les incrustations de verre et de lapis-lazuli, et dans l'uraeus qui, tout comme la barbe divine, est fabriqué à part, en trois éléments assemblés et rivetés.

« Salut à toi, beau de visage, doué de la vue… beau de visage parmi les dieux ! » C'est ainsi que, dans le *Livre des morts* (chapitre 151), l'embaumeur Anubis s'adresse au défunt préparé pour son voyage dans l'au-delà. Le masque enveloppait la tête et la poitrine de la momie comme une protection et un portrait éternel, dont le modelé subtil perpétuait les traits du visage dans une jeunesse idéalisée. Le contour du visage, les yeux avec la mince ligne de la paupière supérieure, la ride du cou, et tout particulièrement la légère courbe du nez sont encore bien dans la tradition du portrait ramesside. Bien que les lourdes boucles d'oreilles soient alors passées de mode, les représentations montrent encore des lobes largement percés.

L'or ne couvrait pas seulement la tête et le corps de la momie, car même les doigts et les orteils avaient besoin d'une enveloppe protectrice éternelle. Enveloppés dans des bandelettes, ils sont recouverts d'étuis en or, ciselés du contour de l'ongle. Les pieds étaient revêtus de sandales en or en vue d'un long voyage vers l'au-delà. Avant l'embaumement, les prêtres retiraient le cerveau par voie nasale, et les viscères par une longue incision pratiquée sur le côté gauche du bas de l'abdomen. Ceux-ci étaient remplacés par un remplissage, d'étoffes par exemple, et l'incision recousue puis couverte d'une couche de cire et d'une plaquette d'or. La momie de Psousennès possédait une plaque de couverture faite de feuille d'or repoussée et ciselée de motifs et d'inscriptions, percée aux quatre coins et cousue sur les bandelettes au-dessus de l'incision abdominale. Le motif central est un œil-*oudjat*, l'œil d'Horus, blessé lors d'un combat avec Seth et guéri par Thot, qui est devenu le symbole par excellence de la protection contre les atteintes physiques. Comme l'œil d'Horus, le corps blessé du pharaon est supposé être soigné. À gauche et à droite se tiennent les quatre divinités chargées des viscères, qui protégeront le mort contre la faim et la soif. Le cercueil en argent et le masque en or de Psousennès portent tous deux un large collier ciselé avec soin qui, bien que très répandu au Nouvel Empire, est absent de la riche bijouterie de la momie.

432 Oiseau-ba.

À sa place, on trouve trois colliers à plusieurs rangs d'« or de l'honneur ». Les représentations de la remise de cet or aux fonctionnaires méritants sont fréquentes, et un relief de Tanis montre précisément Psousennès à cette cérémonie : les décorations y sont étonnamment semblables à celles que l'on a trouvées dans sa tombe. Ce sont les premières qu'on ait découvertes, et elles montrent à quel point de tels bijoux, de plus en plus utilisés pour l'ornement des statues et des barques des dieux depuis l'époque ramesside, sont splendides.

Autour du cou de la momie était passé un collier de plus de cinq mille disques d'or, pesant plus de 8 kg (433-434). Même s'il a perdu son dernier rang de perles, il en comporte encore cinq. Le fermoir est dissimulé dans une boîte plate aux extrémités arrondies, dont les longs côtés percés chacun de six trous ont disparu depuis la découverte.

La face de ce fermoir est ornée d'un scarabée ailé qui surmonte les noms de naissance et de couronnement de Psousennès incrustés de lapis-lazuli, encadrés de frises d'uræus. Le même motif est délicatement gravé au revers. Une mince tige est logée dans des anneaux à la base du fermoir, entre lesquels s'insèrent d'autres anneaux d'où part une cascade de fils d'or finement tressés en chaînes qui se dédoublent pour finir en fleurs-pendeloques de feuille d'or.

Le scarabée ailé, symbole du soleil levant et de la renaissance pour l'Égyptien ancien, accompagne le roi dans son voyage vers la résurrection. Psousennès n'a pas emporté dans sa tombe moins de quatre pendentifs en forme de scarabée. De forme presque identique, ils ne se distinguent que par leurs incrustations, le décor de leurs ailes et les inscriptions gravées sur leur plat. Les formules choisies sont destinées à garantir au roi la survie, en l'identifiant au dieu-soleil et en lui donnant la capacité de se mouvoir à volonté dans l'au-delà comme il le faisait sur terre. *Mon cœur est celui de Rê, le cœur de Rê est mon cœur*, dit l'inscription du scarabée sculpté en granite (435). Enchâssé dans une monture d'or, il déploie des ailes étroites ornées de rayures verticales de pierres colorées, incrustées entre des cloisons d'or soudées. Au lieu du disque solaire habituel, le scarabée pousse un cartouche en or incrusté en couleur du nom du roi *Psousennès, aimé d'Amon*. À la base du scarabée, un anneau-*chen*, symbole d'éternité, encercle un disque solaire fait d'un cabochon de cornaline.

433-434 « L'or de l'honneur » de Psousennès Ier, face et revers.

Le motif du scarabée n'a jamais été plus présent que dans le trésor funéraire de Toutânkhamon. À Tanis, réduit à l'essentiel, il gagne en effet artistique : alors que les bijoux de Toutânkhamon paraissent souvent surchargés en décor, ici la pureté des lignes et l'harmonie des couleurs font grande impression.

Sur les deux pectoraux en forme de chapelle (436-437), la course du soleil symbolise le thème de la renaissance et de la vie après la mort. Comme une porte ouverte, le cadre laisse voir une scène. Sur l'un des pectoraux, Isis et Nephthys agenouillées soutiennent les ailes d'un scarabée qui pousse devant lui le cartouche du roi supportant le soleil ailé, en direction du hiéroglyphe qui signifie ciel *(pèt)*, juste sous la corniche à gorge.

Le second pectoral est une variation sur le même thème : assistées d'uraeus et d'yeux-*oudjat*, les sœurs d'Osiris protègent de leurs ailes étendues le soleil levant. Au-dessus d'une rangée de piliers-*djed*, symboles d'Osiris, celui-ci surgit du monde souterrain sous la forme d'un scarabée, pour voler en direction du signe hiéroglyphique du ciel *(pèt)*. Les cartouches aux noms de naissance et de couronnement du roi lui tiennent lieu d'ailes – le dieu-soleil et le roi ne font plus qu'un – et des anneaux-*chen* sont garants du cycle éternel.

La composition rigoureuse de ce cloisonné ajouré tire son charme d'une frise articulée par des charnières. Dans cet espace très restreint, l'artiste a évoqué le monde souterrain d'Osiris au moyen d'une vignette du chapitre 100 du *Livre des morts* :

Formule pour rendre le défunt parfait et lui permettre de descendre dans la barque de Rê avec sa suite. J'ai fait passer le phénix [bénou] *vers l'Est, Osiris vers Bousiris.*

À droite de la composition, le roi, désigné par ses noms de naissance et de couronnement, fait passer le phénix à l'Est, en direction du soleil levant. À gauche, il conduit Osiris à Bousiris, sa patrie dans le Delta.

Des divinités ailées enveloppent le pharaon défunt et le protègent au long de son voyage vers la renaissance. Finement ciselées, elles couvrent le cercueil de leurs ailes, ou reposent sur sa poitrine et ses épaules sous forme de colliers et de pendentifs. Dans l'équipement funéraire de Psousennès Ier, de petites amulettes en forme de colliers larges remplacent les véritables bijoux. En feuille d'or repoussée et ciselée, elles représentent Horus Béhédéty, le dieu des cieux, sous forme de faucon ; la déesse de Haute-

435-436 Pendentif scarabée de Psousennès Ier et revers du pectoral scarabée avec Isis et Nephthys.

437 Pectoral scarabée avec Isis et Nephthys.

Égypte sous forme de vautour ; ou les déesses gardiennes sous forme de vautour et de cobra. Le faucon à tête humaine au front orné de l'uraeus (432) représente l'oiseau-âme *(ba)*, qui peut aller et venir librement du corps scellé dans le caveau au monde extérieur. Toutes ces créatures ailées portent des anneaux d'éternité dans leurs serres et possèdent comme les pectoraux des contrepoids entre les extrémités de leurs ailes. Elles étaient cousues selon la disposition prescrite sur les bandelettes de la momie, grâce à des anneaux soudés à leur revers.

438 Bracelet en or massif de Psousennès Ier.

de spirales d'or entrelacées encadrent une inscription d'or sur fond de lapis-lazuli incrusté tout autour du bracelet :

Longue vie au roi de Haute- et de Basse-Égypte, seigneur des Deux-Terres, Âakhéperrê, loué par Amon, doué de vie éternellement. Le fils de Rê, seigneur des couronnes, Psousennès aimé d'Amon, doué de vie comme Rê éternellement.

Deux bracelets simples, d'un modèle inconnu par ailleurs dans la bijouterie royale, portent une inscription dédicatoire de l'épouse du roi.

439-440 Bracelet rébus de Psousennès Ier.

Le trésor funéraire de Psousennès compte vingt-six bracelets. Sur l'une des paires assorties, du même type que les bracelets du grand prêtre Pinédjem (427), est inscrit respectivement *Est* et *Ouest*, c'est-à-dire gauche et droite – mais les bracelets étaient placés au mauvais bras. Chacun est fait de deux parties inégales aux extrémités emboîtées. Ces bracelets creux, en mince feuille d'or, sont très légers. Les soudures sont camouflées par la décoration : deux bandes

Ils sont constitués de deux moitiés, faites chacune de sept demi-anneaux creux soudés ensemble, alternativement lisses et côtelés. Sur la face interne des troisième et cinquième anneaux, est gravée l'inscription suivante :

Le roi, seigneur des Deux-Terres, premier prophète d'Amon-Rê roi des dieux, le fils de Rê, Psousennès aimé d'Amon. Fait par la première grande épouse royale de Sa Majesté, la maîtresse des Deux-Terres, Moutnédjemet.

Au bras gauche de la momie était passé un bracelet d'or massif (438) pesant presque 1,8 kg, manifestement trop lourd pour avoir été porté par Psousennès de son vivant. À l'intérieur est très finement gravée l'inscription :

Paroles dites par Amon-Rê, roi des dieux : « Je te donne force et courage, afin que tu puisses frapper les têtes de tes ennemis. » Le roi de Haute- et de Basse-Égypte, Âakhéperrê l'élu d'Amon, le fils de Rê, seigneur des couronnes, premier prophète d'Amon-Rê roi des dieux, Psousennès aimé d'Amon. Le roi de Haute- et de Basse-Égypte, seigneur des Deux-Terres, seigneur de la force, le premier prophète d'Amon-Rê roi des dieux, Psousennès aimé d'Amon, doué de vie.

Les hiéroglyphes sont incrustés de pierres colorées, certains constituent une mosaïque de différentes couleurs, d'autres sont en fin relief. Le motif central est un œil-*oudjat*, qui forme avec un babouin un rébus pour « roi » dans l'épithète d'Amon-Rê, « roi des dieux ».

Sur la face interne lisse, deux titulatures royales finement ciselées sont écrites en symétrique :

441-443 Bracelets de poignet et de bras d'un ensemble du roi Psousennès Ier.

Son équivalent au bras droit, plus petit, porte la même formule de bénédiction, mais attribuée à l'épouse d'Amon, Mout.

L'un des bracelets cylindriques n'est pas en deux parties, mais d'une seule plaque d'or martelée (439-440). À l'extérieur du bracelet, entre deux rainures incrustées de feldspath sans autre ornement, court cette inscription en grands hiéroglyphes :

Longue vie au dieu parfait, au bras redoutable, au cœur courageux comme Montou [le dieu de la guerre] *à son heure, le roi de Haute- et de Basse-Égypte Âakhéperrê, l'élu d'Amon, doué de vie comme Rê éternellement. Longue vie au dieu parfait, souverain de toute joie, souverain dont on peut être fier, le fils de Rê, Psousennès aimé d'Amon, vivant éternellement.*

Une paire de brassards et une paire de bracelets forment un ensemble inhabituel (441-443). Les deux

444 Aiguière de Psousennès Ier.

brassards sont à peu près cylindriques, légèrement plus larges vers le bas, et constitués de deux parties inégales dont la plus petite, une plaque d'or à peu près carrée, est incisée du nom de couronnement du roi, Âakhéperrê, ciselée et incrustée de lapis-lazuli et de cornaline. Des charnières la relient à l'autre partie, qui est divisée en trois secteurs décorés tous de façon semblable : des croissants alternativement en or, soudés, et en lapis-lazuli incrustés dans des alvéoles d'or. Les bordures du bracelet sont réalisées en perles tubulaires d'or et de lapis-lazuli. La plaque ornée du nom du roi est à la fois une amulette et un élément d'orfèvrerie peu banal. Le scarabée ailé avec son disque solaire réunit des éléments du nom royal et le symbole du jeune dieu-soleil, le roi et le dieu ne faisant plus qu'un. Les ailes déployées du scarabée se détachent sur le fond d'or (l'air saturé de soleil) avec une rigueur toute géométrique. Les éléments courbes bleus et or des ailes font le lien entre le dessin limpide de cette plaque et les croissants ondulants bleu et or du bracelet lui-même, ce qui, par contraste entre rigueur et mobilité, renforce l'effet produit par chacune des parties. Au revers, l'inscription : *Fait par le premier prophète d'Amon, Smendès, fils de Menkhéperrê* prouve que ce bijou a été offert par le grand prêtre d'Amon de Thèbes.

Les éléments constitutifs de deux bracelets identiques démontés ont été trouvés près des genoux de la momie. Chacun est fait de quatre plaques d'or rectangulaires aux cartouches bleus en lapis-lazuli. Deux des plaques portent le nom *Psousennès aimé d'Amon*, les deux autres le titrent *le roi de Haute- et de Basse-Égypte, premier prophète d'Amon*. Sur les revers, est également inscrit : *le roi, premier prophète d'Amon, Psousennès fils de Nesbanebdjed* [Smendès]. Entre les plaques, quatre croissants alternativement en or et en lapis-lazuli monté sur or pendent souplement, attachés aux plaques par des œillets. Les bracelets sont bordés de perles tubulaires en or et en lapis-lazuli. Les bordures de perles, les couleurs, et tout particulièrement le motif en croissants, qui est unique, permettent d'affirmer que les bracelets et les brassards forment un ensemble.

Sur les doigtiers en or de la momie, il n'y avait pas moins de trente-six bagues, bien plus qu'on n'en a jamais trouvé sur une momie royale. La plupart sont de simples joncs d'or ; d'autres ont pour chatons réversibles des plaquettes, des scarabées ou des yeux-*oudjat*. Le pouce droit portait un anneau semblable à un bracelet miniature, en feuille d'or martelée et décorée selon la technique du cloisonné. Comme pour un véritable bracelet, son décor est disposé en sections verticales. Quatre d'entre elles sont occupées par des losanges et des carrés incrustés de lapis-lazuli et de cornaline, deux par le cartouche de Psousennès Ier, gravé sur lapis-lazuli.

La grande variété de la vaisselle de culte égyptienne est connue par les représentations des temples et des tombes, et les peintures des tombes thébaines montrent les convives des banquets festoyant avec de la vaisselle précieuse. Bien peu de ces richesses ont survécu : les vases de luxe, si faciles à fondre et à recycler, étaient bien tentants pour les voleurs. Environ soixante-dix récipients d'argent, douze d'or et d'électrum, voilà tout ce qu'ont livré les fouilles archéologiques pour les deux millénaires de la royauté pharaonique. Dans ces conditions, les dix pièces en or et en électrum, les douze pièces en argent découvertes dans les tombes royales de la XXIe dynastie représentent une trouvaille spectaculaire, qui n'a pas été égalée par les découvertes ultérieures d'el-Kourrou et de Nouri. À une exception près, tous les vases d'or de Tanis ont appartenu à Psousennès Ier. Six d'entre eux avaient été déposés avec d'autres offrandes devant son sarcophage ; les autres, également dignes d'un pharaon, étaient la contribution du roi à l'équipement funéraire de son courtisan Oundébaounded. Ces récipients ravissent par leurs lignes sobres, la simplicité de leur forme et de leur décoration, bien caractéristiques de l'art tanite. Les artistes ont eu recours au métal le plus précieux pour créer des œuvres d'une beauté intemporelle. Ils maîtrisent à la perfection les techniques du repoussé et de la ciselure, du rivetage et de la soudure, et ils savent combiner des métaux de différentes couleurs pour parvenir au meilleur effet.

Ils réalisent des merveilles sur une surface au poli mat, grâce à la mise en valeur de détails tels que la décoration florale sur les anses et les cols, ou la disposition des inscriptions et des incrustations.

Un exemple particulièrement magnifique de ces effets est une aiguière réalisée en mince feuille d'or martelée (444). Son col étroit s'épanouit vers le haut en une luxuriante ombelle de papyrus. Au sommet de l'ombelle, l'or est roulé pour renforcer l'encolure du vase. Au-dessous, cinq rubans lisses font le tour du col. La panse, aux flancs légèrement concaves, s'évase à partir d'un fond plat. Les noms de couronnement et de naissance de Psousennès Ier sont ciselés avec soin sur l'épaule. La subtile concavité des flancs du vase, le fond plat et les noms royaux ciselés sont répétés sur un bassin. Une anse aux lignes sinueuses, en forme de bouquet de fleurs et de boutons de lotus, y est fixée par trois rivets. Les tiges des plantes, fortement incurvées, se terminent en palmette. Papyrus et lotus étant respectivement les plantes héraldiques de la Basse- et de la Haute-Égypte, l'aiguière et le bassin se complètent en un ensemble, et se trouvaient côte à côte sur le sol du caveau. De tels récipients sont souvent représentés dans les peintures des tombes ; ils servaient sans doute de lave-mains : on versait l'eau du vase en tenant les mains au-dessus du bassin, une coutume répandue depuis l'Ancien Empire et encore pratiquée en Orient aujourd'hui.

445 Coupe à pied.

Le bol hémisphérique à long bec (446) a servi lors des rites funéraires. Son anse se termine en tête de canard au long col recourbé avec élégance, et porte une dédicace méticuleusement ciselée : *Fait par la grande épouse royale, maîtresse des Deux-Terres, Moutnédjemet*, suivie des épithètes, titres et noms de couronnement et de naissance de Psousennès Ier. Le gobelet (445) est d'une forme bien connue en céramique. Il est élancé et stylisé, en forme de fleur de lotus à demi ouverte dont les pétales pointus sont ciselés. Il possède un pied en forme de trompette. Le tout est en feuilles d'or martelées et réunies par soudure. L'inscription qui court en colonne jusqu'au pied est réalisée avec une grande précision : *Le grand prêtre d'Amon-Rê roi des dieux, Pinédjem, justifié, fils de Piânkhi, justifié. La fille du roi, supérieure du harem d'Amon maître des Deux-Terres, Hénouttaouy*. Ce vase à boire a donc été fabriqué pour le grand prêtre de Thèbes Pinédjem, avant qu'il ne monte sur le trône et n'entoure son nom d'un cartouche. Pinédjem est l'époux d'une fille de Smendès, le fondateur de la dynastie tanite, et il a sans doute offert ce gobelet à un successeur de son beau-père, qui l'a emporté dans sa tombe comme un cadeau à la profonde valeur symbolique : les fleurs de lotus s'épanouissent aux rayons du soleil, symbolisant donc le lever du soleil, la renaissance et la résurrection.

446 Vase à bec verseur.

La tombe du général Oundébaounded

La Seconde Guerre mondiale interrompt pour cinq ans les fouilles de Tanis, mais les archéologues sont persuadés qu'il reste là-bas des trésors enfouis. Le 15 avril 1945, ils peuvent enfin recommencer à travailler. L'architecte de la mission, Albert Lézine, soupçonne qu'une tombe est encore dissimulée par une portion de mur inexplorée, étonnamment épaisse, au sud-est de l'ensemble funéraire de Psousennès Ier, près du caveau plus petit et complètement

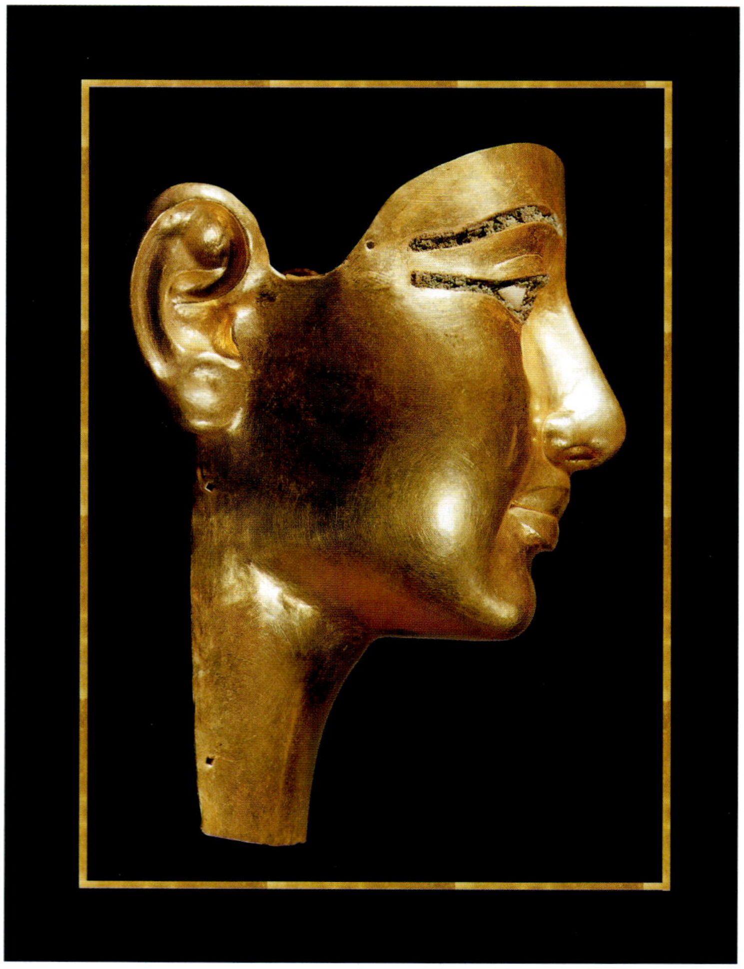

447-448 Masque d'or d'Oundébaounded (ci-dessus et page 217).

pillé de l'un des généraux du roi. Il la met au jour moins d'un an plus tard. À l'aide d'un mètre d'arpenteur, il sonde une faille du mur et rencontre le vide. Une dalle de couverture est enlevée, révélant les peintures et les inscriptions d'une chambre sépulcrale : la tombe intacte d'un compagnon d'armes et favori du roi, mis au tombeau dans le complexe funéraire de son maître.

Le sarcophage de pierre, un spécimen en granite de la XXe dynastie récupéré à Thèbes, ne contient que quelques restes du cercueil de bois doré, et même le cercueil d'argent qui contient la momie s'est dégradé dans cette pièce humide. N'ont survécu, mais dans un admirable état de conservation, que le masque en or, les bijoux et des vases en métal précieux de grande qualité, tous des cadeaux issus des ateliers royaux. Il y a là, aussi, des objets remontant au Nouvel Empire, dont un scarabée de cœur en feldspath dans une monture en or, destiné à l'origine à un souverain ramesside ; il provient probablement du pillage d'une momie royale, et c'est le seul scarabée de cœur royal de l'époque ramesside que l'on connaisse.

Parmi les débris des cercueils et de la momie, le masque en or d'Oundébaounded brillait, intact : un visage expressif au nez droit, aux lèvres pleines et aux larges oreilles décollées (447-448). Le visage et le cou sont faits de feuille d'or martelée, autrefois clouée sur ses bords à un support de bois. L'éclat discret de la surface non polie, les sombres incrustations des sourcils et des yeux, les lignes finement gravées des paupières et des narines, la bouche fermement dessinée et l'ébauche du percement des oreilles, autant de détails indiquant que le masque sort du même atelier que celui du roi. Lui aussi est un portrait idéalisé et comme suspendu dans le temps, aux accents ramessides, mais il paraît plus vivant que le masque de Psousennès, plus conventionnel et plus proche du style du Nouvel Empire. Étant donné le petit nombre de masques royaux qui ont échappé aux pilleurs de tombes (celui de Toutânkhamon, trois exemples tanites des tombes de Psousennès Ier, d'Aménémopé et de Chéchonq II), et la rareté des masques de hauts fonctionnaires en métal précieux, celui-ci, remarquable par son pouvoir expressif et sa qualité d'exécution, est une importante découverte.

Les quatre masques en or de Tanis, ainsi que les cercueils momiformes, portent l'esquisse d'oreilles percées qui, comme d'autres détails iconographiques, sont des reliques du passé. Les lourds pendants d'oreilles ne sont plus à la mode, et il n'y en a qu'un exemple dans toute la riche bijouterie de la nécropole royale de Tanis : les boucles d'oreilles en spirales de la tombe d'Oundébaounded.

Ce général, couvert de décorations par son souverain, possédait trois pectoraux, et cinq bagues de prix étaient passées sur ses doigtiers d'or. L'une d'elles avait appartenu à son maître : un anneau d'or au chaton réversible en pierre verte, dont l'avers bombé est sculpté

en haut relief d'un œil-*oudjat*. Au revers, une minuscule inscription donne le nom du *roi de Haute- et de Basse-Égypte, Psousennès*. Un anneau du même genre au chaton presque carré en lapis-lazuli orné en délicat relief d'un œil-*oudjat* est gravé du nom de naissance de Ramsès IX, *Néferkarê l'élu d'Amon*.

Un autre don de Psousennès Ier, un anneau d'or massif, est orné avec le plus grand soin de l'inscription suivante :

Offrande que donne le roi à Khonsou-le-grand-Néferhotep, pour qu'il accorde vie, prospérité et santé au ka du majordome de Khonsou, le général et commandant Oundébaounded.

La momie était protégée par de nombreuses amulettes : outre les types habituels, en faïence et en pierre, des petites représentations de divinités en or ou encore en lapis-lazuli. Ces dernières se sont apparemment transmises de génération en génération et pouvaient se porter au cou en talisman, serties d'or ou montées dans une chapelle miniature.

Avec cet exceptionnel ensemble, le général de Psousennès disposait d'un trésor auquel aucun roi tanite ne pouvait prétendre, car les autres amulettes trouvées à Tanis sont des exemples moins soignés de bijouterie purement funéraire. En revanche, les figurines en or finement modelées des déesses Isis et Bastet, peut-être des cadeaux du roi, les représentations du dieu Ptah-Taténèn en lapis-lazuli et du bélier d'Amon dans sa riche monture, donnent l'impression d'avoir été portées par Oundébaounded de son vivant.

Les vases de métal précieux, présents particulièrement coûteux du roi à son fidèle général, avaient été déposés sur le cercueil de bois doré. Parmi eux, comme dans le trésor funéraire de Psousennès Ier, figure une coupe côtelée en or dont la forme évoque une marguerite épanouie. Ses vingt-trois pétales rayonnent à partir d'une rosette ornée d'un motif de plantes en cloisonné. La rosette, confectionnée à part, est entourée d'un épais anneau d'or et fixée à la base cylindrique de la coupe par un rivet central. Le rebord enroulé consolide le récipient. L'anse est en épais fil d'or étiré et tordu, passée dans deux œillets fixés à une plaque rivetée à la coupe en quatre endroits. La base des œillets est ciselée de palmettes, et entre les deux, des anneaux en alternance lisses et crantés sont soudés. À l'extérieur de la coupe, à l'opposé de l'anse, une inscription est gravée : *L'administrateur de Khonsou, le prophète de Khonsou, Oundébaounded, justifié.* Des bols à godrons de ce type existent dans tout l'Orient méditerranéen, et on a remarqué des anses à palmettes en Syrie et à Chypre : ils font leur première apparition en Égypte à la XIXe dynastie.

Le roi de Haute- et de Basse-Égypte, Âakhéperrê l'élu d'Amon, le fils de Rê, Psousennès aimé d'Amon : donné comme décoration royale à l'administrateur de Khonsou-dans-Thèbes-Néferhotep, le serviteur du dieu Khonsou, le général, commandant des archers du roi, grand prêtre de tous les dieux, Oundébaounded, justifié dans la demeure d'Osiris, seigneur de Mendès.

C'est par ces mots, finement gravés sur le pourtour intérieur de la coupe, que Psousennès a dédié à son fidèle serviteur une pièce d'orfèvrerie exceptionnelle (449).

Au fond de cette patère en argent, une rosette cerclée d'une bordure perlée est entourée d'une feuille d'or au décor repoussé, au milieu de laquelle la rosette est rivetée au fond du récipient. L'artiste a meublé cette zone d'une description de la vie aquatique. Délicatement repoussées et agrémentées de détails ciselés pleins de vie, quatre jeunes filles nues nagent parmi les poissons et les plantes aquatiques, essayant d'attraper des canards. Trois des nageuses sont coiffées de perruques qui leur descendent jusqu'aux épaules, la quatrième a une perruque plus courte. Elles portent des boucles d'oreilles, des bracelets aux poignets et aux chevilles, de larges colliers de perles, des ceintures et des colliers faits de coquillages cauris. La danse circulaire de ces gracieuses figures au sein de l'onde symbolise le cycle de la vie et de l'éternel renouveau du monde, qui tire son origine de l'océan primordial.

Avec un sens très sûr des formes et des couleurs, l'orfèvre a réalisé un chef-d'œuvre. La surface lisse et sombre de la patère en argent forme un contraste frappant avec l'or, plus brillant. Ce contraste est encore accentué par le soin qu'il a pris de ne pas prolonger l'inscription dans la région de l'anse, laissant ainsi la place aux quatre rivets ronds en or. La technique employée pour l'anse est la même que pour le bol côtelé du trésor de Zagazig.

449 Patère de la tombe d'Oundébaounded.

Le second enterrement du roi Aménémopé

Les archéologues repèrent une deuxième chambre murée derrière un mur enduit de plâtre peint intact, juste au sud du caveau de Psousennès Ier. C'est alors la fin de la saison de fouilles, mais le roi Farouk insiste pour l'ouvrir, afin d'éviter le pillage de la tombe nouvellement découverte. Il fait installer un campement, pour lui et son entourage, tout près du site, afin d'assister à l'ouverture du sarcophage. La tension monte, durant une attente pleine d'espoir. Le registre inférieur des peintures ornant le mur plâtré montre le roi Aménémopé devant Isis et Osiris, et une salle funéraire destinée à ce roi est découverte à proximité immédiate. Elle contient un sarcophage vide, mais les espoirs du public ne devaient pas être déçus.

La suite des recherches prouve qu'à l'origine la première chambre mise au jour était destinée à la reine Moutnédjemet, épouse de Psousennès Ier. Le nom de Moutnédjemet, martelé sur le sarcophage et sur les murs du caveau, a été remplacé par les cartouches d'Aménémopé. Dans son cercueil de bois doré, la momie du roi a été déposée dans le sarcophage de la reine Moutnédjemet. La vaisselle de culte et de cérémonie, en métal et en poterie, les nombreuses figurines funéraires (*ouchebtis*) ont été déposées à la hâte devant le sarcophage avant le scellement de la chambre funéraire, qui reste ensuite inviolée pendant près de trois mille ans.

En présence du roi Farouk, le lourd couvercle du sarcophage de granite est soulevé, révélant un cercueil de bois décomposé, son placage d'or réduit en feuilles fripées. Au-dessous, sur les restes de la momie décomposée, apparaît le masque du roi, sa mince feuille d'or froissée et cabossée. Pâle réplique du masque de Psousennès Ier, il a souffert du pillage.

450 Aiguière (vase-hès) du roi Aménémopé.

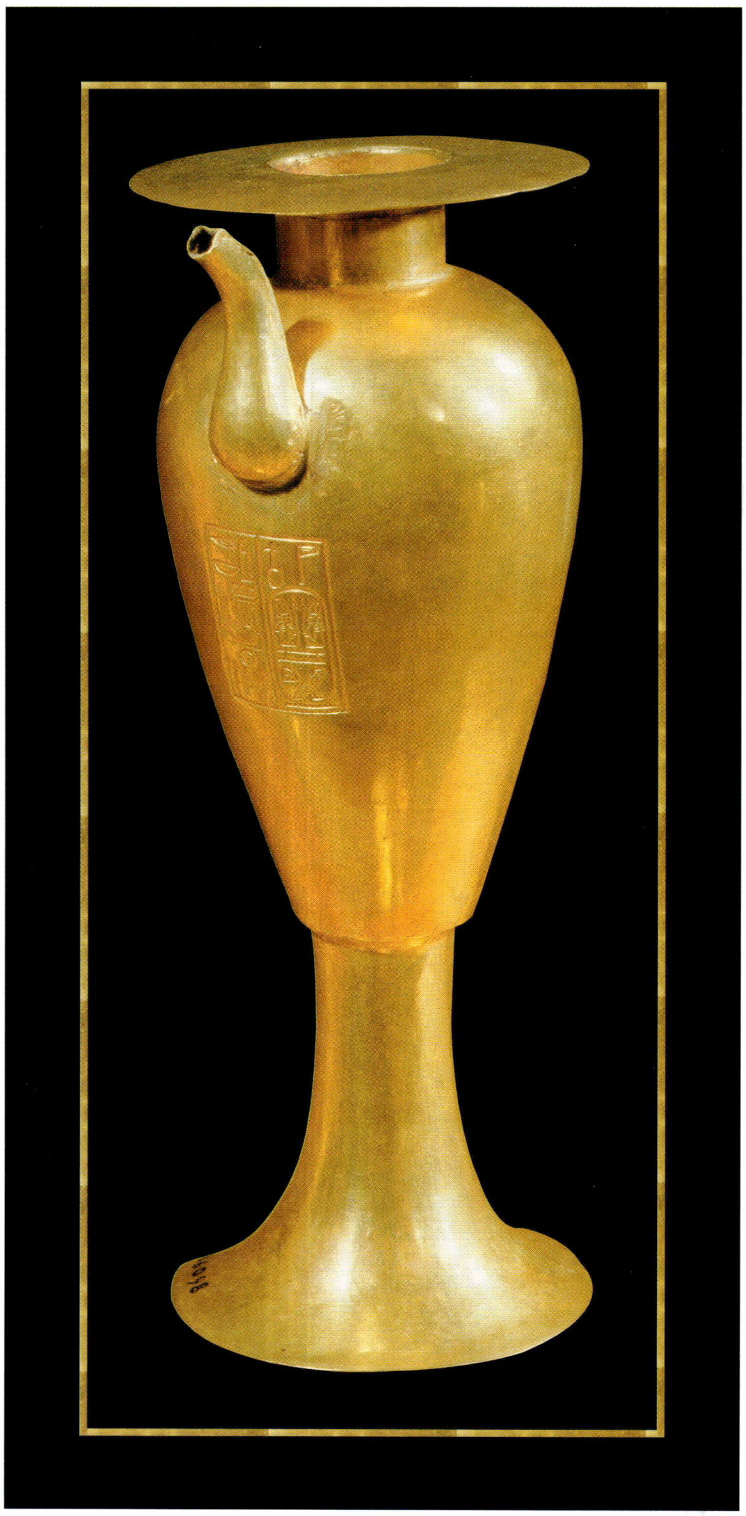

451 Pectoral du roi Aménémopé.

Parmi les vestiges de la momie figurent deux pectoraux, des scarabées, des amulettes de cœur, un grand faucon en or aux ailes déployées incrustées, des bracelets, des bagues et des bâtons de cérémonie. Pourtant, la piètre qualité de ces trouvailles ne souffre aucune comparaison avec le matériel funéraire du roi Psousennès Ier et de son général Oundébaounded.

La composition du décor de l'un des deux pectoraux est unique à Tanis (451) et se rapporte à la célébration du jubilé royal. Le pharaon en costume de fête (coiffure royale, pagne royal, queue d'animal accrochée au dos) présente une libation et un encensement à Osiris, assis sur un trône. Le dieu momiforme a les épaules couvertes d'une résille de perles. Il tient un crochet et un chasse-mouches, et il est coiffé de la couronne-*atef*. D'après l'inscription, il s'agit d'Osiris, seigneur de l'éternité, et le pharaon est *l'Osiris, roi, Ousermaâtrê l'élu de Rê, Aménémopé aimé d'Amon*. Au milieu de la scène, une colonne d'inscription décrit l'action : *faire encensement et libation à son père Osiris*. Au-dessus plane un disque solaire ailé, et la frise du bas est composée alternativement de symboles osiriens d'éternité et de nœuds d'Isis.

Ce pectoral est fait de deux plaques d'or martelées emboîtées sur un noyau. À l'avers, l'encadrement, les personnages et les inscriptions sont en relief, les détails, les signes hiéroglyphiques et les symboles ciselés. Au revers, les mêmes motifs sont inversés, et gravés de façon plutôt sommaire.

Le second pectoral, également en forme de chapelle, est en cloisonné ajouré. Il illustre un motif banal : Isis et Nephthys, de part et d'autre d'un scarabée qui pousse devant lui le disque du soleil.

L'aiguière élancée en or (450) d'Aménémopé se distingue du reste de l'équipement funéraire, peu soigné. Elle est faite en cinq parties, de plaques d'or très fin martelées et soudées ensemble. La panse et le col forment l'une de ces parties. Les quatre autres sont l'encolure large, au bord intérieur plié et serti dans le col ; le bec incurvé fixé à l'épaule ; la base en trompette, fermée à la base par une plaque d'or. La seule inscription, incluse dans un rectangle sous le bec, donne le nom du propriétaire : *le dieu parfait, Aménémopé aimé d'Amon, aimé d'Osiris, le seigneur d'Abydos*.

Les vases de ce type (ou *hès*) servaient à verser de l'eau sacrée lors des rites de purification et de renaissance. Un vase presque identique mais plus petit, au nom du roi Ahmosis, a terminé son existence dans la tombe de Psousennès Ier, curieux exemple d'héritage vieux de cinq cents ans.

La tombe de Chéchonq II

Le 18 mars 1939, dans l'antichambre de la tombe de Psousennès Ier, Pierre Montet découvre la première inhumation inviolée de la nécropole royale de Tanis. Un cercueil d'argent à tête de faucon est déposé sur un socle en blocs de pierre, sans l'habituel sarcophage de pierre, et il est flanqué de deux momies royales très abîmées.

Le proriétaire du caveau, identifié par son nom de couronnement, Héqakhéperrê l'élu de Rê, est Chéchonq II, un souverain de la XXIIe dynastie nommé corégent et grand prêtre de Thèbes par son père Osorkon Ier, qui n'est généralement pas inclus dans les listes royales. Après la mort de Psousennès II, en 945 av. J.-C., l'Égypte est gouvernée par une lignée de chefs de tribu libyens. Établis de longue date dans les villes de Bubastis et d'Hérakléopolis, dans le Delta, ils ont pris le pouvoir en tant que chefs des mercenaires au service des rois de Tanis. Le fondateur de la dynastie bubastite est Chéchonq Ier, le Sésak de la Bible. Le *Premier Livre des Rois* raconte son

452 Sarcophage intérieur à tête de faucon de Chéchonq II.

attaque contre Jérusalem, et comment les trésors d'or et d'argent du temple et du palais de Salomon sont tombés entre ses mains.

Pour l'enterrement de Chéchonq II, le complexe funéraire de la vieille maison royale, maintenant vieux de plus d'un siècle, est rouvert, apparemment dans la plus grande précipitation. Le lourd cercueil d'argent est placé dans l'antichambre avec tant de hâte que son couvercle tombe et est endommagé. Personne ne prend le temps de le remettre en place, et les dégâts sont dissimulés par une étoffe de lin. Le coffre à canopes, contenant quatre petits cercueils d'argent pour les viscères, et un coffre à *ouchebtis*, des vases et autres offrandes sont déposés devant le cercueil sans ordre apparent.

Lorsque les archéologues retirent le couvercle du cercueil avec précaution, le masque d'or du roi, intact, les regarde au milieu des débris. Sans coiffure royale ni collier, il ne protège que le visage, comme le masque d'Oundébaounded. Un cercueil intérieur, de cartonnage peint en bleu sombre, est presque réduit en poussière, mais encore reconnaissable à sa tête de faucon, ses mains, son décor et ses inscriptions en mince feuille d'or (452). La momie, couverte d'une résille de perles tubulaires de faïence et d'or, est elle aussi décomposée.

Parmi les bijoux qui l'ornaient, on remarque des doigtiers et des sandales d'or, ainsi que le seul collier-*ousekh* découvert à Tanis, en forme de vautour aux ailes déployées. Il y a aussi un collier d'or de l'honneur dont le pendentif est fait de chaînes terminées par des boutons de fleurs en clochettes. D'autres pectoraux, des bracelets, des bagues, des amulettes et un pagne à devanteau d'orfèvrerie, en feuille d'or retenant des perles, complètent la parure de la momie.

Parmi les offrandes funéraires les plus importantes faites à Chéchonq II, il faut compter des reliques du fondateur de la dynastie, dont un pectoral cloisonné (462) qui symbolise la course nocturne du soleil. Au-dessous du ciel étoilé de la nuit, la barque du soleil navigue sur les vagues de l'océan primordial. Les étoiles, en or, sont punaisées dans l'incrustation de lapis-lazuli en forme de signe du ciel, aux extrémités de laquelle deux faucons royaux en or sont perchés, coiffés de la double couronne. Le ciel est soutenu à gauche par une fleur, à droite par un papyrus, les plantes héraldiques de la Haute- et de la Basse-Égypte. Les deux plantes sortent de l'eau représentée par des zigzags d'or et de lapis-lazuli, d'où pendent des fleurs et des boutons de lotus incrustés de lapis-lazuli et de turquoise. À la proue et à la poupe de la barque, de hauts mâts incurvés rejoignent le ciel. Le soleil nocturne qui occupe le bateau est un disque de lapis-lazuli serti d'or. Sa surface doucement bombée est sculptée de deux divinités et gravée de leurs noms : le dieu-roi Amon-Rê-Horakhty,

453 Hirondelle.

assis sur un trône et coiffé de deux plumes, un signe de vie et un sceptre dans les mains ; en face de lui, sa fille Maât, qui gouverne l'ordre du monde, coiffée de la plume d'autruche qui sert à écrire son nom, lève les mains en prière. Deux déesses, Hathor à gauche, Maât à droite, protègent le soleil de leurs ailes étendues. Entre leurs deux ailes, un œil-*oudjat*, signe de guérison et de salut, est posé sur une corbeille, le hiéroglyphe pour « tout ». Les angles inférieurs de la composition sont occupés par deux rectangles d'or gravés du texte suivant : *Amon-Rê-Horakhty, puisses-tu traverser le ciel chaque jour pour protéger le grand des Ma, le grand des grands, Chéchonq, justifié, fils du grand des Ma, Nemrod* [Lamintou].

Ce texte indique que le pectoral a été fabriqué pour Chéchonq, alors qu'il était encore « chef des chefs des Ma », mais les motifs et la qualité de la pièce prouvent qu'il pouvait déjà passer commande aux ateliers royaux. Le souverain a sans doute porté ce pectoral de son vivant, car il a des marques d'usure sans équivoque et quelques-unes des fleurs pendeloques manquent.

Un pectoral à scarabée de cœur (456-457) arbore le nom de Chéchonq II. Le scarabée en jaspe vert, symbole du soleil levant et de la renaissance, occupe le centre de la composition, dans une chapelle. Au lieu du soleil, il pousse devant lui le cartouche du roi : le dieu-soleil et le roi ne font plus qu'un.

Dans ce cas, le scarabée est aussi une amulette de cœur pour le défunt. Sur son plat est gravé le texte du chapitre 30 du *Livre des morts*, qui prie le cœur de ne pas témoigner en défaveur du mort dans la salle du jugement.

Le pectoral est cloisonné et incrusté de faïence bleue. Les déesses Isis et Nephthys, les cartouches, les disques solaires et tous les ornements en à plat sont en feuille d'or repoussée et ciselée. Avec son scarabée de cœur vert et ses incrustations bleues, ce pectoral témoigne du goût des orfèvres tanites pour les couleurs froides. Tout aussi caractéristiques sont les attaches du collier en charnières, et la frise du bas attachée par une charnière à sections multiples emboîtées.

454-455 Pectoral aux serpents de Chéchonq II.
456-457 Pectoral au scarabée de cœur.

Le pectoral aux serpents (454-455), fait de plusieurs éléments cloisonnés soudés ensemble, est gracieux autant que chargé de sens. Les deux uraeus qui portent la couronne de Haute-Égypte dressent leur capuchon gonflé et enroulent leurs anneaux en protection autour du scarabée, qui sort de terre au-dessus du signe de l'horizon, poussant le soleil vers le ciel. Cette composition vivante contraste avec la rigueur de la base et de la frise de lotus, suspendue à une charnière à sections multiples.

Au revers du bijou (454), le disque solaire et les couronnes sont en bas-relief, alors que le ventre du scarabée est en feuille d'or repoussée, et les détails du corps des serpents ciselés. Derrière la tête du scarabée sont soudés deux anneaux où viennent s'enrouler les extrémités du ruban de suspension en or.

De même que l'un des pectoraux, une paire de bracelets (458-459) est héritée des anciennes possessions de Chéchonq Ier. Légèrement tronconiques, ils sont faits chacun de deux feuilles d'or épaisses de longueur inégale, réunies par des charnières. L'extérieur des bracelets est revêtu de bandes verticales alternativement en or et en lapis-lazuli. Ce motif est interrompu sur le

458-461 Bracelets de Chéchonq Ier et de son fils le prince Nemrod.

plus petit segment, orné d'un cadre carré cloisonné où un œil-*oudjat* dont la pupille noire et le blanc de l'œil tranchent sur le fond en lapis-lazuli. L'œil est posé sur une corbeille décorée en damier de petits carrés en or, rouge et bleu. Les mêmes couleurs apparaissent à la lisière des bracelets, décorée en échelons.

La face interne, à l'opposé de l'œil-*oudjat*, est gravée au nom du propriétaire des bracelets :
Le roi de Haute- et de Basse-Égypte, seigneur des Deux-Terres, Hedjkhéperrê l'élu de Rê, le fils de Rê, seigneur des couronnes, Chéchonq aimé d'Amon, doué de vie comme Rê éternellement.

Une paire de bracelets appartenant au prince Nemrod (460-461), l'un des fils de Chéchonq Ier, et provenant sans doute de Saïs, est réalisée selon le même principe, mais son décor est moins soigné. Le motif principal occupe les plus petits segments, et les plus longs sont couverts de chevrons. Sur une fleur de lotus flanquée de deux boutons est assis le dieu-enfant Horus, nu et porteur de la mèche latérale du prince et d'un uraeus. Il est coiffé du disque solaire et du croissant lunaire, et il tient un sceptre dans sa main gauche. Deux uraeus adossés le protègent. Le travail de repoussé et de ciselure du dieu et des serpents est

462 *Pectoral du roi Chéchonq II.*

extrêmement fin, et le disque solaire est légèrement bombé. Le lotus, le motif en échelons de part et d'autre de la scène, l'arrière-plan et les lisières des bracelets sont incrustés de verre ou de faïence rouge et bleu. L'or et le lapis-lazuli alternent dans le décor des longs segments.

Deux bracelets de Chéchonq II (463) sont des anneaux plats à la face externe à peine bombée. Ils sont terminés en ombelles de papyrus dont le décor géométrique ciselé est rempli de pâte de plusieurs couleurs. Entre les deux ombelles prend place un scarabée de lapis-lazuli serti d'une feuille d'or battu, agrémentée d'une tresse à la base. Percé dans sa longueur, il pivote sur un axe fixé aux deux ombelles. L'un des

463-465 Bracelet au scarabée, bague-scarabée et bracelet au sceau-cylindre mésopotamien antique.

scarabées, d'une finesse d'exécution remarquable, est gravé au plat du nom d'un certain Djedkhonsouiouefânkh, et son compère porte le nom du roi Menkhéperrê. La structure de ces bracelets évoque celle des bagues-sceaux à chaton pivotant, et l'ensemble est d'ailleurs complété d'une bague qui en est la copie en miniature (464). Elle non plus ne donne pas le nom de Chéchonq : son inscription a été gravée pour un prêtre du début de la XXIIe dynastie.

Un seul des sept bracelets de Chéchonq n'appartient pas à une paire (465). Il est fait de deux tronçons de tubes d'or de longueur différente. Les extrémités, terminées par des capsules d'or, sont reliées par une tige sur laquelle pivote une amulette : un sceau-cylindre mésopotamien en lapis-lazuli gravé au motif du maître des animaux, vieux d'environ 1400 ans lorsqu'il a été incorporé au bijou du roi bubastite.

Parmi les insignes royaux, l'hirondelle est une trouvaille exceptionnelle (453). L'oiseau, en feuille d'or martelée et finement ciselée, est muni d'un anneau de suspension. Il a sur le dos un disque solaire dans un signe-*chen*, symbole du cycle éternel. Étant l'une des créatures qui escortent le soleil dans le ciel, l'hirondelle est un garant du renouvellement cyclique de la nature. Représentée posée comme un oiseau ou un oisillon dans son nid, elle symbolise le jeune soleil du matin. Le trésor funéraire de Toutânkhamon en comportait une sculptée en cornaline rouge comme le soleil levant qui flamboie.

Dans les représentations connues à ce jour, l'hirondelle figure toujours sur l'ourlet du devanteau en perles fixé par une ceinture au pagne royal. L'exemplaire du cercueil de Chéchonq II est le premier que l'on ait trouvé.

La tombe saccagée d'Osorkon II

La sépulture d'Osorkon II, le plus important souverain de la XXIIe dynastie, est la première découverte sensationnelle faite à Tanis. Elle signifiait que Pierre Montet, lors des fouilles de 1939-1940, avait mis la main sur la nécropole royale recherchée depuis si longtemps, même si les pilleurs de tombes l'avaient précédé. Dans une antichambre se trouve le sarcophage de pierre du successeur d'Osorkon, Takelot II. Des perles, des fragments de bijoux en or et son cercueil d'électrum, abandonnés par les pillards, donnent quelque idée des richesses qui accompagnaient les pharaons autrefois enterrés là.

Lorsque les fouilleurs ouvrent le caveau destiné au véritable propriétaire de la tombe, ils sont remplis d'espoir, car le mur de scellement est encore intact. L'entrée est tapissée d'une couche de poussière et bloquée par un fragment d'obélisque. Pourtant, la chambre funéraire et son sarcophage sont découverts violés : les profanateurs avaient percé un mur latéral. Il reste des fragments de momie, les vases canopes et la barbe de cérémonie en bronze doré d'un cercueil anthropoïde en bois.

466 Triade divine d'Osorkon II : Horus, Osiris et Isis.

Derrière le colossal sarcophage en granite rose d'Osorkon II est déposé un petit sarcophage d'enfant du même matériau. Selon l'inscription, c'est celui du prince Hornakht, le grand prêtre d'Amon. Le couvercle est maintenu en place par un énorme bloc de granite, ce qui conduit les archéologues à remettre son ouverture, et d'ailleurs la découverte entre-temps de la sépulture de Psousennès Ier et de tous ses trésors retient toute leur attention. C'est seulement au cours de la dernière saison de fouilles qu'ils s'y intéressent de nouveau et qu'ils

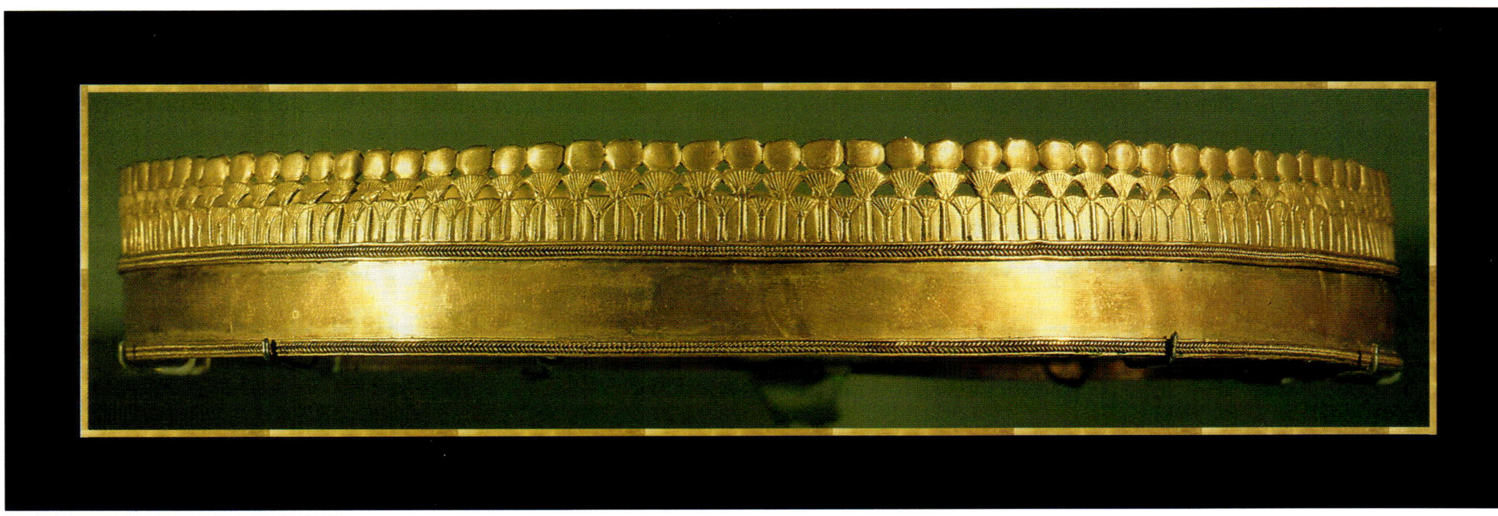

467 Bandeau en or entouré d'ombelles de papyrus.

468 Le roi Chabaka portant une couronne et un collier à têtes de bélier.

s'aperçoivent qu'un enfant de neuf ou dix ans, peut-être le fils préféré d'Osorkon II, a été enterré en grande pompe à ses côtés.

Par un trou dans le flanc du sarcophage, les voleurs ont emporté le masque d'or du prince et ses parures de tête et de cou, ainsi que des morceaux de son cercueil en argent. Dérangés en cours d'opération, ou peut-être distraits par la perspective de plus riches trésors dans la chambre funéraire, ils ont laissé derrière eux quelque quarante pièces d'orfèvrerie, dont un ensemble d'amulettes découpées dans de la feuille d'or, finement ciselées et décorées en cloisonné.

Rien de ce qui provient de la tombe d'Osorkon II ne surpasse la célèbre triade divine (466) portant son nom, qui provient peut-être du pillage. Elle représente la famille d'Osiris et le pharaon défunt montré sous la forme d'Osiris, portant la couronne-*atef*, la barbe et les vêtements du dieu. Les mains sur les genoux, il est accroupi sur un pilier en attendant sa renaissance comme le jeune dieu-soleil sur son bouton de lotus. À ses côtés se tiennent debout Isis, sa sœur et épouse, la main levée, coiffée de cornes de vache et du disque solaire, et son fils Horus, portant la double couronne de Haute- et de Basse-Égypte. Le modelé et la force expressive de cette sculpture minuscule supportent la comparaison avec n'importe quel chef-d'œuvre de la grande statuaire égyptienne. Les personnages sont en or massif, coulé à cire perdue et poli, quelques détails étant gravés.

Le pilier de lapis-lazuli, d'une nuance délicate, est surmonté d'une moulure creuse incrustée de verre rouge et de lapis-lazuli. Sur la face avant est gravée l'inscription :
Le roi de Haute- et de Basse-Égypte, seigneur des Deux-Terres, Ousermaâtrê l'élu d'Amon, le fils de Rê, Osorkon aimé d'Amon.

Le pilier est posé sur une base plate en or, soudée comme les pieds d'Isis et d'Horus au piédestal commun de la triade : deux plaques d'or horizontales maintenues ensemble par une frise d'or cloisonné. Les incrustations de lapis-lazuli de la frise, celles des perruques d'Isis et d'Horus ont en partie disparu. À l'arrière des perruques, des bélières soudées indiquent que la triade, sculptée en ronde bosse, n'était pas destinée à se tenir isolée mais à être suspendue, peut-être pour décorer une chapelle ou une barque funéraire.

L'or des pyramides de Kouch

La Nubie de la Première à la Deuxième Cataracte depuis le Moyen Empire, le pays de Kouch (le moderne Soudan) depuis le Nouvel Empire, sont des colonies égyptiennes qui fournissent principalement l'or des pharaons.

Sous le Nouvel Empire, elles sont administrées par un fonctionnaire égyptien, le vice-roi de Kouch. Avec le déclin de l'Empire égyptien vers 1000 av. J.-C., ces contrées, et donc leurs précieuses mines d'or, sont perdues pour l'Égypte, et les communications sont interrompues pendant deux siècles.

Au VIIIe siècle av. J.-C., une lignée de chefs originaires de Napata, sur la Quatrième Cataracte, établit le puissant royaume de Kouch. Piy/Piânkhy conquiert Thèbes, puis, en 712 av. J.-C., son frère Chabaka défait Bakenrénef, roi de Basse-Égypte, devenant ainsi le souverain d'un vaste royaume qui s'étend du delta du Nil à Khartoum, au confluent du Nil Blanc et du Nil Bleu. Successeurs des pharaons, les Kouchites constituent la XXVe dynastie, qui gouverne l'Égypte pendant à peine cent ans. Leur capitale demeure Napata, au Gebel Barkal, la montagne sainte. En Égypte, ils gouvernent par le truchement de l'épouse du dieu Amon, une femme d'ascendance royale dont l'office se transmet par adoption. Elle est non seulement responsable de l'administration des immenses possessions du temple, mais aussi du pouvoir temporel.

Afin de légitimer leur prétention au pouvoir, les rois kouchites adoptent les vêtements et les titres des pharaons, mais aussi l'usage des hiéroglyphes et le culte des divinités égyptiennes, particulièrement du dieu Amon et de son épouse Mout. À Napata, où les souverains ont une activité architecturale d'envergure, des temples importants sont consacrés à Amon. Ils bâtissent aussi des sanctuaires à Karnak et à Louqsor. L'art connaît une sorte de renaissance, et le culte des dieux ainsi que certains aspects de la culture égyptienne se diffusent loin dans le sud de la vallée du Nil.

Lorsque les Kouchites sont chassés d'Égypte par les Assyriens en 656 av. J.-C., ils se replient dans leur région d'origine sur le haut Nil. Les motifs de leur orfèvrerie reflètent le monde des dieux égyptiens, tout en manifestant des variantes stylistiques locales.

Tout comme la capitale, la nécropole royale kouchite est située à l'origine dans la région du Gebel Barkal. Les membres de la famille dirigeante et leurs proches y sont enterrés sous de petites pyramides à pente raide, conformément à la coutume égyptienne. Le plus ancien cimetière se trouve à el-Kourrou, environ 25 km au sud-ouest de Napata, tandis que celui de Nouri, plus tardif et riche de plus de soixante pyramides, est un peu au nord-est, sur la rive ouest du fleuve. Au IIIe siècle av. J.-C., la capitale et la nécropole royale sont transférées environ 300 km en amont, à Méroé

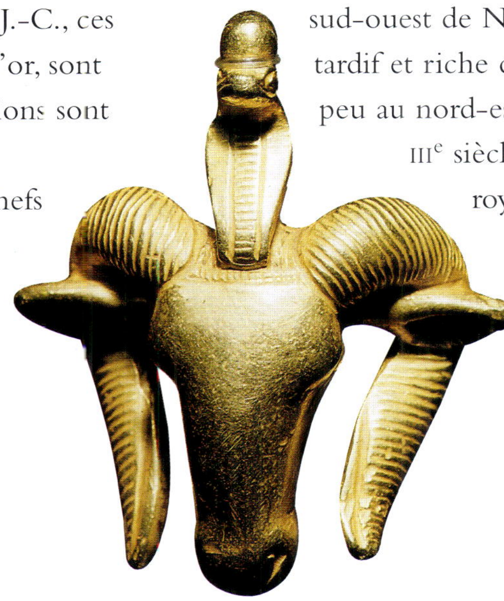

469 Amulette en tête de bélier.

Ces nécropoles royales, datant du VIIIe siècle av. J.-C. au IVe siècle apr. J.-C., ont été explorées pour le compte de l'université de Harvard et du Museum of Fine Arts de Boston par deux des chefs de file de l'égyptologie américaine : George A. Reisner commence ses fouilles en 1907 et les termine entre 1916 et 1923, avec son élève et collègue Dows Dunham. À la suite de recherches ardues et extrêmement précises, les archéologues découvrent le long des pyramides pleines, bâties en pierre et en blocage, des escaliers ou des puits soigneusement dissimulés, taillés dans le roc, qui mènent aux chambres funéraires. Très peu de tombes sont intactes, la plupart ayant été vidées par des pillards. Les trouvailles sont partagées entre les musées de Khartoum et de Boston.

Les statuettes royales de l'époque kouchite (468) montrent un attribut royal bien peu égyptien : un collier à trois têtes de bélier (le bélier est une forme animale du dieu Amon), suspendues à une cordelette autour du cou et des épaules. La grande tête de bélier au disque solaire est en vedette au centre. Elle est encadrée par les deux plus petites, sans disque solaire, qui sont fixées aux extrémités du cordon, et placées de chaque côté de la poitrine.

Une tête de bélier provenant d'un bijou de ce genre peut être admirée dans la collection Norbert Schimmel (469). Puisqu'il ne porte pas de disque solaire, il s'agit probablement de l'une des pendeloques latérales. La tête modelée avec art et son uraeus dressé sont en or massif coulé, les sillons des cornes puissantes, les oreilles, les yeux, les narines du bélier, et les rainures du capuchon du serpent sont gravés. La queue du cobra forme une large boucle dans laquelle passait le cordon de suspension.

Le bandeau d'or aujourd'hui conservé au musée de Brooklyn (467) est une pièce unique. Réalisé dans une feuille d'or découpée et gravée, il est orné de disques solaires, de tiges et d'ombelles de papyrus. À la base et au sommet de sa partie lisse courent des fils tressés. Ce genre de bandeau n'a pas d'équivalent dans la tradition royal, d'une couronne, ainsi que de son emblème personnel, le disque solaire encadré des cornes de vache. La tête d'Hathor est réunie à la plaque d'or de la base de l'amulette par une tige d'or passée dans un trou foré à travers la sphère.

Un sphinx à tête de bélier et à corps de lion, assis sur une colonne (470), provient de la même tombe. Un endroit endommagé laisse voir qu'il est fait d'un noyau de métal recouvert d'une feuille d'électrum. Le sphinx, qui a la tête tournée d'un côté, porte une perruque compliquée et un collier-*ousekh* ; son dos est orné de gravures. La colonne est décorée d'un motif de plumes cloisonné, incrusté de verre rouge et bleu. On devine encore sur son chapiteau les restes du revêtement d'électrum gravé de feuilles de palmier.

470-472 Sphinx à tête de bélier, amulette à tête d'Hathor et sommet de bâton.

égyptienne ; mais comme les représentations des rois de la dynastie kouchite en montrent de semblables, il pourrait être un élément de parure royale kouchite.

Une amulette en cristal de roche surmonté d'une tête d'Hathor en or (471) fait partie des bijoux d'une reine de la deuxième moitié du VIIIe siècle av. J.-C., découverts dans une tombe d'el-Kourrou. La sphère en cristal de roche, aplatie en haut et en bas, supporte la tête de la déesse en ronde bosse, faite en feuille d'or. Elle est coiffée d'une longue perruque qui s'évase jusqu'à la sphère, du cobra

Des cylindres d'or ont également été trouvés dans les tombes des rois kouchites : leur partie supérieure est ouverte, leur partie inférieure fermée. Leur usage est inconnu, mais il pourrait s'agir de protections magiques comme les amulettes cylindriques du Moyen Empire. L'exemplaire qui provient de la pyramide d'Aspelta (477) est composé de deux feuilles d'or façonnées en cylindres après décoration et soudées sur leur longueur. La soudure est dissimulée par des bandes d'or en partie torsadées et crantées. La partie supérieure du cylindre est divisée en

473 Isis ailée.

trois sections : de haut en bas, une frise de cobras coiffés de disques solaires, des têtes de bélier pareillement coiffées, enfin une rangée d'ombelles de papyrus. À la partie inférieure est gravée une représentation de la déesse Mout, les ailes déployées et coiffée de la double couronne.

Dans le cartouche royal, l'inscription hiéroglyphique donne le nom d'Aspelta, qui a régné à l'époque où l'Égypte était déjà perdue pour l'empire kouchite. Il s'est fait bâtir une imposante pyramide à trois chambres funéraires et une chapelle dans la nécropole de Nouri.

Parmi les accessoires qu'on y a découverts, une jarre d'albâtre à l'encolure d'or (476). Sur le col étroit du vase, deux cartouches mentionnent ses titres : *le fils de Rê, Aspelta, roi de Haute- et de Basse-Égypte, Mérikarê*, et des représentations des déesses tutélaires aux ailes déployées sont gravées de part et d'autre. Le couvercle est très

474-475 Fragment de collier de perles du roi Aramatelko.

476-477 Vase d'albâtre et étui cylindrique du roi Aspelta.

original : le col du vase est entouré d'un manchon de feuille d'or cloisonné et incrusté de verre. Du couvercle plat en surplomb pendent des petites perles en gouttelettes de cornaline, de turquoise et de stéatite, au bout de menues chaînes d'or. Des quelque trente perles, seules dix ont survécu.

La partie centrale d'un collier de perles d'or appartenant à Aramatelko, le successeur d'Aspelta, gisait sous les fondations d'un mur de Méroé. Sur un côté (474) est gravée l'inscription :

Le roi de Haute- et de Basse-Égypte, seigneur des Deux-Terres, Ouadjkarê, vivant éternellement, aimé et doué de vie par Horakhty, le dieu grand, seigneur du ciel.

Sur l'autre face (475), l'inscription dit :

Le fils de Rê, seigneur des couronnes, Aramatelko, vivant éternellement, aimé et doué de vie par Hathor dame de Dendéra, souveraine des dieux.

Même un siècle après leur expulsion d'Égypte, les rois de Kouch conservent tous les titres égyptiens et tirent leur souveraineté des divinités égyptiennes. Les hiéroglyphes ont conservé leur forme classique.

Une amulette de la nécropole de Nouri (473) représente Isis. La déesse ailée, agenouillée, est découpée dans une mince feuille d'or dont les détails sont réalisés au repoussé. Ses bras sont écartés, sa main gauche tient un sistre et sa droite le symbole de vie, *ânkh*. Son attribut, le trône, est représenté sur sa tête. L'amulette est percée de cinq trous, dans le but certainement d'être cousue sur les bandelettes : elle a dû orner la momie d'une reine.

On ignore la provenance de la tête de lion en améthyste sertie sur une base en forme de huit babouins (472). Les singes en feuille d'or martelée sont soudés ensemble de manière à laisser un vide central. Une épingle d'or passée dans la base et dans la tête de lion lui sert de support. Ce petit objet était peut-être le sommet d'un bâton de cérémonie.

Les époques saïte et perse

Les bouleversements géopolitiques se produisant inéluctablement en Égypte, et l'alternance qui s'ensuit entre dynasties locales et dynasties étrangères impliquent que l'art égyptien ne peut plus donner le meilleur de lui-même que pendant de courtes périodes. Pourtant, l'héritage de la splendeur passée reste vivant jusqu'à la fin. Pour légitimer leur prise de pouvoir, les souverains étrangers adoptent non seulement le cérémonial du pays, mais aussi le style et souvent le contenu de l'art égyptien.

Les orfèvres produisent des œuvres de qualité, mais très peu ont résisté au pillage des tombes. Celles qui subsistent montrent bien peu de signes d'une influence étrangère ; elles sont néanmoins conformes à des modèles ancestraux et demeurent essentiellement égyptiennes jusqu'à la fin de la XXXIe dynastie.

Les objets de la tombe d'Hékaemsaf, en fonction sous le règne du roi saïte Amasis II, sont caractéristiques de l'orfèvrerie de cette période. Sa sépulture inviolée est découverte en 1903 par des archéologues du service des Antiquités égyptiennes, au fond d'un puits rempli de sable d'environ 21 m de profondeur à l'est de la pyramide d'Ounas, à Sakkara.

À l'intérieur d'un sarcophage en calcaire et d'un cercueil de bois peint reposait la momie d'Hékaemsaf, parée d'un masque d'or auquel était fixée une résille de perles. Le réseau de perles, en lapis-lazuli, feldspath et or comme celles du collier, évoque le ciel étoilé. Sous le collier aux extrémités en forme de têtes de faucon, la déesse du ciel Nout est agenouillée, les ailes étendues en protection sur le corps du défunt. Ses ailes sont ornées de cloisonné, tandis que la bande inscrite en dessous de la déesse et les quatre fils d'Horus qui l'encadrent (les dieux protecteurs des viscères) sont en feuille d'or ciselée. La momie était ornée de presque soixante-dix amulettes d'or et autres articles de joaillerie, d'étuis en or pour les doigts et les orteils, et de semelles d'or pour le voyage vers l'au-delà.

478 Isis et l'enfant Horus.

L'art des orfèvres égyptiens des dernières dynasties peut s'illustrer par deux exemples : un oiseau-*ba,* merveilleux de finesse (479) et une amulette représentant Isis assise sur un trône avec son fils Horus (478). Isis, épouse d'Osiris et mère d'Horus, personnifie la maternité et la fidélité conjugale. Le peuple se tournait vers elle, qui avait été si affligée par les coups du sort, pour obtenir aide et secours en cas de besoin. Cette figurine en or est un exemple remarquable des innombrables statuettes d'Isis, pour la plupart des pièces populaires en cuivre ou en bronze. Sous la base est gravé le nom de Psammétique Ier, premier roi de la XXVIe dynastie. Sur sa tête, au-dessus d'une couronne de cobras dressés, Isis porte les cornes de la vache-mère et un disque solaire, attributs d'Hathor à l'origine. Les traits pleins du visage dénoncent l'héritage formel de l'époque kouchite. De sa main droite, la déesse soutient un sein, et de sa main gauche son fils Horus sur ses genoux. L'enfant, bras collés au corps et jambes jointes, porte la double couronne de Haute- et de Basse-Égypte.

Avant le Ier siècle av. J.-C., on ne connaît pas de représentations bien datées de la déesse Isis offrant son sein à son fils. À l'époque copte, ce motif de la mère divine allaitant survit dans l'image de la Vierge Marie allaitant l'Enfant Jésus, et entre dans l'art chrétien occidental en tant que *Maria lactans*, la Vierge allaitant.

Des sources écrites prouvent qu'à la fin de l'époque tardive l'Égypte est encore riche en or. Une tombe ornée de reliefs de la XXXe dynastie (481) porte l'inscription *livraison de l'or.* Le propriétaire de la tombe paie des tisserandes pour leur travail, très prisé de tout temps en Égypte. Habillé avec élégance, il est assis sur une chaise et regarde les colliers d'or qui sont étalés sur une natte devant lui. Un scribe assis sur le sol note ce que l'homme debout derrière lui tend aux cinq femmes. On connaît des scènes de ce genre dès l'Ancien Empire (141).

479-480 Oiseau-ba.

L'orfèvrerie de l'époque ptolémaïque

En 332 av. J.-C., après ses victoires d'Issos et du Granique, Alexandre le Grand s'empare de la satrapie perse d'Égypte. Il se fait probablement couronner à Memphis, avec toute la pompe et le rituel requis. Il part ensuite à la recherche du célèbre oracle de l'oasis de Sioua, pour obtenir du dieu Amon confirmation de son rang de fils de dieu, et donc sa reconnaissance en tant que roi d'Égypte et souverain du monde.

Sur le chemin de Sioua, le roi macédonien fonde la ville portuaire d'Alexandrie, sur la côte méditerranéenne. En quelques dizaines d'années, la ville se développe et devient un centre de culture grecque qui rayonne largement, l'un des foyers intellectuels de l'époque hellénistique s'amorce.

Après la mort prématurée d'Alexandre le Grand, l'Égypte revient à l'un de ses généraux, le Macédonien Ptolémée Soter (88), qui fait d'Alexandrie la capitale de son empire. La dynastie qu'il fonde, et qui réserve une large place aux femmes, gouverne l'Égypte pendant presque trois cents ans. Selon des récits anciens, la splendeur de la cour ptolémaïque est sans précédent. Sous le ciel de l'Égypte, et sous les yeux de son ancienne civilisation, est née à Alexandrie une variante particulière de l'art cosmopolite hellénistique. Des artistes grecs empruntent des idées à l'art pharaonique et adaptent des motifs égyptiens à la mode grecque. Les éléments classiques égyptiens sont rares dans la bijouterie d'or d'Alexandrie (76, 483), qui est maintenant au service des exigences d'une classe dirigeante hellénistique prospère.

À la fin du IVe siècle av. J.-C., Pétosiris, scribe royal et grand prêtre de Thot, fait décorer sa tombe à Touna el-Gebel de reliefs d'un style mixte gréco-égyptien. Les « scènes d'orfèvrerie », accompagnées d'inscriptions hiéroglyphiques et traitées sous la forme traditionnelle, représentent des artisans grecs au travail sur des œuvres de style grec.

De nouvelles formes de bijouterie se répandent dans la vallée du Nil à l'époque hellénistique, parmi lesquelles des boucles d'oreilles à têtes d'antilope (484, 485), motif d'origine perse, et surtout le bracelet au serpent, visiblement très apprécié (422, 486-492).

Selon le mode de pensée égyptien, le *ba* est l'âme des dieux et prend la forme d'un serpent. Claudius Aelianus raconte comment les vipères étaient tenues pour sacrées, et gardées dans les maisons et dans les temples. À l'époque ptolémaïque, Sérapis et Isis en particulier prennent la forme de serpents, et leur buste remplace parfois la tête des serpents sur les bracelets (490). À côté d'Alexandre le Grand déifié, le serpent Agathodaimon est la divinité tutélaire de la ville d'Alexandrie.

481 Relief montrant un paiement en bijoux d'or.

Pages 234-235 : *482 Paroi extérieure d'un sarcophage.*

Les bracelets serpents sont très appréciés, car ils sont censés éloigner les mauvais esprits. Ils sont toujours portés par paire, la tête du serpent sur le poignet, et demeurent à la mode jusqu'au IVᵉ siècle apr. J.-C. Le cobra n'apparaît pas sur ces bracelets, et son utilisation reste réservée, même à cette époque tardive, à la bijouterie pharaonique.

Le trésor de Méroé

Au IIIᵉ siècle av. J.-C., la capitale de l'empire kouchite sur le haut Nil a été transférée de Napata à Méroé. Comme dans l'ancienne capitale Napata, les tombes royales de Méroé sont de petites pyramides à pente raide.

Les motifs de la bijouterie en or qui ont subsisté de cette période s'inspirent de modèles égyptiens, comme ce fut déjà le cas sous les rois kouchites – aux VIIIᵉ et VIIᵉ siècles av. J.-C. ; ces derniers avaient étendu leur domination sur la vallée du Nil en aval et avaient adopté la culture égyptienne. Après une séparation longue de plusieurs siècles avec l'Empire des pharaons, des caractéristiques africaines locales font leur apparition. Les reliefs montrent des souverains couverts de bijoux, et leurs traits et autres caractéristiques négroïdes sont marqués.

483 Bracelet aux amours et aux nœuds gordiens (en haut, à droite).
484-485 Boucles d'oreilles à têtes d'antilope.

Une nouvelle ère culturelle commence, et les influences hellénistiques se font sentir. Ergamène Iᵉʳ a été éduqué à la mode grecque à Alexandrie, où la splendeur des premiers Ptolémées l'a impressionné, et les œuvres des ateliers alexandrins répandent formes et motifs hellénistiques dans les arts appliqués d'un empire économique en plein essor.

Jusqu'au début du XIXᵉ siècle apr. J.-C., on en savait peu sur l'empire remarquable et étonnant de Méroé, considéré par les écrivains grecs anciens comme un foyer de culture. Il fallut attendre la conquête du Soudan par le vice-roi d'Égypte Méhémet Ali, en 1821, pour que le pays devienne accessible aux voyageurs et aux aventuriers européens. Un explorateur français, le minéralogiste Frédéric Cailliaud, accompagne ces expéditions de conquête. Il dessine les temples et les pyramides, vestiges de son ancienne culture jusqu'alors complètement ignorés, et les publie dans un ouvrage en plusieurs volumes. Le Soudan commence alors à éveiller l'intérêt des chercheurs comme des aventuriers de toutes nationalités.

Le Dr Giuseppe Ferlini, de Bologne, est le plus heureux de ces chercheurs de trésors. Il a servi dans les garnisons égyptiennes de Sennar et de Khartoum. Après son départ de l'armée, en 1834, inspiré par le livre de Cailliaud, il part pour Méroé, où il arrive en août 1834 : « J'avais décidé de rentrer au pays soit sans un sou, soit chargé d'un immense trésor. »

Dans la nécropole royale, Ferlini choisit la mieux conservée des pyramides pour première cible de sa chasse au trésor. Elle se dresse devant lui avec ses pentes raides, intacte. À l'est, comme pour les antiques pyramides égyptiennes, s'élève un petit temple avec son pylône, la porte d'entrée monumentale du sanctuaire, formée de deux môles. Le pylône et les murs du temple sont décorés de reliefs montrant la reine de Méroé pour qui le monument a été bâti.

Ferlini fait démonter la pyramide pierre par pierre. À peu de distance du sommet, à peu près à la hauteur de la niche visible sur le dessin de Cailliaud, les ouvriers parviennent à une petite pièce. Elle contient un lit couvert d'un linge blanc. En dessous du lit, un simple vase de bronze contient les bijoux de la reine, soigneusement enveloppés de tissu. Sur le sol, il y a des

486-492 Bracelets ptolémaïques.

L'antique cité de Méroé

En 1830, Giuseppe Ferlini rejoint la garnison égyptienne du Soudan en tant que chirurgien militaire. En quittant son service quatre ans plus tard, « soucieux d'apporter quelque contribution à l'Histoire », il sollicite du gouverneur militaire une autorisation de fouilles. Comme tant d'autres Européens actifs dans la vallée du Nil à cette époque, il espère trouver quelque chose dont il pourra tirer profit. À Ouadi ben-Naqa, Naqa et Mousawwarat, il n'obtient pas le succès escompté. Les fouilles des ruines de la ville de Méroé et de quelques-unes des petites pyramides de la nécropole royale sont tout aussi décevantes. Ferlini décide de faire une dernière tentative dans l'une des plus grandes pyramides. Il choisit celle de la reine Amanichakhéto, qui, d'après des dessins récents, est la mieux conservée. Ferlini ordonne à ses ouvriers, recrutés dans les villages environnants, de démonter la pyramide, pierre par pierre, de haut en bas. À peu de distance du sommet, ils découvrent une petite pièce qui contient un vase en bronze rempli des bijoux de la reine, enveloppés de tissu. Ferlini, de peur d'être volé, regagne précipitamment Alexandrie, puis Rome, avec son trésor. Il aura le plus grand mal à convaincre les experts européens de l'authenticité de sa découverte.

En haut. Les ruines de la pyramide démantelée par Ferlini.

À gauche. Les pyramides de Méroé en 1821, dessin de Frédéric Cailliaud. Sur la droite du dessin. La pyramide de la reine Amanichakhéto encore intacte.

À droite. La reine Amanichakhéto triomphe de ses ennemis. Relief du pylône du temple funéraire.

À gauche. Les pyramides de Méroé aujourd'hui.

perles isolées ou montées en colliers, des extrémités de colliers et d'autres objets.

La destruction de la pyramide progresse rapidement ; à peu près à mi-hauteur, les ouvriers découvrent une deuxième pièce qui abrite deux beaux vases de bronze grecs, mais aucun bijou. Après encore un peu plus d'un mois de travail, la pyramide est complètement rasée, jusqu'à la roche mère.

Les précieuses trouvailles de la pyramide ont éveillé la convoitise des ouvriers locaux, et Ferlini commence à craindre pour sa vie. Il embarque en hâte et navigue vers Le Caire et Alexandrie, puis de là vers Rome, où il espère convertir rapidement son trésor en espèces sonnantes et trébuchantes.

Pourtant, à Rome, la somptueuse découverte, si aventureusement ramenée, ne trouve pas preneur. Les spécialistes italiens à qui Ferlini la soumet doutent qu'elle provienne véritablement de la célèbre Méroé. Même la publication de son catalogue, en italien, en 1837 et traduit en français un an plus tard, qui énumère les bijoux avec des descriptions précises et les circonstances de leur découverte, n'emporte pas tout d'abord le succès escompté.

La publication est toutefois parvenue entre les mains d'un important amateur d'art antique, Martin Wagner, responsable des acquisitions artistiques du roi Louis Ier de Bavière. Lorsque le souverain s'arrête à Rome en rentrant de Sicile, en 1839, Wagner rend visite à Ferlini et, se fiant à son propre sens artistique, achète à peu près la moitié des bijoux et les vases de bronze décorés en relief, de facture grecque. Ils sont alors exposés dans la salle égyptienne de la collection royale à Munich.

Le reste des bijoux d'or est envoyé à Londres, mais, même là-bas, ils ne trouvent d'abord pas d'acquéreur. À l'été de 1842, l'égyptologue allemand Richard Lepsius les examine attentivement avant le départ de l'expédition prussienne en Égypte et en Nubie. Il reconnaît immédiatement leur importance et presse Berlin de les acheter pour la collection égyptienne de la ville, qui est encore bien modeste. Mais les autorités rechignent.

Le 28 janvier 1844, Lepsius et son expédition touchent terre à Begerawiyé, port fluvial proche de Méroé. Dans une lettre du 12 mars 1844, il décrit sa première visite aux ruines :
« Le bateau est arrivé juste avant le crépuscule à Begerawiyé, près de l'endroit où se trouvent les pyramides. Bien qu'il commençât à faire sombre, je suis allé avec Abekon [l'un des artistes de l'expédition] aux pyramides qui se dressent à une heure de marche à peine dans les terres, sur les premières pentes des montagnes basses qui s'étirent vers l'est. La lune jetait une maigre lumière sur le sol, couvert de pierres, de broussailles rases et de touffes de buissons. Après une chevauchée frénétique, nous sommes enfin parvenus au pied d'un rang serré de pyramides qui s'élevaient devant nous en arc de cercle. À moitié explorant, à moitié tâtonnant, j'ai trouvé des sculptures sur les murs extérieurs du petit temple funéraire, et j'ai même pu sentir les personnages et les inscriptions des murs intérieurs. Il se trouvait que j'avais un bout de chandelle dans le sac de selle de mon âne. Je l'ai allumé et j'ai pu examiner plusieurs antichambres – des dieux égyptiens me sont immédiatement apparus, avec leurs noms écrits à l'aide des hiéroglyphes bien connus. Notre nouveau *kawas*, qui ne voulait pas nous laisser seuls dans la nuit, nous avait suivis de près. Il connaissait très bien l'endroit, car il était avec Ferlini et l'avait aidé dans son exploration de la pyramide. Il nous a montré l'emplacement où Ferlini avait trouvé enfermé le trésor d'anneaux d'or et d'argent en 1834. »

Ferlini avait donc dit vrai ; l'origine des bijoux était confirmée, et, en 1844, le reste de la trouvaille est acheté pour Berlin sur la recommandation de Lepsius.

Contrairement aux objets exposés à Munich, une grande partie de cette collection a disparu pendant la Seconde Guerre mondiale.

493 Large bracelet à pendeloques.

Qui était la reine de Méroé ?

Depuis le IIe siècle av. J.-C., le trône de Méroé peut être occupé par des femmes qui portent le titre de Candace. Les inscriptions hiéroglyphiques du petit temple de culte devant la pyramide de la reine lui donnent pour nom Amanichakhéto, et elle est sans doute la « Candace borgne » des rapports militaires romains de la fin du Ier siècle av. J.-C. Cette référence situe son règne aux alentours de 25 av. J.-C., date confirmée par les caractères stylistiques des nombreuses bagues-sceaux découvertes dans le trésor de sa tombe.

La « Candace du pays des Maures » mentionnée par le Nouveau Testament (Actes des Apôtres VIII, 27), dont le chambellan, « un homme du pays des Maures et un homme puissant qui supervisait tous ses trésors », fut converti au christianisme par saint Philippe, est très certainement plus tardive.

Le relief du môle droit du pylône du temple devant la pyramide de la Candace Amanichakhéto montre la reine triomphant de ses ennemis. Un groupe de prisonniers se trouve devant elle, et elle pointe une lance vers leur nuque. La souveraine, corpulente et aux traits négroïdes, apparaît avec tous ses attributs royaux : autour de ses cheveux aux boucles serrées, un diadème large porte, au lieu du cobra, la tête de bélier d'Amon, ainsi qu'une couronne de hautes plumes et un collier de perles. Au sommet, un faucon royal, sans doute un bijou en feuille d'or, étend ses ailes protectrices. Un étroit bandeau s'étire de la nuque au menton, portant deux cobras au niveau des joues. Le cou de la reine est orné d'un large collier de perles. Des cordons de suspension qui pendent de ses épaules, des pompons descendent jusqu'à l'ourlet de son vêtement.

Les bijoux de cérémonie de la reine

Le trésor de Méroé comprenait à l'origine dix bracelets d'or cloisonné de verre moulé, sur lesquels sont soudées des représentations de divinités en feuille d'or repoussée, neuf anneaux à éléments interchangeables richement décorés, et plus de soixante bagues-sceaux en or ou en argent. Il y avait aussi de nombreuses amulettes, boucles d'oreilles, maillons de chaînes, parmi lesquels des scarabées, des yeux-*oudjat*, des emblèmes d'Hathor et des signes-*ânkh*. Deux colliers ont été remontés à partir des perles trouvées sur le site. La variété des formes et des techniques suggère que les éléments ont été fabriqués dans un intervalle de temps assez long, sans doute comme bijoux de cérémonie de la reine.

Les dix bracelets rigides vont par paires et étaient portés au bras et au poignet. Tous sont en deux moitiés, de feuilles d'or rectangulaires façonnées en demi-cercles et réunies par une charnière. Le fermoir, si courant dans les

494-495 Bracelet à la déesse ailée.

bracelets égyptiens, n'existe pas. Des œillets ou des petits trous aux quatre angles extérieurs des bracelets ont servi à les coudre sur des manchettes de tissu ou de cuir, comme on le voit sur les reliefs méroïtiques contemporains. La paire de bracelets à pendeloques (493) ornait sans doute les bras, sans pendants aux poignets.

La décoration, en rangées de cercles parfois concentriques, de carrés et d'écailles juxtaposés, est soudée selon l'ancienne technique, en lignes séparées par de minces cloisons de feuille d'or, et revêtues de verre coloré. Depuis le IVe siècle av. J.-C., même en Égypte, le verre

époux, l'Amon à tête de bélier de Karnak et de Napata. Leur vénération dans les lointaines Napata et Méroé remonte au temps de la colonisation égyptienne des terres du haut Nil, au Nouvel Empire. Le bracelet à pendeloques (493) est couvert de bandes d'ornements symétriques. Outre les carrés posés sur un angle et les cercles concentriques, des motifs en forme de croix représentent sans doute le signe égyptien *ânkh*, la vie ; ils sont remplis de verre bleu clair et bleu foncé. La large bande centrale est divisée en carrés, où des cellules ornées d'écailles alternent avec des bustes des

496-497 Bracelet aux déesses ailées, extérieur et intérieur (ci-dessus et ci-contre).

moulé, plus facile à travailler, a supplanté la taille et le sertissage laborieux de pierres semi-précieuses ou de verre opaque coloré dans des alvéoles d'or. Le verre moulé est obtenu en mélangeant du verre réduit en poudre fine à un agent liant, pâte que l'on introduit dans les cellules d'or. On chauffe ensuite le bijou, et le mélange fond en une masse homogène qui se solidifie en refroidissant. Les surfaces les plus importantes sont couvertes d'une mince couche de verre moulé, de cet « émail » improprement nommé car appliqué directement sur le fond d'or. Un tel revêtement a l'inconvénient de se détacher facilement de son support.

Les divinités représentées sur les bracelets, comme celles des plaques et des bagues-sceaux, sont en général d'origine purement égyptienne, spécialement la déesse Mout et son

dieux, en feuille d'or martelée. Les bords de chaque moitié de bracelet sont encadrés de tresses de fil d'or. À la base des bracelets, des pendeloques ressemblant à des amulettes terminent un fil passé dans des anneaux. L'origine stylistique de ces sortes de gerbes semble être l'Alexandrie hellénistique.

Un autre bracelet (494-495) est conçu de la même façon, mais la charnière qui réunit ses deux moitiés est dissimulée par une représentation de la déesse Mout en or martelé. La déesse ailée porte les couronnes de Haute- et de Basse-Égypte sur une coiffure en vautour. Ses ailes sont cloisonnées de verre coloré. Elle est debout sur une fleur de lotus qui évoque les eaux primordiales d'où elle a émergé.

La déesse Mout ailée figure au même emplacement sur une deuxième paire de bracelets (496-497), debout sur une fleur de lotus et coiffée de la double couronne égyptienne. La figurine, de feuille d'or martelée, est fixée à la charnière par des anneaux. Les ailes sont en feuille d'or martelée et gravée, sans les habituelles cellules de verre coloré. Correspondant à ses quatre ailes, la déesse a quatre bras étendus en diagonale et

498-499 Bagues-sceaux du trésor funéraire de Méroé : reine ou déesse au diadème de plumes, une couronne dans la main ; Amon à tête de bélier sur son trône.

500 Bijou de jaspe à bande d'or et œil-oudjat.

tient dans ses mains quatre signes-*ânkh*. Sur la bande centrale des bracelets, Mout est encadrée de quatre déesses ailées, coiffées du croissant et du disque de la lune. Leurs ailes sont divisées en cellules dont le verre coloré a disparu, mais ce qui reste indique que le fond devait être bleu foncé.

Les bracelets sont bordés de bandes étroites : celle du haut est une frise d'uraeus coiffés de disques solaires, celle du bas, une rangée de petits carrés de feuille d'or qui se touchent aux angles, autrefois séparés par du verre coloré.

La survivance de modèles dérivés de l'orfèvrerie égyptienne à cette période tardive est étonnante. Toutefois, le travail méroïtique de l'or offre des caractères provinciaux et décadents indubitables : maîtrise médiocre des formes et des techniques, mélange désinvolte des divinités et des emblèmes alexandrins et égyptiens sur un même bracelet (493-494). On peut dire la même chose d'autres bijoux de Méroé, plus particulièrement des représentations des bagues-sceaux.

Les bagues-écussons ne sont connues qu'à Méroé et n'existent pas en Égypte. Elles consistent en un anneau simple sur lequel un « écusson » ou une plaque d'or sont fixés par une charnière. L'écusson a le plus souvent la forme d'un collier égyptien et symbolise la protection magique qu'il dispense de toute éternité. Au centre du demi-cercle, une tête divine en relief porte une couronne.

Un exemple au dessin particulièrement savant et à la technique très complexe (503) montre la tête de bélier du dieu Amon, coiffée du disque solaire, devant la façade d'une chapelle surmontée d'une frise d'uraeus. Juste au-dessus du disque solaire, dont la base est ornée d'une rangée d'uraeus, figure un cabochon de cornaline. Une chaîne de petites boules d'or est suspendue à la tête de bélier ; elle retient une minuscule effigie divine, sans doute à tête de lion couronnée du disque solaire. Une bande verte longe la chaîne, et le collier est orné en alternance de carrés posés sur un coin et de rangées de perles, séparées par un fil d'or lisse. Son sommet est une frise d'uraeus très stylisés.

Une bague-écusson sans collier (501) a pour motif central un disque solaire flanqué d'uraeus et décoré d'un œil-*oudjat*, surmonté de la couronne-*hemhem*, une construction compliquée de cornes de bélier et de trois couronnes coniques portant des disques solaires, encadrées de plumes d'autruche et d'uraeus. À la base de l'écusson, une plaque rectangulaire ornée de signes protecteurs est fixée par un fil d'or passé dans des anneaux. Cette bague a conservé davantage de ses incrustations de verre coloré que les autres bijoux.

La base des écussons porte souvent une rangée de coquillages pendeloques, des cauris (502-504). Les cauris étaient déjà populaires au Moyen Empire et au début du Nouvel Empire, et les femmes les portaient en ceinture.

L'anneau de ces bagues-écussons est souvent orné de granulation, une rangée ou un motif en pointe de diamant fait de minuscules grains d'or. Ces bagues étaient sans doute portées au majeur, l'écusson couvrant deux ou trois des doigts de la main. Une charnière, dans les écussons les plus encombrants, rendait le bijou flexible et plus adapté aux mouvements des doigts.

Le trésor funéraire de la reine Amanichakhéto comportait également plus de soixante bagues-sceaux, pour la plupart fondues en or, quelques-unes en argent. Leurs chatons circulaires ou ovales sont gravés, avec beaucoup de maîtrise et de sûreté, de représentations de divinités et d'emblèmes divins (499). L'influence gréco-romaine apparaît dans les représentations de Zeus-Amon. La variété des motifs fait de ces bagues-sceaux notre principale source d'information sur les conceptions religieuses du royaume de Méroé, qui même à une date tardive sont toujours déterminées essentiellement par leur origine égyptienne vivace.

501-504 Bagues-écussons du trésor funéraire de la reine de Méroé.

Page 245 : *505 Statue de la princesse Karomama.*

Jusqu'à la première période intermédiaire, la chronologie présente cinquante ans d'écart avec certaines sources. Elle a été établie d'après Jürgen von Beckerath, *Chronologie des pharaonischen Ägyptens*, MÄS 46, Mainz am Rhein, Philipp von Zabern, 1997.

Époque thinite

Ire dynastie	
Hor-Aha (Ménès)	v. 3032–3000
Djer	2999–2952
Djet	2952–2939
Den	2939–2882
Anedjib	2892–2886
Semerkhet	2886–2878
Qaa	2878–2853
IIe dynastie	
Hotepsekhemoui	2853–2825
Rêneb	2825–2810
Nynétcher	2810–2767
Ouenegnebty	2767–2760
Sekhemib (Seth-Peribsen)	2760–2749
Néferka	2749–2744
Néferka-Sokar	2744–2736
Houdjéfa	2736–2734
Khasekhemoui	2734–2707

Ancien Empire

IIIe dynastie	
Djéser	v. 2707–2687
Sanakht	2687–2670
Houni	2663–2639
IVe dynastie	
Snéfrou	2639–2604
Khéops (Khoufou)	2604–2581
Rêdjedef (Didoufri)	2581–2572
Khéphren (Khaefrê)	2572–2546
Mykérinos (Menkaourê)	2539–2511
Chepseskaf	2511–2506
Ve dynastie	
Ouserkaf	2504–2496
Sahourê	2496–2483
Neferirkarê Kakaï	2483–2463
Chepseskarê	2463–2456
Rênéféref	2456–2445
Néouserrê	2445–2414
Menkaouhor	2414–2405
Djedkarê/Asosi	2405–2367
Ounas	2367–2347
VIe dynastie	
Téti	2347–2337
Ouserkarê	2337–2335
Pépi Ier	2335–2285
Mérenrê/Nemtyemsaf	2285–2279
Pépi II	2279–2219
Nemtyemsaef II	2219–2218
Reine Neith hiqerty (Nitocris)	2218–2216
VIIe dynastie	(70 jours)
VIIIe dynastie 17 rois	2216–2170

Première période intermédiaire

IXe et Xe dynasties (à Hérakléopolis)	
18 rois	v. 2170–2020

Moyen Empire

XIe dynastie	
Montouhotep Ier	2119–?
Antef Ier	?–2103
Antef II	2103–2054
Antef III	2054–2046
Montouhotep II	2046–1995
Montouhotep III	1995–1983
Montouhotep IV	1983–1976
XIIe dynastie	
Amenemhat Ier	1976–1947
Sésostris Ier (Senouséret)	1956–1911/10
Amenemhat II	1914–1879 /76
Sésostris II	1882–1872
Sésostris III	1872–1853
Amenemhat III	1853–1806/05
Amenemhat IV	1807/06–1798/97
Reine Néférousobek	1798/97–1794/93

Deuxième période intermédiaire

XIIIe dynastie 50 rois	1794/94–1648
XIVe dynastie (dans le Delta)	?–1648
XVe dynastie (Hyksos)	1648–1539
XVIe dynastie (vassaux des Hyksos)	
XVIIe dynastie thébaine 15 rois	v.1645–1550

Nouvel Empire

XVIIIe dynastie	
Ahmosis	1550–1525
Aménophis Ier (Amenhotep)	1525–1504
Thoutmosis Ier	1504–1492
Thoutmosis II	1492–1479
Hatchepsout	1479–1458/57
Thoutmosis III	1479–1425
Aménophis II	1428–1397
Thoutmosis IV	1397–1388
Aménophis III	1388–1351/50
Aménophis IV (Akhénaton)	1351–1334
Semenekhkarê	1337–1333
Toutânkhamon	1333–1323
Aÿ	1323–1319
Horemheb	1319–1292
XIXe dynastie	
Ramsès Ier	1292–1290
Séthi Ier	1290–1279/78
Ramsès II	1279–1213
Merenptah	1213–1203
Amenmès	1203–1200/1199
Séthi II	1199–1194/93
Siptah et la reine Taousert	1194/93–1186/85
XXe dynastie	
Sethnakht	1186 - 1183/82
Ramsès III	1183/82–1152/51
Ramsès IV	1152/51–1145/44
Ramsès V	1145/44–1142/40
Ramsès VI	1142/40–1134
Ramsès VII	1134–1126
Ramsès VIII	1126–1125
Ramsès IX	1125–1107
Ramsès X	1107–1103
Ramsès XI	1103–1070/69

Troisième période intermédiaire

XXIe dynastie	
Smendès Ier	1170/69–1044/43
Amenemnesout	1044/43–1040/39
Psousennès Ier	1044/43–994/93
Aménémopé	996/95–985/84
Osorkon l'Ancien	985/84–979/78
Siamon	979/78–960/59
Psousennès II	960/59–946/45
XXIIe dynastie	
Chéchonq Ier	946/45–925/24
Osorkon Ier	925/24–890
Takélot Ier	890–877
Chéchonq II	877–875
Osorkon II	875–837
Chéchonq III	837–798/785
Pamy	785–774
Chéchonq V	774–736
Lignée de Haute-Égypte	
Harsiésis	870–850
Takélot II	841–816
Pétoubastis Ier	830–805
Ioupout Ier	816–800
Chéchonq IV	800–790
Osorkon III	790–762
Takélot III	767–755
Roudamon	755–735
Ini II	735–730
XXIIIe dynastie	
Pétoubastis II (à Tanis)	756–732/30
Ioupout II (à Léontopolis)	756–725 (?)
Osorkon IV	732/30–722
Psammus (?)	722-712
XXIVe dynastie saïte	
Tefnakht	740–719
Bocchoris	719–714

Basse Époque

XXVe dynastie kouchite	
Kachta	746
Piy ou Piânkhy	746–715
Chabaka	715-700
Chabataka	700-690
Taharqa	690-664
Tanoutamon	664-655
XXVIe dynastie saïte	
Psammétique Ier	664-610
Néchao	610-595
Psammétique II	595-589
Apriès	589-570
Amasis	570-526
Psammétique III	526-525
XXVIIe dynastie (première domination perse)	
XXVIIIe dynastie	
Amyrtée	404-399
XXIXe dynastie	
Néphérités Ier	399-393
Achoris	393-380
Néphérités II	380
XXXe dynastie	
Nectanébo Ier	380-362
Tachos	362-360
Nectanébo II	360-342
XXXIe dynastie (seconde domination perse)	
Époque ptolémaïque	332-30 av. J.-C.

Pour fabriquer bijoux et amulettes, les Égyptiens n'utilisent pas que des pierres semi-précieuses, mais aussi des pierres « normales » qui ont une forme ou une couleur séduisante. Les pouvoirs magiques assignés aux différents types de pierres se retrouvent en médecine. Sous forme de poudre, elles sont souvent prescrites dans les traitements. Les alchimistes grecs d'Alexandrie ont transmis les recettes de ces remèdes à l'Europe médiévale, qui les a intégrés à sa pharmacopée et les a adoptés comme « pierres de naissance ». Après son invention, la pâte de verre colorée remplace fréquemment les pierres de couleur en bijouterie. On ne la distingue des pierres qu'elle imite que par les analyses chimiques.
Qu'il s'agisse du verre ou de la pierre, ce qui importe c'est la couleur.
Voici une liste des pierres employées généralement par les bijoutiers.
La provenance est indiquée lorsqu'on a pu l'établir.

Agathe
Translucide, de diverses couleurs. Provient de l'ouadi Abou Gerida, dans le désert Oriental, et du Sinaï.

Albâtre
Mot grec dérivant de la ville égyptienne d'Alabastron. Calcite en géologie. Blanc ou jaune, en partie translucide, souvent avec des veines jaune d'or. Provient du désert Oriental.

Almandine
Variété de grenat rouge sang, parfois violet ou couleur améthyste.

Améthyste
Pourpre translucide. Provient de l'ouadi en-Houdi, au sud-est d'Assouan, du désert occidental de Nubie près d'Abou Simbel, et à l'époque romaine du Gébel Abou Diyeiba, au bord de la mer Rouge.

Béryl
Vert transparent. Extrait uniquement pendant la période ptolémaïque près de Sikait-Subara, sur la mer Rouge.

Calcédoine
Gris blanchâtre avec un éclat bleuâtre. Provient de l'ouadi Saga et l'ouadi Gerida, dans le désert oriental, de l'oasis de Bahariah et du nord-ouest d'Abou Simbel, du Fayoum et du Sinaï.

Chrysoprase
Variété de calcédoine d'un vert pâle translucide.

Cornaline
Rouge translucide. On la trouve sous forme de gravier dans les déserts de l'Est et de l'Ouest.

Feldspath
Vert translucide. Provient du Gebel Migif, de l'ouadi en-Rusheid, de l'ouadi Nugrus, de l'ouadi Higelig, dans le désert Oriental et du désert occidental de Nubie, au nord des montagnes du Tibesti.

Grenat
Rouge foncé à rouge-brun. Provient d'Assouan, du désert Oriental et du Sinaï.

Hématite
Éclat métallique, gris acier foncé. Provient du désert Oriental.

Jaspe
Couleurs vives : rouge, vert, noir ou jaune. Le jaspe rouge provient de l'ouadi Saga et de l'ouadi Abou Gerida, dans le désert Oriental, le jaspe vert de l'ouadi Hammamat. On trouve le jaspe brun sous forme de gravier dans le désert.

Lapis-lazuli
Bleu foncé avec des veines de pyrite de fer. Dans le *Divertissement de celui qui désire parcourir le monde* (1154), al-Idrisi mentionne une mine près de l'oasis de Kharga. En 1955, à Assouan, de jeunes Bicharis ont montré à l'auteur du présent ouvrage de gros morceaux de cette pierre semi-précieuse. Comme on l'utilise en Égypte depuis la préhistoire, elle est vraisemblablement en partie originaire du pays. La principale source de lapis-lazuli du monde antique est Badakshan, dans le massif de l'Hindu Kuch, en Afghanistan.

Malachite
Vert opaque. Provient du désert Oriental et du Sinaï. Réduite en poudre sur les palettes, utilisée comme fard à paupières, mais jamais en bijouterie.

Obsidienne
Verre volcanique noir. Provient du désert Oriental ; sans doute également importée d'Asie Mineure et d'Abyssinie.

Olivine
Vert pâle. Provient de Nubie.

Perle
Il s'agit de nacre, connue depuis l'époque prédynastique. Les vraies perles ne sont utilisées en bijouterie que sous la XVIIIe dynastie et pendant l'époque ptolémaïque.

Quartz
Après le feldspath, c'est le minéral le plus commun. Il possède trois couleurs différentes.
Quartz blanc : dans les veines de quartz, souvent aurifères.
Provient d'Assouan et du désert Oriental.
Cristal de roche transparent : déserts Oriental et Occidental, Sinaï.
Quartz pourpre (améthyste) : carrière de diorite du désert Occidental, ouadi el-Houdi et désert Oriental.

Sardoine
Brunâtre translucide. Un gravier des déserts Oriental et Occidental.

Turquoise
Bleu ciel à vert. Provient de l'ouadi Maghara et de Sérabit el-Khadim, dans le Sinaï.

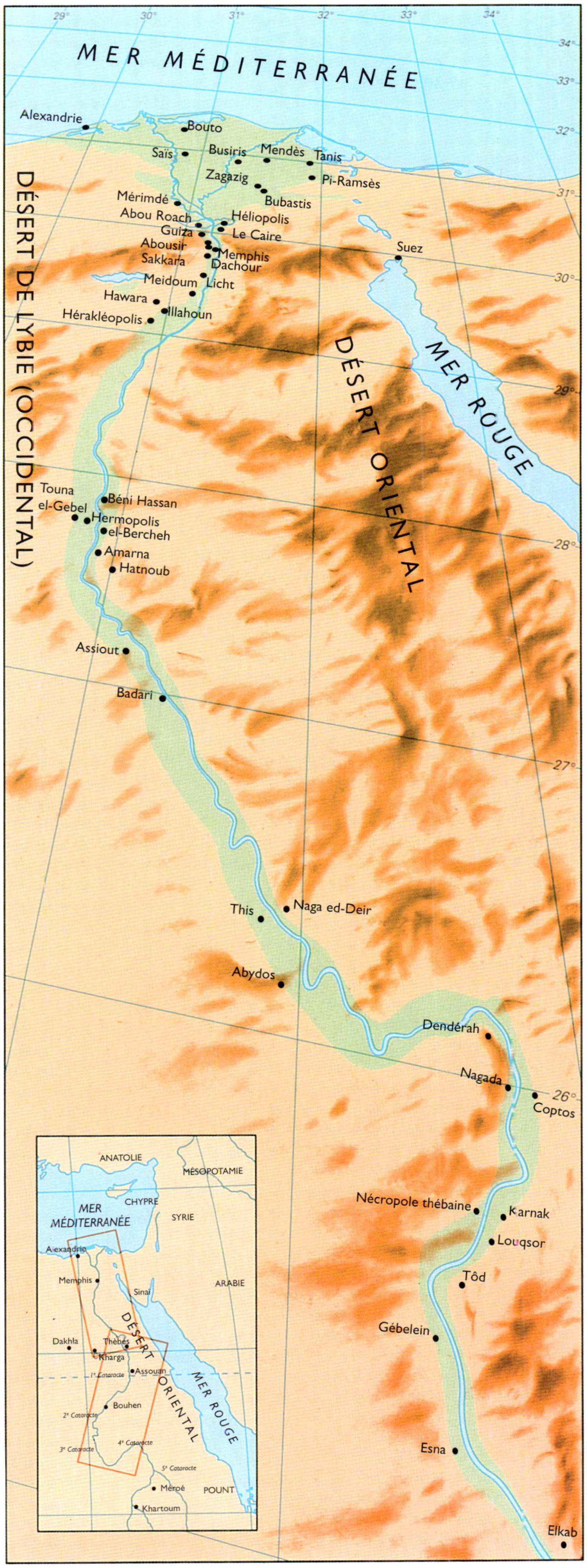
MER MÉDITERRANÉE
DÉSERT DE LYBIE (OCCIDENTAL)
DÉSERT ORIENTAL
MER ROUGE
Alexandrie
Bouto
Saïs
Busiris
Mendès
Tanis
Zagazig
Pi-Ramsès
Bubastis
Mérimdé
Abou Roach
Héliopolis
Guiza
Le Caire
Abousir
Memphis
Sakkara
Dachour
Suez
Meidoum
Licht
Hawara
Illahoun
Hérakléopolis
Touna el-Gebel
Béni Hassan
Hermopolis
el-Bercheh
Amarna
Hatnoub
Assiout
Badari
This
Naga ed-Deir
Abydos
Dendérah
Nagada
Coptos
Nécropole thébaine
Karnak
Louqsor
Tôd
Gébelein
Esna
Elkab
ANATOLIE
MÉSOPOTAMIE
CHYPRE
MER MÉDITERRANÉE
SYRIE
ARABIE
Sinaï
Memphis
Dakhla
Thèbes
Kharga
Assouan
Bouhen
POUNT
Méroé
Khartoum

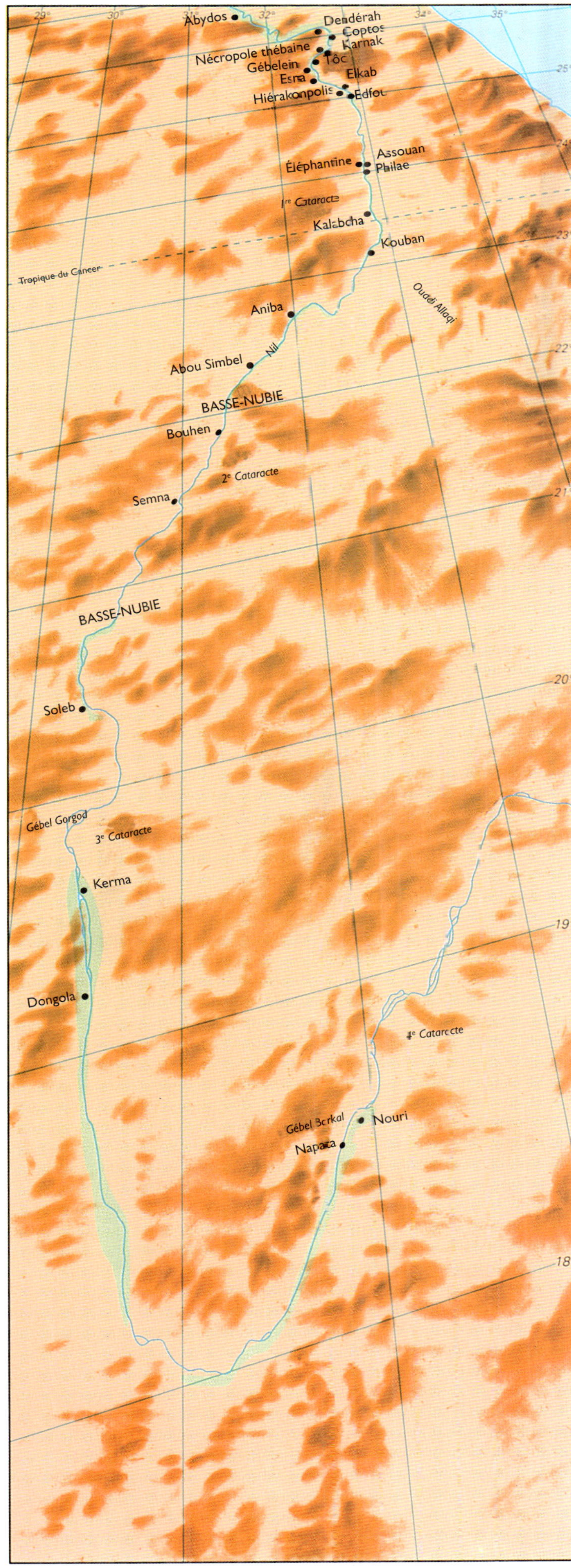
Abydos
Dendérah
Coptos
Karnak
Nécropole thébaine
Tôc
Gébelein
Esna
Elkab
Hiérakonpolis
Edfou
Éléphantine
Assouan
Philae
1re Cataracte
Kalabcha
Kouban
Tropique du Cancer
Ouadi Allaqi
Aniba
Nil
Abou Simbel
BASSE-NUBIE
Bouhen
2e Cataracte
Semna
BASSE-NUBIE
Soleb
Gébel Gorgod
3e Cataracte
Kerma
Dongola
4e Cataracte
Gébel Barkal
Nouri
Napata

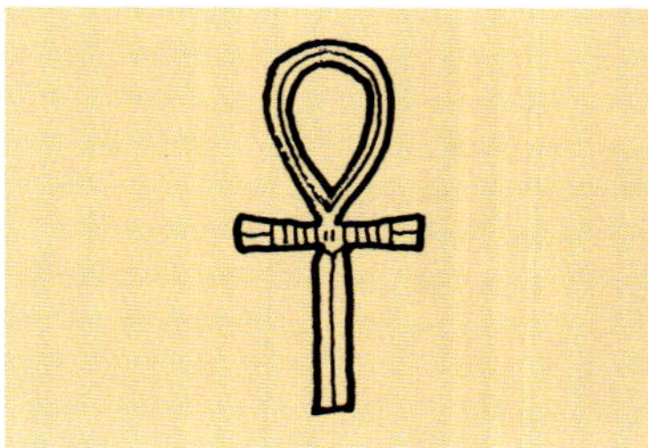

Ânkh : vie

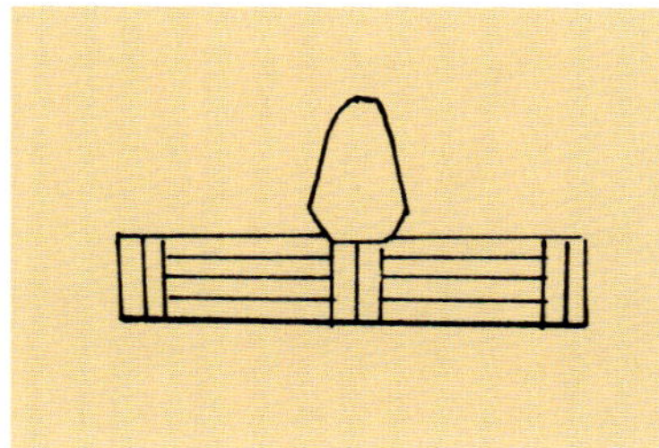

Hotep : paix

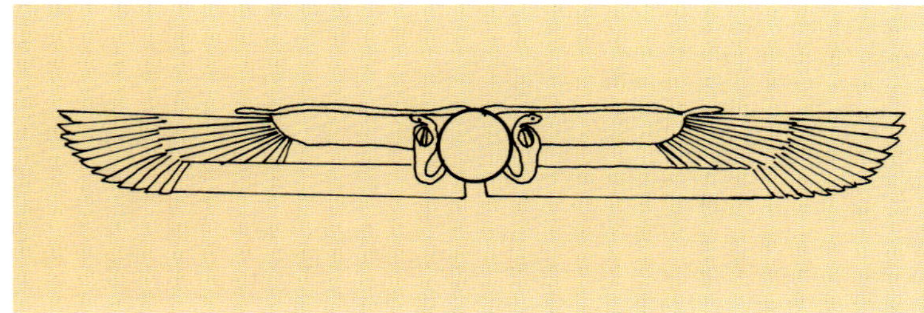

Disque solaire ailé : renaissance des rois

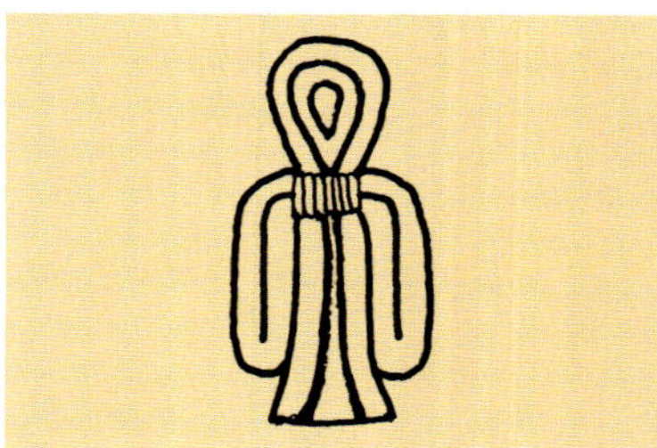

Tit : nœud d'Isis protecteur

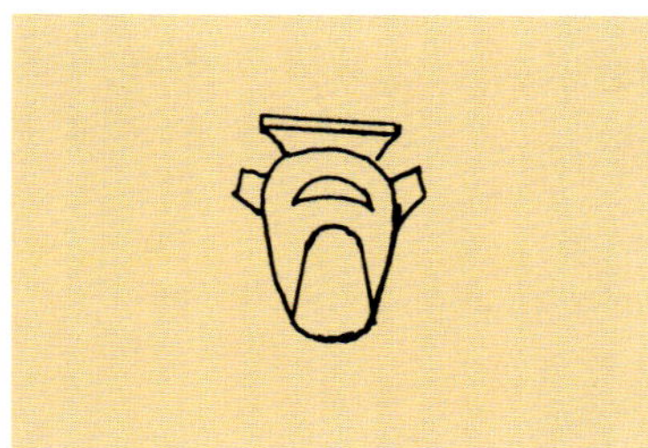

Cœur : centre de la vie

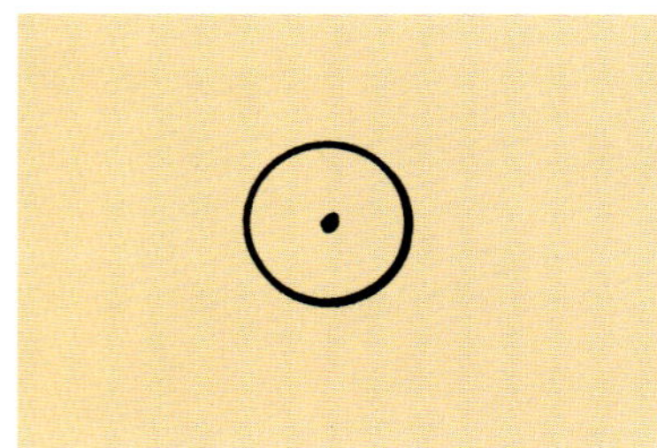

Disque solaire : symbole de Rê, dieu du soleil

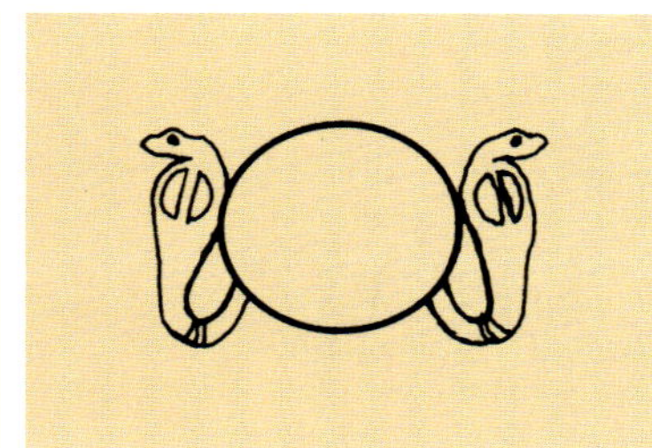

Disque solaire avec deux uraeus : protecteur des rois

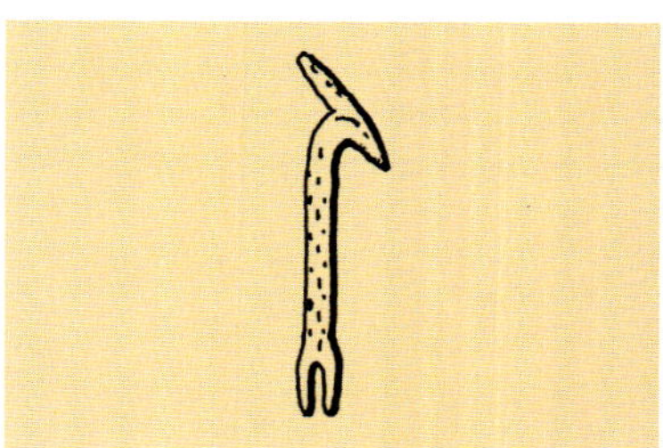

Sceptre-*ouas* : pouvoir

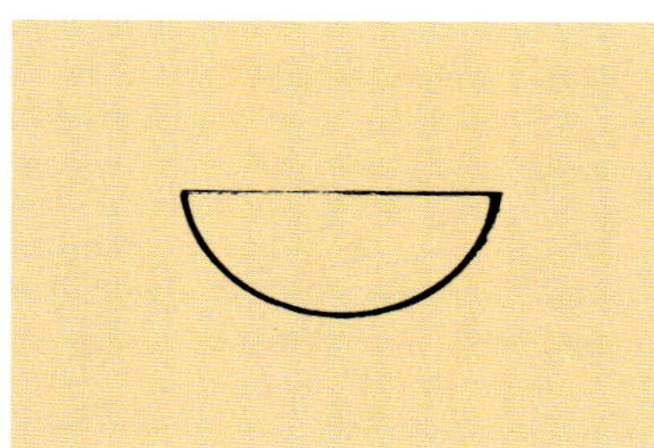

Neb (corbeille) : seigneur, maître

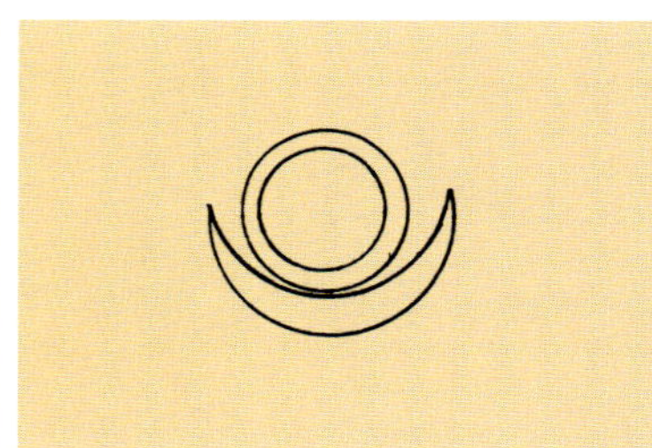

Croissant et disque lunaires : étapes de la régénération

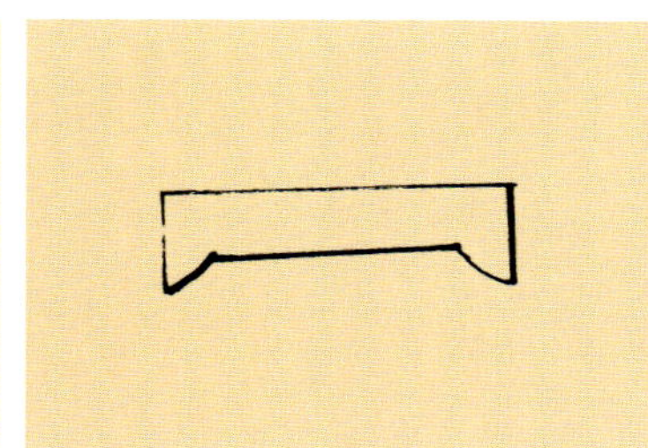

Ciel

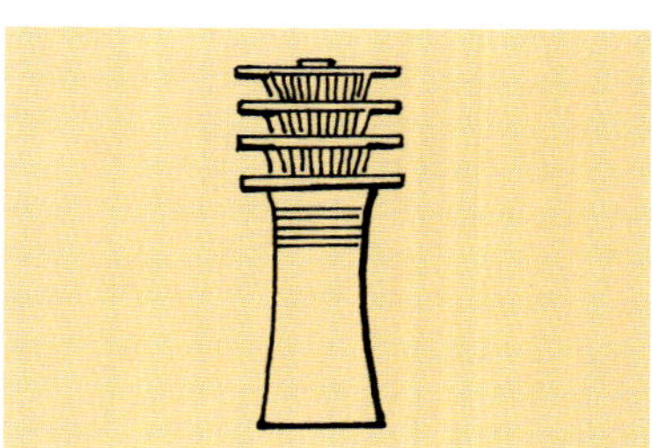

Pilier-*djed* (arbre aux branches coupées) : colonne vertébrale d'Osiris, stabilité

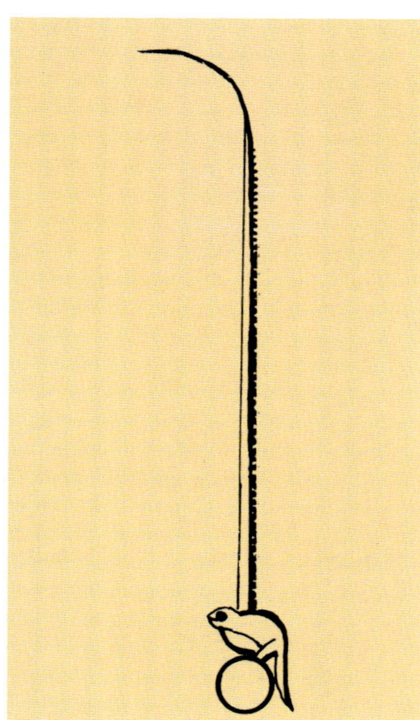

Tige de palme crantée (année) et têtard (100 000) : centaine de milliers d'années

Khéper (scarabée) : transformation, renaissance

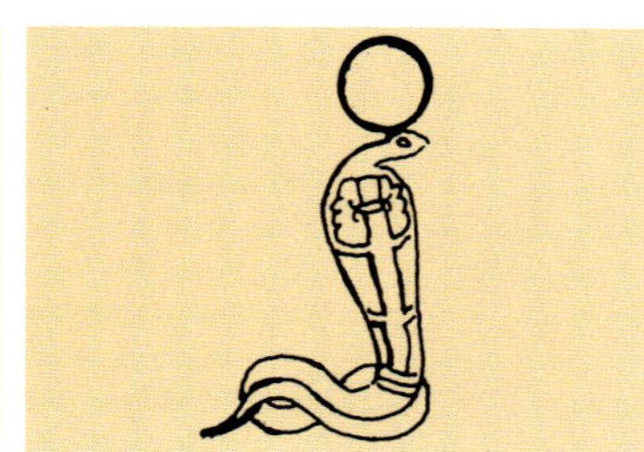

Uraeus : déesse de la Basse-Égypte et protectrice du roi

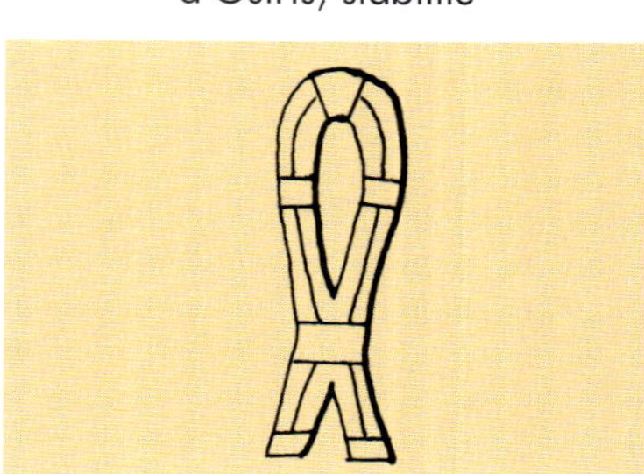

Boucle-*sa* : protection

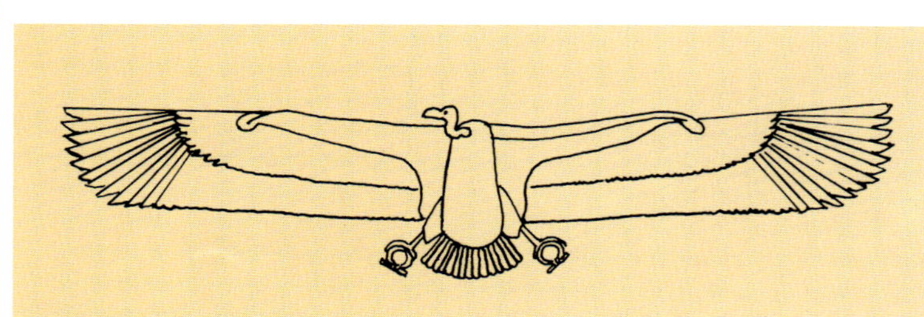

Nekhbet, déesse-vautour : protectrice des rois et de la Haute-Égypte

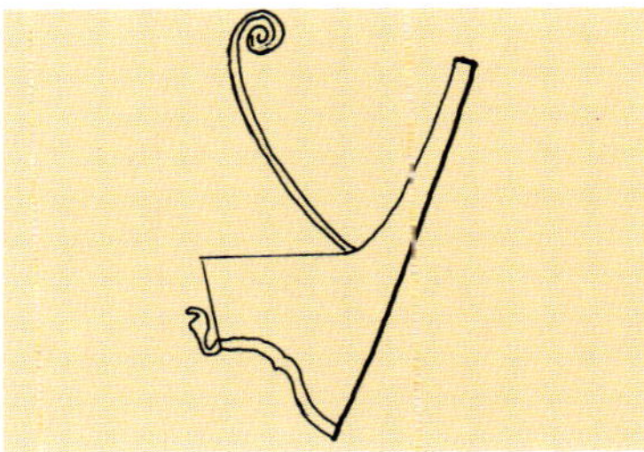

Couronne rouge de Basse-Égypte

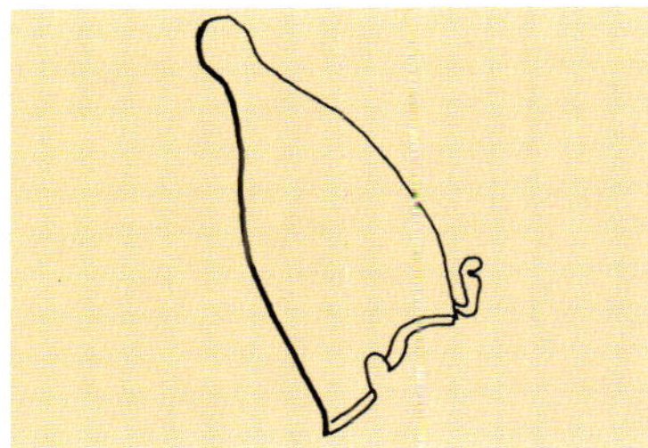

Couronne blanche de Haute-Égypte

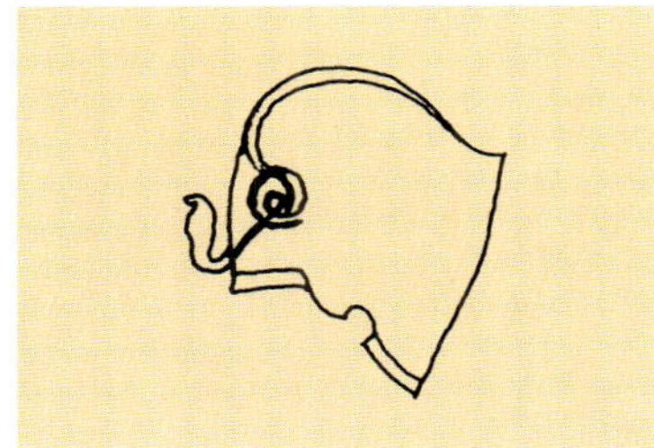

Kheprech : couronne bleue

Serekh (façade de palais dominé par le faucon) : cadre du nom d'Horus du roi

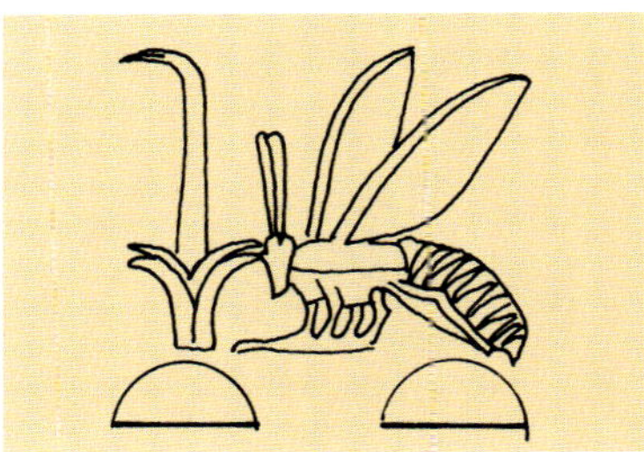

Nysout-bity : titre de roi de Haute- et Basse-Égypte

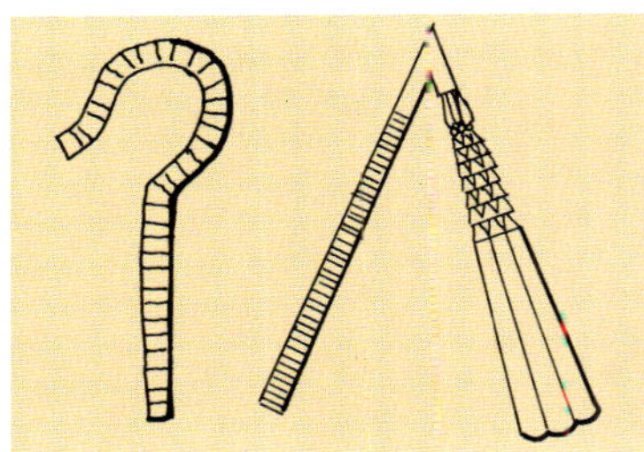

Crochet et fouet (flagellum) : sceptres royaux

Faucon : symbole d'Horus, dieu du soleil et du ciel ; symbole du pharaon, qui incarne Horus

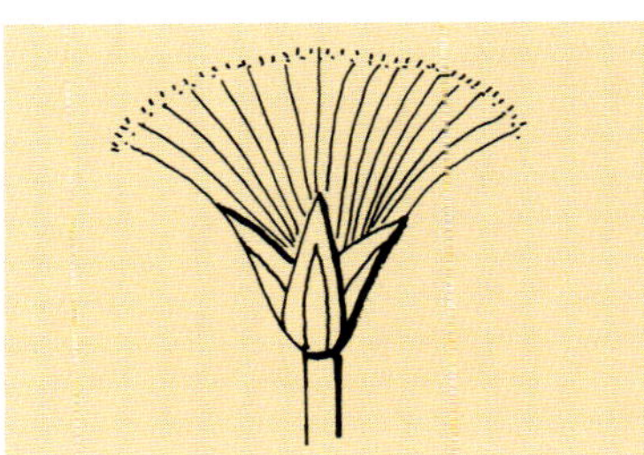

Papyrus : emblème de la Basse-Égypte et symbole de régénération

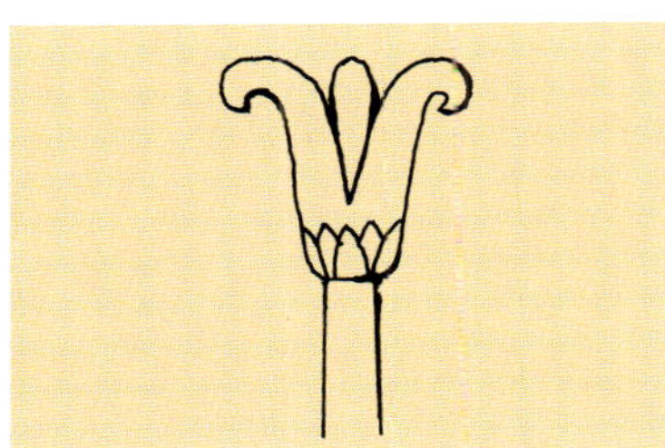

Lotus : emblème de la Haute-Égypte

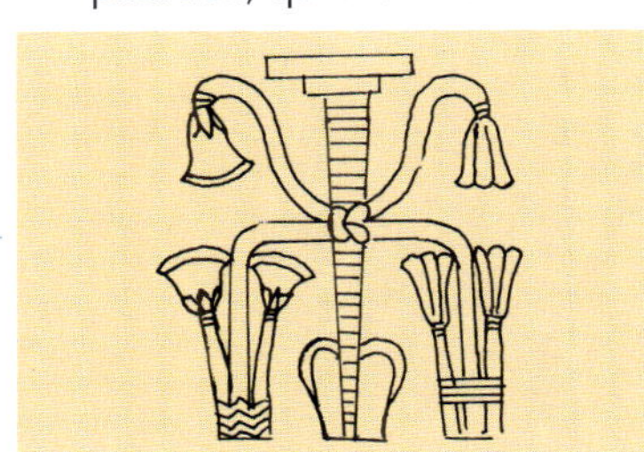

Lotus et papyrus entrelacés autour de la trachée et des poumons : union de la Haute- et de la Basse-Égypte

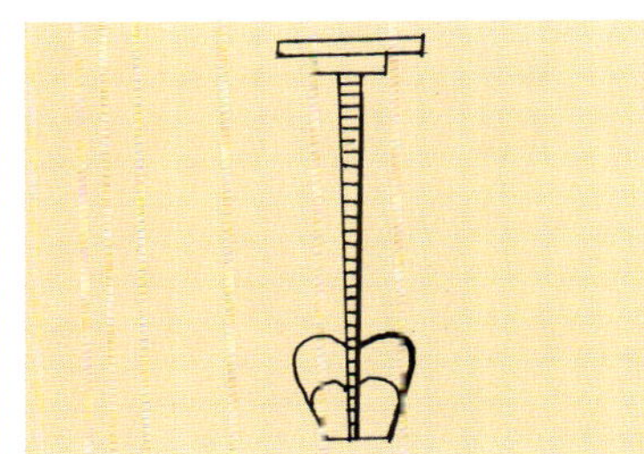

Poumons et trachée : union

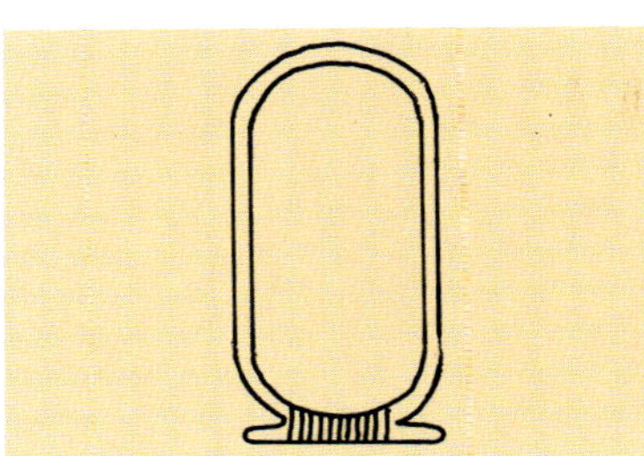

Cartouche : entoure le nom du roi

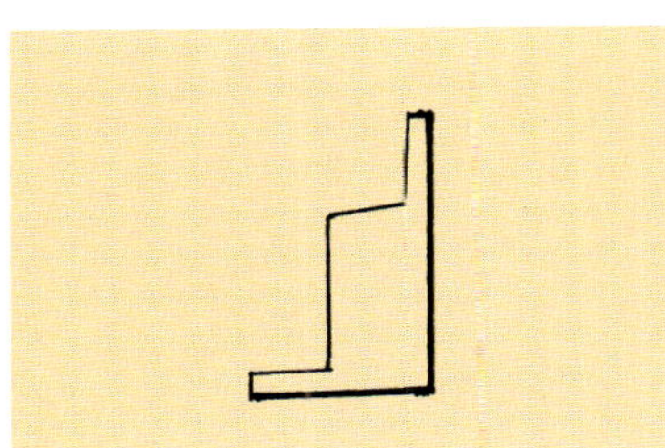

Trône : symbole de la déesse Isis, protection et magie

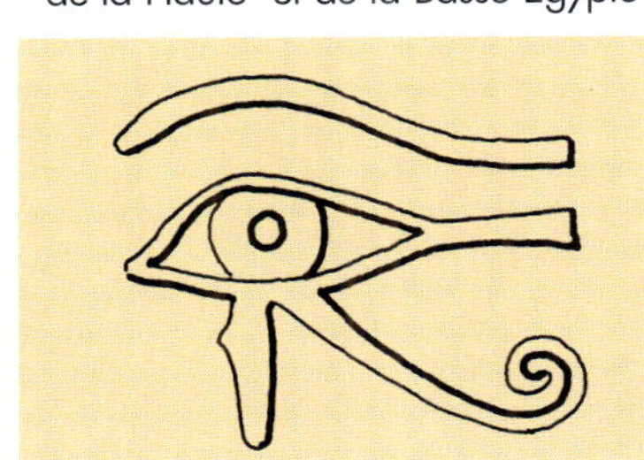

Œil-*oudjat* : symbole protecteur, œil d'Horus

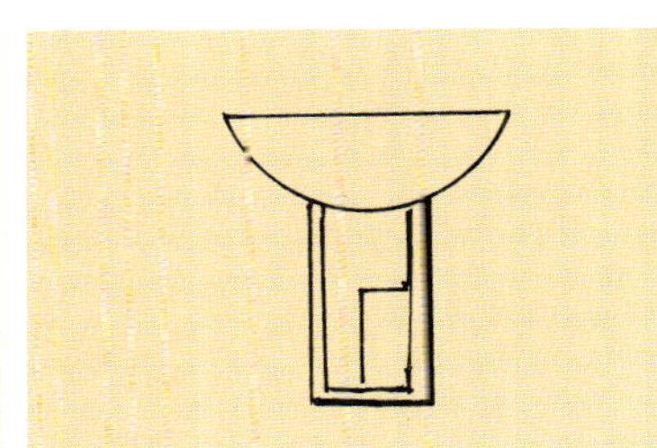

Emblème de la déesse Nephthys, sœur d'Isis et d'Osiris

Emblème de Bat, déesse du ciel

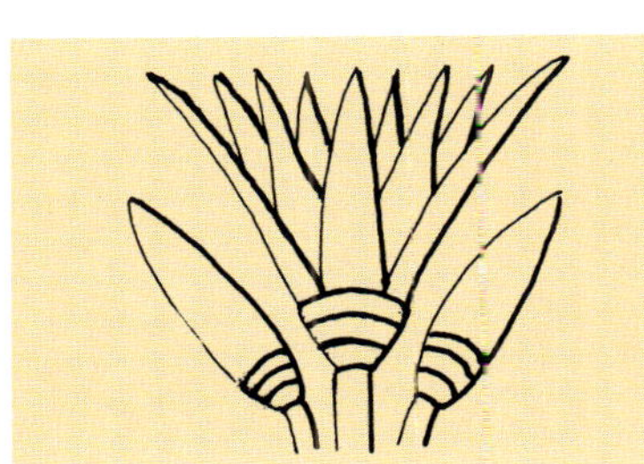

Fleur et bouton de lotus : renaissance éternelle

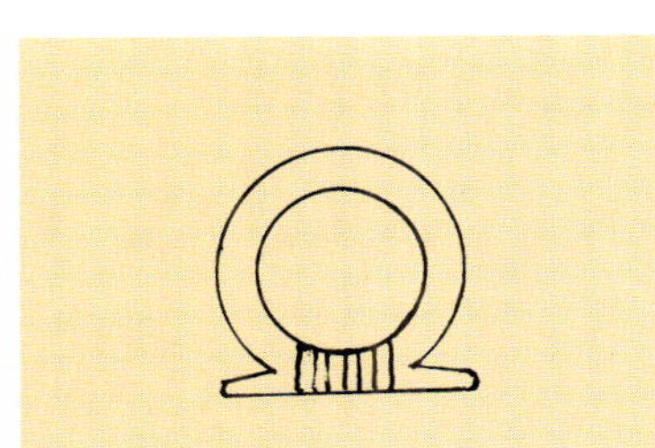

Anneau-*chen* (l'Univers) : royaume du pharaon, éternité

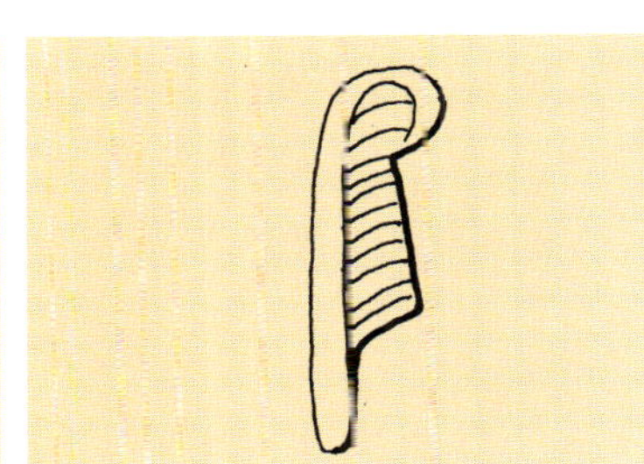

Plume d'autruche : emblème de Maât, déesse de la justice et de l'harmonie

Ouvrages

ALDRED, Cyril, *le Trésor des pharaons. La joaillerie égyptienne de la période dynastique,* Paris, Tallandier, 1979.
ANDREWS, Carol A. R., *Ancient Egyptian Jewellery,* Londres, 1990.
BAINES, John, et MALEK, Jaromir, *Atlas de l'Égypte ancienne*, Paris, Nathan, 1981.
BARGUET, Paul, *le Livre des morts des anciens Égyptiens*, Paris, 1967, nouv. éd. Nathan, coll. « Littérature ancienne du Proche-Orient », 1998.
CARTER, Howard, *la Fabuleuse Découverte de la tombe de Toutankhamon*, Paris, 1978, nouv. éd. Pygmalion, coll. « Les grandes aventures de l'archéologie », 1990.
CENIVAL, Jean-Louis de, *le Livre pour sortir le jour, le Livre des morts des anciens Égyptiens,* 1992.
CLAYTON, Peter A., *Chronique des pharaons*, Paris, Casterman, 1995.
DAVID, Élisabeth, *Gaston Maspero 1846-1916. Le gentleman égyptologue*, Paris, Pygmalion, 1999.
DESROCHES-NOBLECOURT, Christiane, *Toutankhamon – Vie et mort d'un pharaon*, Paris, Publications filmées d'art et d'histoire, 1968 (épuisé).
DUNAND, Françoise, et LICHTENBERG, André, *Les Momies – Un voyage dans l'éternité*, Paris, Gallimard, coll. « Découverte », 1998.
EGGEBRECHT, Anne, *l'Égypte ancienne : 3 000 ans d'histoire et de civilisation au royaume des pharaons*, Paris, Bordas, 1997.
FRANCO, Isabelle, *Nouveau Dictionnaire de mythologie égyptienne*, Paris, Pygmalion, 1999.
GOYON, Georges, *la Découverte des trésors de Tanis*, Paris, Persa, 1987 (épuisé).
GRANDET, Pierre, *les Aventures de Sinouhé et autres contes de l'Égypte ancienne*, Paris, Hachette Littérature, 1998.
LECLANT, Jean (sous la dir. de), *les Pharaons*, Paris, Gallimard, coll. « L'univers des formes » : *1. Le Temps des pyramides*, 1978, *2. L'Empire des conquérants*, 1979, *3. L'Égypte du crépuscule*, 1980 (épuisés).
MONTET, Pierre, *la Nécropole royale de Tanis*, I. *Les Constructions et le tombeau d'Osorkon II à Tanis*, 1947, 2. *Les Constructions et le tombeau de Psusennes à Tanis*, Paris, 1951.
REEVES, Nicholas, *le Trésor de Toutânkhamon*, Paris, Belfond, 1991 (épuisé).
SALEH, Mohamed, et SOUROUZIAN, Hourig, *Musée égyptien du Caire, Catalogue officiel*, Mayence, 1987.
SILIOTTI, Alberto, *Pyramides : guide des meilleurs sites*, Paris, Gründ, 1997.
STIERLIN, Henri, *l'Or des pharaons*, Paris, 1993.
STIERLIN, Henri, et ZIEGLER, Christiane, *Tanis : trésors des pharaons*, Paris, OLF, 1987.
VERNIER, Émile-Séraphin, *Bijoux et Orfèvrerie*, Catalogue général des antiquités égyptiennes du musée du Caire, Leipzig, 1907.
VERNIER, Émile-Séraphin, *la Bijouterie et la joaillerie égyptiennes*, Le Caire, 1907.
VERNUS, Pascal, *Affaires et scandales sous les Ramsès*, Paris, Pygamlion, 1993.
VERNUS, Pascal, et YOYOTTE, Jean, *les Pharaons*, Paris, éd. MA, 1988 (épuisé).

Catalogues d'exposition

La Femme au temps des pharaons, Musées royaux d'Art et d'Histoire, Bruxelles, 1985.
Ramsès le Grand, Galeries nationales du Grand Palais, Paris, 1976.
Soudan : royaumes sur le Nil, Institut du monde arabe, Paris, 1997.
Tanis : l'or des pharaons, Galeries nationales du Grand Palais, Paris, 1987.

Liste des illustrations

Pour les photographies qui ne sont pas d'Eberhard Thiem, le nom du photographe est indiqué entre parenthèses. Les sources des illustrations des encadrés figurent à la fin de cette liste.

1 Naos à statuette. Bois doré à la feuille d'or. Hauteur 50,5 cm, largeur 26,5 cm, profondeur 32 cm. Thèbes, vallée des Rois, KV 62, tombe de Toutânkhamon. XVIIIe dynastie. Le Caire, Musée égyptien JE 61481.
2 Tête d'Hathor. Or. Hauteur 3,5 cm. Memphis, tombe du grand prêtre et prince Chéchonq. XXIIe dynastie. Le Caire, Musée égyptien JE 86781.
3 Statuette de Toutânkhamon. Bois doré, bronze, verre. Hauteur 58,8 cm. Thèbes, vallée des Rois, KV 62, tombe de Toutânkhamon. XVIIIe dynastie. Le Caire, Musée égyptien JE 60713.
4 Pectoral au vautour. Or, lapis-lazuli (verre bleu ?), cornaline, obsidienne (pour les yeux). Hauteur 7,4 cm, largeur 11,7 cm. Thèbes, vallée des Rois, KV 62, tombe de Toutânkhamon. XVIIIe dynastie. Le Caire, Musée égyptien JE 61895.
5 Roi assis. Or. Hauteur 5,4 cm, longueur de la chaîne 54 cm. Thèbes, vallée des Rois, KV 62, tombe de Toutânkhamon. XVIIIe dynastie. Le Caire, Musée égyptien JE 60702.
6 Diadème. Or, lapis-lazuli, obsidienne, verre. Diamètre 19 cm, hauteur du bandeau 2,5 cm. Thèbes, vallée des Rois, KV 62, tombe de Toutânkhamon. XVIIIe dynastie. Le Caire, Musée égyptien. Carter cat. n° 256, 4 O.
7 Pectoral avec Osiris. Or, cornaline, verre. Thèbes, vallée des Rois, KV 62, tombe de Toutânkhamon. XVIIIe dynastie. Le Caire, Musée égyptien JE 61948.
8 Contrepoids avec le signe de l'éternité. Or, cornaline, verre. Largeur 8,2 cm. Thèbes, vallée des Rois, KV 62, tombe de Toutânkhamon. XVIIIe dynastie. Le Caire, Musée égyptien JE 61462.
9 Bracelet au scarabée. Or, lapis-lazuli, cornaline, turquoise, quartz. Diamètre 5,4 cm. Thèbes, vallée des Rois, KV 62, tombe de Toutânkhamon. XVIIIe dynastie. Le Caire, Musée égyptien JE 62360.
10-11 Boîte double. Or, argent, pierres semi-précieuses, verre. Hauteur 16 cm, largeur 8,8 cm, profondeur 4,3 cm. Thèbes, vallée des Rois, KV 62, tombe de Toutânkhamon. XVIIIe dynastie. Le Caire, Musée égyptien JE 61496.
12 Bracelet au scarabée. Or, lapis-lazuli, cornaline, électrum, quartz, verre. Longueur du scarabée 6, 6 cm, longueur du bracelet 10,7 cm. Thèbes, vallée des Rois, KV 62, tombe de Toutânkhamon. XVIIIe dynastie. Le Caire, Musée égyptien JE 61917.
13 Fermoir ou contrepoids. Or, argent, lapis-lazuli, calcite, verre. Hauteur 6,8 cm, largeur 6 cm. Thèbes, vallée des Rois, KV 62, tombe de Toutânkhamon. XVIIIe dynastie. Le Caire, Musée égyptien JE 61979.
14 Pectoral au scarabée. Or, lapis-lazuli, cornaline, turquoise, verre. Thèbes, vallée des Rois, KV 62, tombe de Toutânkhamon. XVIIIe dynastie. Le Caire, Musée égyptien JE 61885.
15 Pectoral. Or, feldspath vert (?), cornaline, verre. Hauteur 16,5 cm, largeur 24,4 cm. Thèbes, vallée des Rois, KV 62, tombe de Toutânkhamon, XVIIIe dynastie, Le Caire, Musée égyptien JE 61948.
16 Bracelet. Or, lapis-lazuli, cornaline. Diamètre 5,9/6,6 cm. Tanis, tombe de Psousennès Ier. XXIe dynastie. Le Caire, Musée égyptien JE 55781.
17 Bracelet de Chéchonq Ier. Or, lapis-lazuli, cornaline, turquoise, faïence. Hauteur 4,6 cm, diamètre 7 cm. Tanis, tombe de Chéchonq. XXIIe dynastie. Le Caire, Musée égyptien JE 72184B.
18 Bracelet rigide. Or, lapis-lazuli, cornaline, turquoise, faïence. Hauteur 7,3 cm, diamètre 6,6 cm. Thèbes-Ouest, tombe d'Iâhhotep. XVIIe-XVIIIe dynastie. Le Caire, Musée égyptien CG 52068.
19 Bracelet de perles. Or, lapis-lazuli, almandine (?), cornaline. Largeur 2,5 cm, diamètre 5,9 cm. Thèbes-Ouest, tombe des trois princesses. XVIIIe dynastie. Hildesheim, Pelizaeus Museum 5246 a/b.
20 Emblème du faucon Gemehsou et statuette du dieu Amon. Bois doré. Thèbes, vallée des Rois, KV 62, tombe de Toutânkhamon. XVIIIe dynastie. Le Caire, Musée égyptien JE 60746, 60734.
21-22 Trône de la princesse Sat-Amon. Bois, bronze, or, argent. Thèbes, vallée des Rois, KV 42, tombe de Youya et Touya. XVIIIe dynastie. Le Caire, Musée égyptien CG 5113.
23-24 Pendentif au scarabée de Toutânkhamon. Or, lapis-lazuli, turquoise, feldspath vert, calcite, cornaline. Hauteur 9 cm, largeur 10,5 cm. Thèbes, vallée des Rois, KV 62, tombe de Toutânkhamon. XVIIIe dynastie. Le Caire, Musée égyptien JE 61886.
25 Voir **44.**
26 Lever de soleil sur le Nil.
27 Figurine de femme prédynastique. Argile peinte. Hauteur 24 cm. IVe millénaire av. J.-C. New York, Metropolitan Museum of Art (H.W. Müller).
28 Bracelets et colliers prédynastiques et thinites. Faïence glaçurée, grenat, cornaline, os. Longueur 70 cm. Tourah. **Rang de perles.** Faïence, os, pierre, cornaline. Longueur 5 cm. Tourah. **Rang de perles.** Os, coquille d'œuf d'autruche. Longueur 47 cm. Tourah. **Rang de perles.** Faïence, grauwacke, cornaline. Longueur 39 cm. Tourah. **Rang de perles.** Cornaline. Longueur 39 cm. El-Koubaniyeh. Grauwacke. Diamètre 6,5/6,6 cm. Tourah. **Rang de perles.** Quartz, calcite, agate, grauwacke. Longueur 39 cm. Badari. **Rang de perles.** Cornaline, quartz. Longueur 47 cm. El-Koubaniyeh. **Rang de perles.** Cornaline, hématite. Longueur 21 cm. Tourah. Prédynastique à thinite, vers 3000 av. J.-C. Vienne, Kunsthistorisches Museum ÄS 6898, 6912, 9192, 6907, 7154, 6925, 6927, 9615, 7141, 6897.
29 Relief de la tombe d'Ibi à Deir el-Gebrawi. Fin de l'Ancien Empire, vers 2000 av. J.-C. (N de G. Davies, *Deir el-Gebrawi*, I, pl. XVII/XIV).
30 Umm el-Qa'ab, tombe de Déoun. Ire dynastie (G. Dreyer).
31 Umm el-Qa'ab, tombe de Khasekhemouy. IIe dynastie (G. Dreyer).
32 Umm el-Qa'ab, tombe de Qaa. Ire dynastie (G. Dreyer).
33 Pot à onguent. Brèche, or. Hauteur 5,2 cm, diamètre 9,5 cm. Umm el-Qa'ab, tombe de Khasekhemouy. IIe dynastie. Londres, British Museum (K. Flimm).
34 Pot à onguent. Cornaline, or. Hauteur 4,2 cm, diamètre 5,5 cm. Umm el-Qa'ab, tombe de Khasekhemouy. IIe dynastie. Le Caire, Musée égyptien JE 34941
35 Pot à onguent. Brèche, or. Hauteur 7,2 cm, diamètre 10,5 cm. Umm el-Qa'ab, tombe de Khasekhemouy. IIe dynastie. Le Caire, Musée égyptien JE 34942
36 Couteau. Silex, or. Longueur 21,7 cm. Gebel Tarif. Époque thinite. Le Caire, Musée égyptien CG 14265.
37-38 Palette de Narmer. Grauwacke. Hauteur 64 cm, largeur 42 cm, épaisseur 2,5 cm. Dynastie 0, vers 3050 av. J.-C. Le Caire, Musée égyptien JE 32169 (J. Lipe).
39 Relief funéraire. Calcaire. Hauteur 36 cm. Tombe de Sakkara. IIe dynastie. Magasin de Sakkara (D. Johannes, DAI Le Caire).
40 Bracelet. Or, turquoise, améthyste. Umm el-Qa'ab, tombe de Djer. Ire dynastie. Le Caire, Musée égyptien CG 52010.
41 Bracelet. Or, turquoise, lapis-lazuli. Umm el-Qa'ab, tombe de Djer. Ire dynastie. Le Caire, Musée égyptien CG 52011.
42 Pistil de fleur de lotus. D'après *Description de l'Egypte, Histoire naturelle, II bis*, pl. 60, 1822.
43 Avant-bras de femme orné de quatre bracelets. Umm el-Qa'ab, tombe de Djer. Ire dynastie. Flinders Petrie, *Royal Tombs*, VII, 1902, frontispice.
44 Éléments de bracelet ornés du faucon Horus sur la façade de palais (*serekh*). Or, turquoise. Umm el-Qa'ab, tombe de Djer. Ire dynastie. Le Caire, Musée égyptien CG 52008.
45 Bracelet. Or, lapis-lazuli, turquoise. Umm el-Qa'ab, tombe de Djer. Ire dynastie. Le Caire, Musée égyptien CG 52009.
46 « Panier » de pierre. Grauwacke. Hauteur 4,8 cm, longueur 22,7 cm, largeur 13,8 cm. Sakkara. IIe dynastie. Le Caire, Musée égyptien JE 71298.
47 Collier. Or. Longueur du coquillage 1,5 cm. Naga ed-Deir. Époque thinite. Le Caire, Musée égyptien CG 53802.
48 Relief figurant l'emblème de la déesse Neith. Grauwacke. Époque thinite. Bruxelles, Musées royaux d'Art et d'Histoire.
49 Amulette en forme de scarabée. Or. Longueur 6 cm. Naga ed-Deir. Époque thinite. Le Caire, Musée égyptien CG 53821.
50-51 Pectoraux en forme d'animaux. Or rempli de stuc. Longueur de l'oryx 4 cm, longueur du taureau 3,8 cm. Naga ed-Deir. Époque thinite. Le Caire, Musée égyptien CG 53824, 53825.
52 Le faucon Horus sur le hiéroglyphe de l'or.
53 Seth assis sur le hiéroglyphe de l'or.
54 Sarcophage de la reine Hatchepsout. Grès. Hauteur 100 cm, largeur 87,5 cm, longueur 245 cm. Thèbes, vallée des Rois, KV 20, tombe d'Hatchepsout. XVIIIe dynastie. Le Caire, Musée égyptien JE 37678, 52459.
55 Fragment de relief. Héliopolis. IIIe dynastie. Turin, Musée égyptien
56 Deuxième cercueil de Toutânkhamon. Bois doré, verre. Longueur 204 cm. Thèbes, vallée des Rois, KV 62, tombe de Toutânkhamon. XVIIIe dynastie. Le Caire, Musée égyptien JE 60670.
57-59 Peintures de la tombe de Sobekhotep. Thèbes-Ouest TT 63. XVIIIe dynastie. Londres, British Museum EA 920-2.
60 Cabanes de mineurs près de la mine du ouadi Fawakhir (R. et D. Klemm).
61 Nom d'Horus de Djet. Inscription rupestre du ouadi Barramiyeh. Ire dynastie.
62 Mortier pour broyer le minerai d'or. Ouadi Margh. Nouvel Empire (R. et D. Klemm).
63 Pépite. IVe dynastie. Le Caire, Musée égyptien
64 Mine d'or du ouadi Barramiyeh. Nouvel Empire (R. et D. Klemm).
65 Quartz aurifère exploité jadis. Environs d'Um Ud (R. et D. Klemm).
66 Installations pour le lavage de l'or à Faras, en Nubie. Probablement Ve siècle. (J. Vercoutter, *The Gold of Kush*, 1959).
67 Peintures de la tombe de Nébamon et Ipouky. Thèbes-Ouest. TT 181. XVIIIe dynastie.
68 Poids pour peser l'or. Environs de la forteresse de Semna. XIIe dynastie. Khartoum, musée national 248 1.
69 Collier de perles. Or, électrum, verre. Longueur des extrémités 9 cm. Thèbes, vallée des Rois, tombe de Semenekhkarê. XVIIIe dynastie. Le Caire, Musée égyptien CG 52674.
70 Anneau en cloisonné. Or, lapis-lazuli. Hauteur 1,9 cm, diamètre 2,2 cm. XVIIIe dynastie. Collection privée.
71 Ceinture. Or, améthyste. Longueur 60 cm, longueur des têtes de léopard 5,3 cm. Dachour, tombe de Méréret. XIIe dynastie. Le Caire, Musée égyptien JE 30879.
72 Bracelet au scarabée. Or, lapis-lazuli, cornaline. XVIIIe dynastie. Londres, British Museum EA 65616.
73 Rangée de coquillages et de canards. Or. Longueur des canards 1,1 cm. XVIIIe dynastie. Londres, British Museum EA 14696.
74-75 Collier de perles. Or, cornaline, pendentifs en forme de dattes et de lézards. XVIIIe dynastie. Londres, British Museum EA 3081.
76 Colliers. Or, cornaline. Fin de l'époque ptolémaïque. Collection privée.
77 Bracelet. Or. Époque ptolémaïque. Le Caire, Musée égyptien.
78-83 Collier avec pendentifs ; boucles d'oreilles et bracelets. Or. Époque ptolémaïque. Collection privée.
84 Plaque de fondation. Or. Longueur 10,9 cm, hauteur 5,1 cm. Sérapeum d'Alexandrie. Règne de Ptolémée IV Philopator (222/221-205/204 av. J.-C.). Musée d'Alexandrie P 100035.
85 Plaque de fondation. Or. Longueur 17,3 cm, hauteur 5,9 cm. Sérapeum d'Alexandrie. Règne de Ptolémée III Évergète (246/222/221 av. J.-C.). Musée d'Alexandrie P 8357.

86-87 Statère en or. XXXe dynastie, règne de Nectanébo II (360-342 av. J.-C.). Collection privée.
88-89 Pièce de cinq drachmes. Portrait d'un des premiers Ptolémée (283-246 av. J.-C.). Musée d'Alexandrie.
90-91 Pièce de huit drachmes. Règne de Ptolémée II (283-246 av. J.-C.). Collection privée.
92-93 Pièce de huit drachmes. Règne de Ptolémée VI (180-145 av. J.-C.). Collection privée.
94-95 Pièce de huit drachmes. Portrait d'un des premiers Ptolémée (221-204 av. J.-C.). Collection privée.
96-97 Carte des mines d'or. Fragments de papyrus. Thèbes. Vers 1200 av. J.-C. Turin, Musée égyptien 1879, 1899, 1969.
98 Plan de la tombe de Ramsès IV. Fragments de papyrus. Hauteur 24,5 cm, longueur 86 cm. XXe dynastie. Turin, Musée égyptien 1885.
99 Mines du ouadi Hammamat. Nouvel Empire (R. et D. Klemm).
100 Temple de Séthi Ier à Kanaïs. XIXe dynastie (R. et D. Klemm).
101 Voir **1.**
102 Coffre à bijoux de Toutânkhamon (Griffith Institute, Ashmolean Museum, Oxford).
103 Étoffe et bagues perdues par les voleurs dans la tombe de Toutânkhamon (Griffith Institute, Ashmolean Museum, Oxford).
104 Papyrus Abbott. XXe dynastie. Londres, British Museum EA 10221.1.
105 Chambre funéraire de Thoutmosis III. Thèbes, vallée des Rois KV 34. XVIIIe dynastie.
106 Mastaba de Taninenkhébou. Sakkara. V^e^ dynastie.
107 Galerie souterraine de la pyramide à degrés de Djéser à Sakkara. XXVIe dynastie.
108 Sarcophage en granite d'un taureau Apis, Sérapeum de Sakkara.
109 Tombe de Montouemhat. Thèbes, Assassif, TT 34. XXVe-XXVIe dynastie.
110-111 Grande galerie et chambre funéraire de la pyramide de Khéops. Guiza, Luigi Mayer, *Views in Egypt*, 1804.
112-113 Fragment de bague-sceau. Or. Collection privée.
114 Statuette du dieu Amon. Or. Hauteur 17,5 cm. XXIIe dynastie, New York, Metropolitan Museum of Art 26.7.1412.
115 Voir **177.**
116 Faucon Horus. Or, obsidienne pour les yeux. Hauteur de la tête 10 cm. Temple d'Horus à Hiérakonpolis. VIe dynastie. Le Caire, Musée égyptien JE 32158.
117 Relief de la tombe de Khaefkhoufou. Guiza. IVe dynastie.
118 Le signe du « soleil d'or » dans la titulature du roi Djéser. Relief d'une chapelle fragmentaire consacrée à un dieu. IIIe dynastie. Turin, Musée égyptien.
119 L'emblème de Bat, ornement de ceinture ou pendentif. Fragment de statue de Djéser. IIIe dynastie. Le Caire, Musée égyptien.
120 Emblème de Bat. Or avec traces d'incrustations. Hauteur 2,3 cm. Abydos. Époque thinite (?). Le Caire, Musée égyptien JE 28169.
121 Pyramide à degrés et complexe funéraire du roi Djéser à Sakkara.
122 Peinture de la chapelle d'Atet à Meïdoum. IVe dynastie.
123-126 Fragments de relief provenant du temple de la vallée de la pyramide rhomboïdale de Dachour. IVe dynastie.
124 Statue de Khéphren protégé par le faucon Horus. Diorite. Hauteur totale 68 cm. Guiza, temple de la vallée de Khéphren. IVe dynastie. Le Caire, Musée égyptien JE 10062 (F. Teichman).
127 Relief de la tombe de la fille du prince Kaouab, Merseânkh III. Guiza G. 7530. IVe dynastie.
128 Relief de la tombe de Mérérouka à Sakkara. VIe dynastie.
129 Relief de la tombe de Néfer et Kahay à Sakkara. V^e^ dynastie.
130 Diadème funéraire. Cuivre, feuille d'or, stuc coloré. Largeur 11 cm. Guiza. V^e^ dynastie. Boston, Museum of Fine Arts 37.606 A, B.
131-132 Néfret. Calcaire peint. Hauteur totale 120 cm. Meïdoum, tombe du prince Rahotep. IVe dynastie. Le Caire, Musée égyptien CG 4.
133 Voir **117.**
134 Relief de la tombe de Mérérouka à Sakkara. VIe dynastie.
135 Prince Bia. Relief de Sakkara. VIe dynastie.
136 Collier d'Impy. Or, faïence. Nécropole de Guiza. Boston, Museum of Fine Arts.
137 Coffret à bijoux. Bois incrusté d'ivoire, de fritte glaçurée et de faïence. Hauteur 19 cm. Gébélein. Turin, Musée égyptien 15709.
138-139 Fragments de relief provenant du temple funéraire de Sahourê à Abousir. V^e^ dynastie.
140 Relief de la tombe de Ti à Sakkara. V^e^ dynastie.
141 Relief de la chapelle d'Akhethétep à Sakkara. Paris, musée du Louvre E 1095.
142 Sceau-cylindre. Feuille d'or. IVe dynastie. Anciennement au Musée égyptien de Berlin.
143 Pierre à polir. Calcite. Longueur 8,9 cm. XVIIIe dynastie. Boston, Museum of Fine Arts 72.789.
144 Pinces. Bronze. Longueur 8 cm. Nouvel Empire. Le Caire, Musée égyptien.
145 Ciseaux de cuivre avec un manche en bois. Longueur 13, 6 cm et 15 cm. Thèbes, temple d'Hatchepsout à Deir el-Bahari. XVIIIe dynastie. Boston, Museum of Fine Arts 05.82, 05.79.
146 Relief de la tombe de Kairer à Sakkara. V^e^-VIe dynastie (DAI, Le Caire).
147 Relief de la chaussée montante du roi Ounas à Sakkara. V^e^ dynastie.
148 Voir **146.**
149 Voir **147.**
150-151 Reliefs de la tombe de Nyankhkhnoum à Sakkara. VIe dynastie.
152 Voir **147.**
153-155 Reliefs de la tombe de Mérérouka à Sakkara. VIe dynastie.
156 Récipient en forme de coquillage. Or. Longueur 14 cm, épaisseur 5,2 cm. Sakkara, pyramide de Sekhemkhet. IIIe dynastie. Le Caire, Musée égyptien JE 92656 (J. Liepe).
157 Bracelet de perles. Or. Longueur 14 cm. Sakkara, pyramide de Sekhemkhet. IIIe dynastie. Le Caire, Musée égyptien (H.W. Müller).
158 Entrée de la chambre funéraire du roi Sekhemkhet à Sakkara. IIIe dynastie.
159 Aiguière et coupe. Or. Hauteur de l'aiguière 5,2 cm, diamètre 8, 5 cm ; hauteur de la coupe 2,4 cm, diamètre 8,2 cm. Guiza, G 7000 X, tombe de la reine Hetephérès. IVe dynastie. Le Caire, Musée égyptien JE 52404-52405 (J. Liepe).
160 Fauteuil de la reine Hétephérès. Bois doré à la feuille. Guiza, G 7000 X, tombe de la reine Hetephérès. IVe dynastie. Le Caire, Musée égyptien JE 53263.
161 Voir **164.**
162 Coffre à bijoux. Bois, feuilles d'or. Guiza, G 7000 X, tombe de la reine Hetephérès. IVe dynastie. Le Caire, Musée égyptien.
163 Bracelets. Argent, lapis-lazuli, turquoise, cornaline. Guiza, G 7000 X, tombe de la reine Hetephérès. IVe dynastie. Le Caire, Musée égyptien.
164-166 Chaise à porteurs. Bois, ébène, feuilles d'or. Hauteur du dossier 52 cm. Guiza, G 7000 X, tombe de la reine Hetephérès. IVe dynastie. Le Caire, Musée égyptien JE 52372.
167-168 Dais et lit de la reine Hétephérès. Bois et feuille d'or. Hauteur du dais 220 cm, largeur 250 cm ; longueur du lit 178 cm. Guiza, G 7000 X, tombe de la reine Hetephérès. IVe dynastie. Le Caire, Musée égyptien JE 53261.
169 Relief du temple funéraire de Sahourê. Abousir. V^e^ dynastie.
170 Décor du dos d'un siège de la reine Hétephérès.
171 Décor du coffre à rideaux de la reine Hétephérès.
172 Support du dais de la reine Hétephérès. Le Caire, Musée égyptien JE 57711.
173-175 Ceinture de perles. Or, cornaline, stéatite. Longueur 90 cm, largeur 4,5 cm. Sakkara, tombe du prince Ptahchepsès. V^e^ dynastie. Le Caire, Musée égyptien JE 87078.
176 Collier. Or. Longueur des scarabées 2,7 cm. Guiza, complexe funéraire de Raouer. IVe-V^e^ dynastie. Le Caire, Musée égyptien JE 72334.
177 Diadème funéraire. Bandeau de cuivre, feuille d'or. Disques ornementaux en or et cornaline. Longueur du bandeau 56 cm, diamètre du disque central 7,8 cm. Guiza, complexe funéraire de Raouer. IVe-V^e^ dynastie. Le Caire, Musée égyptien JE 72332.
178 Amenemhat IV fait offrande à Atoum. Or. Hauteur 2,8 cm. XIIe dynastie. Londres, British Museum EA 599194.
179 Miroir. Argent, or, obsidienne, pierres semi-précieuses, faïence, électrum. Hauteur 28 cm, largeur 15 cm. Illahoun, tombe de la princesse Sat-Hathor-Iounit. XIIe dynastie. Le Caire, Musée égyptien JE 44919.
180 Relief peint. Calcaire. Hauteur 80 cm, largeur 86 cm. Thèbes, chapelle funéraire d'Ashaït à Deir el-Bahari. XIe dynastie. Le Caire, Musée égyptien 11/11/20/17.
181 Sarcophage de la princesse Kaouit. Calcaire. Thèbes, Deir el-Bahari, complexe funéraire de Montouhotep II. XIe dynastie. Le Caire, Musée égyptien JE 47397.
182-183 Sarcophage de Dagi. Calcaire peint. Thèbes, Deir el-Bahari, TT 103, tombe de Dagi. XIe dynastie. Le Caire, Musée égyptien JE 25328.
184-185 Bague au scarabée d'Amenemhat III. Or, cornaline. XIIe dynastie. Collection privée.
186 Bague au scarabée. Or, améthyste. XIIe dynastie. Munich, Staatliche Sammlung Ägyptischer Kunst, ÄS 5844.
187-188 Trois scarabées. Argent incrusté d'or, lapis-lazuli. Thèbes, tombe de Ouah. XIe dynastie. New York, Metropolitan Museum of Art 40.3.12.
189 Masque de momie de femme. Cartonnage doré. Hauteur 61 cm. XIIe dynastie. Londres, British Museum 29770.
190 Relief de la tombe rupestre d'Oukhhotep. Meir. Moyen Empire.
191 Quatre amulettes cylindriques. Or, lapis-lazuli, turquoise. Longueur de la plus grande 5,3 cm. Dachour, tombe de Méréret. XIIe dynastie. Le Caire, Musée égyptien JE 53072, 53071.
192 Deux amulettes cylindriques. Or, améthyste. Hauteur 7,3 cm et 5,4 cm. XIIe dynastie. Londres, British Museum 29774, 30478.
193 Quatre amulettes cylindriques. Or. Thèbes. Tombe des trois princesses. New York, Metropolitan Museum of Art 59.199.1.
194 Collier ou ceinture. Électrum, lapis-lazuli, améthyste, turquoise et cornaline. Longueur 46,3 cm. Thèbes. XIIe dynastie. Londres, British Museum EA 3077.
195-196 Statue assise de la reine Néfret. Granite noir. Hauteur 165 cm. Tanis. XIIe dynastie. Le Caire, Musée égyptien JE 37487.
197 Pectoral. Électrum. XIIe dynastie. Windsor, Eton College, 215 P17 (N. Reeves).
198 Relief peint de la tombe du gouverneur Djéhoutyhotep à el-Bercheh. XIIe dynastie. Le Caire, Musée égyptien JE 30199.
199 Pendentif. Or, cornaline, faïence. XIIe dynastie. Munich, Staatliche Sammlung Ägyptische Kunst ÄS 5301.
200 Pendentif. Or, lapis-lazuli, turquoise, cornaline. Hauteur 4,6 cm. XIIe dynastie. Le Caire, Musée égyptien CG 53070 (Photothèque Gallimard).
201 Voir **219.**
202 Diadème de Khnoumet au décor floral stylisé. Or, cornaline, turquoise, lapis-lazuli, obsidienne. Diamètre 20, 5 cm. Dachour, tombe de la princesse Khnoumet. XIIe dynastie. Le Caire, Musée égyptien CG 52860.
203-205 Collier aux faucons de Khnoumet. Or, lapis-lazuli, cornaline, feldspath vert, grenat. Hauteur des têtes de faucon 3,8 cm. Dachour, tombe de la princesse Khnoumet. XIIe dynastie. Le Caire, Musée égyptien CG 52861.
206 Diadème floral de Khnoumet. Or, lapis-lazuli, turquoise, cornaline. Dachour, tombe de la princesse Khnoumet. XIIe dynastie. Le Caire, Musée égyptien CG 52859.

207 Bracelet de cheville de Khnoumet. Or, turquoise, lapis-lazuli, cornaline. Dachour, tombe de la princesse Khnoumet. XIIe dynastie. Le Caire, Musée égyptien JE 3195.

208-211 Bracelets protecteurs de Khnoumet. Or, cornaline, turquoise, lapis-lazuli. Dachour, tombe de la princesse Khnoumet. XIIe dynastie. Le Caire, Musée égyptien CG 52914, 52955-56, 52958.

212 Collier de Khnoumet. Or, lapis-lazuli, turquoise, cornaline. Hauteur des têtes de faucon 1,3 cm. Dachour, tombe de la princesse Khnoumet. XIIe dynastie. Le Caire, Musée égyptien CG 52920.

213 Collier. Or, lapis-lazuli, turquoise. Dachour, tombe de la princesse Khnoumet. XIIe dynastie. Le Caire, Musée égyptien CG 53018.

214 Fermoir de bracelet. Or, lapis-lazuli, turquoise, cornaline. Hauteur 3,9 cm. Dachour, tombe de la princesse Khnoumet. XIIe dynastie. Le Caire, Musée égyptien CG 52044.

215 Ceinture. Or, lapis-lazuli, turquoise, cornaline. Dachour, tombe de la princesse Khnoumet. XIIe dynastie. Le Caire, Musée égyptien CG 53131.

216 Collier de perles. Or, lapis-lazuli, turquoise. Dachour, tombe de la princesse Khnoumet. XIIe dynastie. Le Caire, Musée égyptien CG 52913.

217 Bijoux en or. Médaillon en mosaïque et cristal de roche. Diamètre 2,8 cm. Dachour, tombe de la princesse Khnoumet. XIIe dynastie. Le Caire, Musée égyptien CG 52975-79.

218 Poignard. Or, lapis-lazuli, cornaline, lame en bronze. Dachour, tombe de la princesse Ita. XIIe dynastie. Le Caire, Musée égyptien CG 52982.

219 Pectoral au nom de Sésostris II. Or, lapis-lazuli, turquoise, cornaline. Hauteur 5,2 cm. Dachour, tombe de Sathathor. XIIe dynastie. Le Caire, Musée égyptien CG 52001.

220 Pectoral au nom de Sésostris III. Or, lapis-lazuli, turquoise, cornaline. Hauteur 6,1 cm. Dachour, tombe de Méreret. XIIe dynastie. Le Caire, Musée égyptien CG 52002.

221 Diadème de la princesse Sat-Hathor-Iounit. Restitution de la perruque avec les anneaux d'or. New York, Metropolitan Museum of Art 31.10.8.

222 Diadème. Or, lapis-lazuli, cornaline, faïence. Illahoun, tombe de la princesse Sat-Hathor-Iounit. XIIe dynastie. Le Caire, Musée égyptien CG 52641.

223-224 Paire de bracelets. Or, turquoise, faïence. Largeur 12 cm, hauteur 8,1 cm. Illahoun, tombe de la princesse Sat-Hathor-Iounit. XIIe dynastie. New York, Metropolitan Museum of Art 16.1.8.

225 Ceinture avec des cauris en or. Illahoun, tombe de la princesse Sat-Hathor-Iounit. XIIe dynastie. New York, Metropolitan Museum of Art 16.1.5.

226-227 Bracelets de cheville. Or, améthyste, obsidienne. Longueur 17 cm. Illahoun, tombe de la princesse Sat-Hathor-Iounit. XIIe dynastie. New York, Metropolitan Museum of Art 16.1.7.

228 Ceinture. Or, turquoise, cornaline. Longueur 84 cm. Illahoun, tombe de la princesse Sat-Hathor-Iounit. XIIe dynastie. New York, Metropolitan Museum of Art 16.1.6.

229 Uræus. Or, lapis-lazuli, feldspath vert, cornaline, obsidienne. Hauteur 5,3 cm. Pyramide de Sésostris II à Illahoun. XIIe dynastie. Le Caire, Musée égyptien CG 52702.

230-232 Amulette. Cristal de roche, or, lapis-lazuli, turquoise cornaline, obsidienne. Hauteur 4,9 cm. XIIe dynastie. Miho Museum, Japon.

233 Pectoral au nom de Sésostris II. Or, lapis-lazuli, turquoise cornaline. Hauteur 4,5 cm. Illahoun, tombe de la princesse Sat-Hathor-Iounit. XIIe dynastie. New York, Metropolitan Museum of Art 16.1.3.

234 Pectoral au nom d'Amenemhat III. Or, cornaline, lapis-lazuli, faïence. Hauteur 7,9 cm, largeur 10,4 cm. Dachour, tombe de Méreret. XIIe dynastie. Le Caire, Musée égyptien CG 52003.

235-237 Bracelets, bracelets de cheville et collier. Or, feldspath, cornaline. Hawara, tombe de la princesse Néferouptah. XIIe dynastie. Le Caire, Musée égyptien JE 90197-9.

238 Diadème. Or. Licht, tombe de Sénebtisi. XIIe dynastie. New York, Metropolitan Museum of Art 07.227.6.7.

239 Pendentif au nom du roi Yapi-Shémou-Abi. Or, lapis-lazuli, feldspath, turquoise, cornaline. Largeur 7,1 cm. Nécropole royale de Byblos. XVIIIe siècle av. J.-C. Beyrouth, Musée national (Photothèque Gallimard).

240 Pectoral. Argent, électrum, cornaline, faïence. Hauteur 11,2 cm, longueur 36,5 cm. XIIIe dynastie. Boston, Museum of Fine Arts 1981.159.

241 Masque de la momie de Touya. Cartonnage doré, pierres semi-précieuses. Hauteur 40 cm. Thèbes, vallée des Rois, KV 46, tombe de Youya et Touya. XVIIIe dynastie. Le Caire, Musée égyptien JE 92254.

242 Char de guerre. Bois doré. Thèbes, vallée des Rois, KV 62, tombe de Toutânkhamon. XVIIIe dynastie. Le Caire, Musée égyptien JE 61989.

243 Lame d'épée en forme de faucille. Bronze, cuivre, nielle avec incrustation d'or. Sichem, Palestine. Vers 1800 av. J.-C. Munich, Staatliche Sammlung Ägyptischer Kunst ÄS 2907.

244-246 Diadème. Or. Hauteur de la tête de cerf 8,5 cm. Delta oriental. Époque Hyksos. New York, Metropolitan Museum of Art 68.136.1.

247 Collier-*ousekh*. Or, têtes de faucon niellées. Thèbes, tombe de la reine Iâhhotep. XVIIe-XVIIIe dynastie. Le Caire, Musée égyptien CG 52672.

248 Éléments de collier. Or. Thèbes, tombe de la reine Iâhhotep. XVIIe-XVIIIe dynastie. Le Caire, Musée égyptien CG 52793, 52688.

249 Ceinture, éléments de collier, amulette. Or. Thèbes, tombe de la reine Iâhhotep. XVIIe-XVIIIe dynastie. Le Caire, Musée égyptien CG 52793.

250-252 Voir **18.**

253-254 Bracelet. Or, turquoise, lapis-lazuli, cornaline. Longueur 16,5 cm, largeur 3,5 cm. Thèbes, tombe de la reine Iâhhotep. XVIIe-XVIIIe dynastie. Le Caire, Musée égyptien CG 52070.

255-256 Bracelet. Or, turquoise, lapis-lazuli, cornaline. Longueur 15 cm, hauteur 4,3 cm. Thèbes, tombe de la reine Iâhhotep. XVIIe-XVIIIe dynastie. Le Caire, Musée égyptien CG 52071.

257-260 Bracelets. Or. Thèbes, tombe de la reine Iâhhotep. XVIIe-XVIIIe dynastie. Le Caire, Musée égyptien CG 52668, 52671.4.

261 Bracelet. Or. XVIIIe dynastie. Leyde, Rijksmuseum van Oudheden AO2a.

262-263 Chaîne et pendentif au scarabée. Or, lapis-lazuli. Hauteur du scarabée 3 cm, longueur de la chaîne 202 cm. Thèbes, tombe de la reine Iâhhotep. XVIIe-XVIIIe dynastie. Le Caire, Musée égyptien CG 52670.

264-267 Bracelet. Or, lapis-lazuli. Hauteur 3,5 cm. Thèbes, tombe de la reine Iâhhotep. XVIIe-XVIIIe dynastie. Le Caire, Musée égyptien CG 52069.

268 Pectoral du roi Ahmosis. Or, lapis-lazuli, cornaline, faïence. Hauteur 9,2 cm. Thèbes, tombe de la reine Iâhhotep. XVIIe-XVIIIe dynastie. Le Caire. Musée égyptien CG 52004.

269-271 Bracelet protecteur du roi Ahmosis. Or, turquoise, lapis-lazuli, cornaline. Thèbes, tombe de la reine Iâhhotep. XVIIe-XVIIIe dynastie. Le Caire, Musée égyptien CG 52642.

272-273 Hache de bataille d'Ahmosis. Lame de bronze avec incrustations de pierres et métal incrusté, en partie doré, en partie niellé ; manche en bois avec dorure et incrustations. Longueur de l'arme 47,5 cm. Thèbes, tombe de la reine Iâhhotep. XVIIe-XVIIIe dynastie. Le Caire, Musée égyptien CG 52645.

274 « L'ordre des mouches d'or ». Or. Longueur des mouches 9 cm. Thèbes, tombe de la reine Iâhhotep. XVIIe-XVIIIe dynastie. Le Caire, Musée égyptien CG 52671.

275 Poignard. Bronze, dorure, incrustations d'électrum, lapis-lazuli, cornaline. Longueur 28,5 cm. Thèbes, tombe de la reine Iâhhotep. XVIIe-XVIIIe dynastie. Le Caire, Musée égyptien CG 52658-52659.

276 Bracelet de perles. Or, lapis-lazuli, turquoise, cornaline. Longueur 15,2 cm, hauteur 4,3 cm. XVIIe-XVIIIe dynastie. New York, Metropolitan Museum of Art 1930.410.4.

277 Bracelet de perles. Or, lapis-lazuli. Longueur 15,5 cm, hauteur 4,9 cm. Début XVIIIe dynastie. Miho Museum, Japon.

278-279 Manchettes de perles. Or, lapis-lazuli, turquoise, cornaline. Hauteur 7,1 cm. XVIIIe dynastie. Hildesheim, Pelizaeus Museum (prêt de la Niedersächsische Sparkassenstiftung).

280-281 Bracelets de perles. Or, lapis-lazuli turquoise, cornaline. Hauteur 1,4 cm. XVIIIe dynastie. Hildesheim, Pelizaeus Museum (prêt de Niedersächsische Sparkassenstiftung).

282 Relief peint Portique de Pount, temple d'Hatchepsout à Deir el-Bahari. XVIIIe dynastie.

283 Peinture de la tombe de Pahekamon. Thèbes-Ouest. XVIIIe dynastie.

284 Peinture de la tombe de Pouiemrê. Thèbes-Ouest. Assassif, TT 39. XVIIIe dynastie.

285 Thoutmosis III. Relief peint. Calcaire. XVIIIe dynastie. Magasin de Deir el-Bahari.

286 Collier. Or, cornaline. Longueur 24 cm, mouches 1,1 x 0,6 cm. XVIIIe dynastie. Londres, British Museum 65279.

287 Collier. Or, cornaline, faïence. Longueur 26,7 cm, mouches 1,1 x 1,7 cm. XVIIIe dynastie. Boston, Museum of Fine Arts MFA 1980.167.

288 Collier aux lions et aux mouches du général Dédi. XVIIIe dynastie. (Rdt 34, p. 122, I, 1913.)

289 Relief du temple de Karnak. XVIIIe dynastie.

290-291 Coupe du général Djéhouty. Or. Diamètre 17,9 cm, hauteur 2,2 cm. XVIIIe dynastie. Paris, musée du Louvre N713.

292 Relief de la tombe d'Aÿ à Amarna. Hauteur 27,5 cm, largeur 54 cm. XVIIIe dynastie. Le Caire, Musée égyptien 10/11/26/1.

293 Statue de Sennéfer assis avec sa femme. Granite gris. Hauteur 120 cm. Karnak. XVIIIe dynastie. Le Caire, Musée égyptien CG 42126.

294 Peinture de la tombe de Sennéfer. Thèbes-Ouest TT 96. XVIIIe dynastie.

295-296 Scarabée de cœur du général Djéhouty. Longueur de la chaîne en or 133 cm, longueur du scarabée en pierre grise 8,3 cm. XVIIIe dynastie. Leyde, Rijksmuseum van Oudheden A 01.

297 Relief de la tombe de Khâemhat. Thèbes-Ouest TT 57. XVIIIe dynastie.

298 Voir **67.**

299 Peinture de la tombe de Rekhmirê. Thèbes-Ouest TT 100. XVIIIe dynastie.

300 Voir **57-59.**

301 Voir **67.**

302 Collier de fleurs. Faïence. Longueur 30,5 cm. XVIIIe dynastie. Le Caire, Musée égyptien JE 61906.

303 Collier de fleurs. Faïence. Longueur 28 cm, hauteur des extrémités en forme de lotus 4 cm. XVIIIe dynastie. Collection privée.

304 Bague. Faïence bleue. Hauteur 2,3 cm. XVIIIe dynastie. Collection privée.

305 Plaquette. Faïence bleue. Hauteur 5,8 cm. XVIIIe dynastie. Berlin, Ägyptisches Museum.

306 Collier de perles. Faïence bleue. Hauteur 36,9 cm. XVIIIe dynastie. Brooklyn, The Brooklyn Museum 40.522.

307 Perruque à bandeau. Verre. Hauteur 5 cm. XVIIIe dynastie. Londres, British Museum.

308 Lion et Nubien. Fritte bleue, or. Longueur 4,2 cm. XVIIIe dynastie. New York, Metropolitan Museum of Art 1989.281.92 (don du Norbert Schimmel Trust).

309 Collier. Faïence bleue. Longueur 38 cm. XVIIIe dynastie. Berlin, Ägyptisches Museum.

310 Boîte à bijoux. Stéatite glaçurée vert foncé. Longueur 4,7 cm, hauteur 3,8 cm. Thèbes-Ouest. XVIIIe dynastie. Berlin, Ägyptisches Museum 2038.

311 Boucles d'oreille en forme de bouton. Faïence bleue, verre. XVIIIe dynastie. Hildesheim, Pelizaeus Museum 4867, 4866, 4864, 4865 (de gauche à droite).

312 Tombe de Nébenmaât. Thèbes-Ouest, Deir el-Médineh TT 219. XXe dynastie.

313 Peinture de la tombe de Nakht. Thèbes-Ouest, TT 52. XVIIIe dynastie.

314 et 316 Peinture de la tombe de Nébamon et Ipouky. Thèbes-Ouest, TT 181. XVIIIe dynastie.

315 Peinture de la tombe d'Ouserhat. Thèbes-Ouest, TT 51. XVIIIe dynastie.

317 Peinture de la tombe de Djéserkarêséneb. Thèbes-Ouest, TT 38. XVIIIe dynastie.

318 Bague. Électrum, cornaline, faïence, verre. Diamètre 2,5 cm. XVIIIe dynastie. Hildesheim, Pelizaeus Museum 4721.

319 Bague-scarabée. Or, stéatite glaçurée. Longueur du scarabée 1,4 cm. XVIIIe dynastie. Hildesheim, Pelizaeus Museum 4781.
320-321 Bague-scarabée. Or, stéatite à glaçure verte. Longueur du scarabée 1,8 cm. XVIIIe dynastie. Boston, Museum of Fine Arts 62.810.
322 Bague-sceau d'Aménophis II. Argent. Longueur du sceau 2,2 cm. XVIIIe dynastie. Brooklyn, The Brooklyn Museum 37.726 E.
323 Bague-sceau d'Aménophis II. Or. Longueur du sceau 1,9 cm. XVIIIe dynastie. Paris, musée du Louvre AF 2276.
324 Bague-sceau d'Aménophis II. Argent. Longueur du sceau 1,7 cm. XVIIIe dynastie. Boston, Museum of Fine Arts 1985.433.
325-326 Bagues-sceaux de Thoutmosis III. Or. Longueur du sceau 1,9 cm. XVIIIe dynastie. Londres, British Museum EA 71492.
327 Peinture de la tombe de Houy. Thèbes-Ouest, TT 40. XVIIIe dynastie.
328 Voir **313.**
329 *Ménat.* Bronze, incrustations d'argent et d'or. Longueur 11,5 cm. Amarna. XVIIIe dynastie. Berlin, Ägyptisches Museum 814A.
330 Peinture de la tombe d'Ipouy. Thèbes-Ouest, Deir el-Médineh, TT 217. XIXe dynastie.
331 Collier. Or, cornaline, jaspe, verre. Longueur 48 cm. XVIIIe dynastie. Londres, British Museum EA 65617.
332 Collier. Or. Longueur du collier 49,5 cm, longueur des pendentifs 1,2-1,5 cm. XVIIIe dynastie. Collection privée.
333-334 Collier. Or, cornaline. Longueur 45 cm, hauteur de la tête de guépard 2 cm. XVIIIe dynastie. Hildesheim, Pelizaeus Museum 4818.
335 Collier. Or, cornaline. Longueur du canard 1,1 cm. XVIIIe dynastie. Miho Museum, Japon.
336 Collier. Électrum, verre. Longueur 39,9 cm, hauteur du chacal 1,4 cm. Boston, Museum of Fine Arts 45.969.
337 Pectoral. Or avec incrustations colorées. Hauteur 6,9 cm. Le dieu Ched, avec un carquois et des flèches sur l'épaule, tient des serpents et des gazelles et marche sur deux crocodiles. XVIIIe-XIXe dynastie. Hildesheim, Pelizaeus Museum 5922.
338 En haut : **Bague de Néfertiti.** Électrum. Longueur du chaton 2,1 cm, hauteur 2,5 cm. Collection privée. Au centre : **Bague-sceau d'Akhénaton.** Argent avec des verreries incrustées. Longueur du sceau 2 cm. Collection privée. En bas à gauche : **Bague-sceau d'Akhénaton.** Or. Longueur du sceau 1,4 cm. Londres, British Museum EA 32723. En bas à droite : **Bague-sceau d'Akhénaton.** Or. Longueur du sceau 2,2 cm. Londres, British Museum EA 37644.
339 Coiffure. Or, cornaline, jaspe, verre. Thèbes-Ouest, tombe des trois princesses, XVIIIe dynastie. New York, Metropolitan Museum of Art 26.8.117
340 Boucles d'oreilles. Or, rosettes incrustées de cornaline et verre. Thèbes-Ouest, tombe des trois princesses. XVIIIe dynastie. New York, Metropolitan Museum of Art 26.8.92
341 Voir **19.**
342 Brassards. Or, cornaline, feldspath vert, fritte bleue. Thèbes-Ouest, tombe des trois princesses. XVIIIe dynastie. New York, Metropolitan Museum of Art 26.8.122-4.
343-344 Diadème. Or, cornaline, fritte bleue et verte. Longueur 43 cm. Thèbes-Ouest, tombe des trois princesses. XVIIIe dynastie. New York, Metropolitan Museum of Art 26.8.99.
345 Collier. Or, lapis-lazuli, jaspe, cornaline, feldspath, stéatite à glaçure verte, verre. Longueur 65,5 cm. Thèbes-Ouest, tombe des trois princesses. XVIIIe dynastie. Londres, British Museum 65617.
346 Collier. Or, lapis-lazuli, cornaline. Hauteur des pendentifs en forme de Touéris 2,5 cm. Probablement Thèbes-Ouest, tombe des trois princesses. XVIIIe dynastie. Hildesheim, Pelizaeus Museum (prêt de la Niedersächsische Sparkassenstiftung).
347 Collier. Or, incrustations de verre. Thèbes-Ouest, tombe des trois princesses. XVIIIe dynastie. New York, Metropolitan Museum of Art 26.8.59.
348 Collier. Or, incrustations de verre. Thèbes-Ouest, tombe des trois princesses. XVIIIe dynastie. New York, Metropolitan Museum of Art 26.8.135.
349-350 Bracelet. Or, turquoise, cornaline, fritte bleue. Diamètre 5,6 cm. Thèbes-Ouest, tombe des trois princesses. XVIIIe dynastie. New York, Metropolitan Museum of Art 26.8.125-8.
351 Paire de sandales funéraires. Or. Longueur 25,5 cm. Thèbes-Ouest, tombe des trois princesses. XVIIIe dynastie. New York, Metropolitan Museum of Art 26.8. 146A/B.
352 Bagues-scarabées. Or. Thèbes-Ouest, tombe des trois princesses. XVIIIe dynastie. New York, Metropolitan Museum of Art.
353-358 Ceintures. Or. Thèbes-Ouest, tombe des trois princesses. XVIIIe dynastie. New York, Metropolitan Museum of Art 26.8.41 (353) et 26.8.60 (355).
359 Anneaux. Jaspe. XVIIIe dynastie. Collection privée.
360 Boucles d'oreilles. Or. XVIIIe dynastie. Collection privée.
361 Boucles d'oreilles. Or. XIXe dynastie. Collection privée.
362 Boucles d'oreilles. Or. XVIIIe dynastie. Collection privée.
363 Reine Tiy. Bois d'if incrusté. Sur la coiffure en électrum (?) couche de tissus de lin amalgamés. Hauteur 9,4 cm. XVIIIe dynastie. Berlin, Ägyptisches Museum 21834.
364-366 Voir **21-22.**
367 Fauteuil de la princesse Satamon. Bois doré. Thèbes, vallée des Rois, KV 46, tombe de Youya et Touya. XVIIIe dynastie. Le Caire, Musée égyptien CG 51111.
368 Caveau de Toutânkhamon. Thèbes, vallée des Rois, KV 62.
369 Cercueil de Toutânkhamon. Or, pierres semi-précieuses, verre. Longueur 182,5 cm, poids 110,4 kg. XVIIIe dynastie. Le Caire, Musée égyptien JE 60671.
370 *Ba* de Toutânkhamon. Or, pierres semi-précieuses, verre. Hauteur 12,5 cm, largeur 33 cm. XVIIIe dynastie. Le Caire, Musée égyptien JE 61903.
371-373 Masque de Toutânkhamon. Or, lapis-lazuli, quartz, cornaline, obsidienne, feldspath vert, verre. Hauteur 54 cm, épaisseur 49 cm. XVIIIe dynastie. Le Caire, Musée égyptien JE 60672.
374-375. Collier de Toutânkhamon. Feuille d'or. Hauteur 24 cm, largeur 29 cm. XVIIIe dynastie. Le Caire, Musée égyptien JE 61876.
376-377. Collier de Toutânkhamon. Or, obsidienne, verre. Hauteur 46 cm. XVIIIe dynastie. Le Caire, Musée égyptien JE 61875.
378 Pectoral de Toutânkhamon. Or, lapis-lazuli, cornaline, albâtre, verre. Hauteur 5,7 cm, largeur 9,5 cm. XVIIIe dynastie. Le Caire, Musée égyptien JE 61900.
379 Pectoral de Toutânkhamon. Or rouge, lapis-lazuli, feldspath vert, turquoise, cornaline. Longueur totale 50 cm. XVIIIe dynastie. Le Caire, Musée égyptien JE 61896.
380 Pectoral du couronnement de Toutânkhamon. Or, argent, quartz, calcite, verre. Hauteur du pectoral 11,5 cm, hauteur du contrepoids 8,4 cm, longueur de la chaîne 34,3 cm. XVIIIe dynastie. Le Caire, Musée égyptien JE 61941.
381 Pectoral de Toutânkhamon. Or, électrum, pierres semi-précieuses, faïence. Longueur de la chaîne 10,8 cm. XVIIIe dynastie. Le Caire, Musée égyptien JE 61897.
382 Bracelet aux scarabées de Toutânkhamon. Or, turquoise, lapis-lazuli, cornaline. XVIIIe dynastie. Le Caire, Musée égyptien JE 62362.
383 Pectoral-rébus de Toutânkhamon. Or rouge, argent, calcédoine, cornaline, calcite, lapis-lazuli, turquoise, obsidienne, verre. Hauteur 14,9 cm, largeur 14,5 cm. XVIIIe dynastie. Le Caire, Musée égyptien JE 61884.
384-385 Pectoral de Toutânkhamon. Or. XVIIIe dynastie. Le Caire, Musée égyptien JE 61944.
386-387 Pectoral au pilier-*djed* de Toutânkhamon. Or, quartz, verre. Hauteur 11,9 cm, largeur 16,2 cm. XVIIIe dynastie. Le Caire, Musée égyptien JE 61949.
388-389 Pectoral au vautour de Toutânkhamon. Or, cornaline, lapis-lazuli, obsidienne. Hauteur 7,4 cm, largeur 11,4 cm. XVIIIe dynastie. Le Caire, Musée égyptien JE 61961.
390 Pectoral au faucon de Toutânkhamon. Or, pierres semi-précieuses, verre. Largeur 12,6 cm. XVIIIe dynastie. Le Caire, Musée égyptien JE 61893.
391 Corselet de Toutânkhamon. Or, ivoire, cornaline, verre. Hauteur 40 cm, longueur 85 cm. XVIIIe dynastie. Le Caire, Musée égyptien JE 62627.
392 Amulette de Toutânkhamon. Or. XVIIIe dynastie. Le Caire, Musée égyptien JE 61952.
393 Bague de Toutânkhamon. Or, électrum, lapis-lazuli, feldspath, cornaline. Diamètre intérieur 2 cm, largeur 1,4 cm. XVIIIe dynastie. Le Caire, Musée égyptien JE 62430.
394 Anneau double de Toutânkhamon. Or et verre noir. XVIIIe dynastie. Le Caire, Musée égyptien JE 62437.
395 Pectoral au scarabée de Toutânkhamon. Or. XVIIIe dynastie. Le Caire, Musée égyptien JE 61890.
396 Boucles d'oreilles de Toutânkhamon. Or, pierres semi-précieuses, verre. Hauteur 10,9 cm, largeur 5,2 cm. XVIIIe dynastie. Le Caire, Musée égyptien JE 61969.
397 Boucle d'oreille de Toutânkhamon. Or rouge, cornaline, calcite, quartz, verre. Hauteur 18,8 cm, largeur 5,4 cm. XVIIIe dynastie. Le Caire, Musée égyptien JE 61971.
398 Boucle d'oreille de Toutânkhamon. Or rouge, or, résine brune, cornaline, verre. Hauteur 10 cm, largeur 5,5 cm. XVIIIe dynastie. Le Caire, Musée égyptien JE 61972.
399 Poignard de Toutânkhamon. Or, pierres semi-précieuses, lame en fer. XVIIIe dynastie. Le Caire, Musée égyptien JE 61585.
400-401 Fourreau de poignard de Toutânkhamon. Or et incrustations de verre. Longueur 21 cm. XVIIIe dynastie. Le Caire, Musée égyptien JE 61584.
402 Pectoral au vautour de Toutânkhamon. Or. Hauteur 12,1 cm, largeur 17,2 cm. XVIIIe dynastie. Le Caire, Musée égyptien JE 61943.
403 Pectoral au scarabée de Toutânkhamon. Or. Longueur 18,2 cm, hauteur 12,8 cm. XVIIIe dynastie. Le Caire, Musée égyptien JE 61947.
404-406 Trône de Toutânkhamon. Bois doré à la feuille, argent, quartz, verre. XVIIIe dynastie. Le Caire, Musée égyptien JE 62028.
407 Voir **1.**
408-409 Vase de Temtaneb. Argent, or. Hauteur 16,5 cm. Zagazig. XIXe dynastie. Le Caire, Musée égyptien JE 39867.
410 Bague-sceau de Ramsès II. Électrum. Longueur du chaton 2,95 cm. XIXe dynastie. Munich, Staatliche Sammlung Ägyptische Kunst ÄS 5851.
411 Bracelet de Ramsès II. Or, lapis-lazuli. Largeur 6 cm, diamètre 7,2 cm. XIXe dynastie. Le Caire, Musée égyptien CG 52575-6.
412 Pendentif de Ramsès II. Or, verre. Hauteur 7,2 cm. XIXe dynastie. Boston, Museum of Fine Arts 68.836 (K. Flimm).
413 Pectoral au faucon. Or, lapis-lazuli, turquoise, cornaline. Largeur 13,7 cm. Sakkara, Sérapeum. XIXe dynastie. Paris, musée du Louvre E 80.
414 Pectoral au nom de Ramsès II. Or, argent, faïence. Hauteur 12 cm, largeur 14 cm. Sakkara, Sérapeum. XIXe dynastie. Paris, musée du Louvre E 79.
415 Peinture de la tombe de Néfertari. Thèbes, vallées des Reines QV 66. XIXe dynastie.
416 Boucles d'oreilles au nom de Séthi II. Or. Hauteur 13,5 cm. XIXe dynastie. Le Caire, Musée égyptien CG 52397-8.
417 Diadème floral. Or. Diamètre 17 cm. XIXe dynastie. Le Caire, Musée égyptien CG 52644.
418 Chaîne filigranée. Or. Longueur des pendentifs 2,1 cm. XIXe dynastie. Le Caire, Musée égyptien CG 52679.
419 Boucles d'oreilles au nom de Ramsès XI. Or rouge. Longueur 16 cm, largeur 5 cm. XXe dynastie. Le Caire, Musée égyptien CG 52323-4.
420 Bracelets au nom d'Hérihor. Or, turquoise, faïence. Diamètre 9 cm. XXe dynastie. Hildesheim, Pelizaeus Museum 5873, 5874, 5872 (prêt de la Niedersächsische Sparkassenstiftung).
421 Pendentif. Or, lapis-lazuli. Hauteur 2,3 cm. XXIe-XXIIIe dynastie. Londres, British Museum EA 14456.
422 Bracelet à tête de serpent. Or, grenat. Diamètre 9, 5 cm. Toukh el-Harmous, Delta oriental. Ve-IVe siècle av. J.-C. Le Caire, Musée égyptien JE 38078.

423-425 Bague-scarabée de Mendès. Or. XXIe dynastie. Collection privée.
426 Pectoral du roi-prêtre Pinedjem Ier. Or, lapis-lazuli. Longueur 60 cm. XXIe dynastie. Paris, musée du Louvre E 25412.
427 Bracelet de Pinedjem II. Or, lapis-lazuli, cornaline. Diamètre 6,8 cm. Thèbes-Ouest, cachette de Deir el-Bahari. XXIe dynastie. Le Caire, Musée égyptien JE 85912.
428 Cercueil en argent de Psousennès Ier. Argent, or, verre. Tanis. XXIe dynastie. Le Caire, Musée égyptien JE 85912.
429-430 Masque en or de Psousennès Ier. Or, verre, lapis-lazuli. Hauteur 48 cm. Tanis. XXIe dynastie. Le Caire, Musée égyptien JE 85913.
431 Manche d'épée de Psousennès Ier. Or. Tanis. XXIe dynastie. Le Caire, Musée égyptien JE 85854.
432 Amulette à l'oiseau-*ba* de Psousennès Ier. Or. Hauteur 3,5 cm. Tanis. XXIe dynastie. Le Caire, Musée égyptien JE 85820.
433-434 « L'or de l'honneur » de Psousennès Ier. Or. Hauteur totale 64,5 cm, longueur du fermoir 10,9 cm. Tanis. XXIe dynastie. Le Caire, Musée égyptien JE 85751.
435 Pendentif au scarabée de Psousennès Ier. Or, lapis-lazuli, cornaline, feldspath, granite bleu-gris. Hauteur 9,7 cm. Tanis. XXIe dynastie. Le Caire, Musée égyptien JE 85762.
436-437 Pectoral au scarabée de Psousennès Ier. Or, pierres semi-précieuses. Hauteur 13 cm. Tanis. XXIe dynastie. Le Caire, Musée égyptien JE 85769.
438 Bracelet de Psousennès Ier. Or. Diamètre extérieur 6,9 cm. Tanis. XXIe dynastie. Le Caire, Musée égyptien JE 85772.
439-440 Bracelet rébus de Psousennès Ier. Or, lapis-lazuli, cornaline, feldspath. Hauteur 3,5 cm, diamètre extérieur 12,2 cm. Tanis. XXIe dynastie. Le Caire, Musée égyptien JE 85775.
441 Brassard de Psousennès Ier. Or, lapis-lazuli. Hauteur 3,6 cm, longueur 21,5 cm. Tanis. XXIe dynastie. Le Caire, Musée égyptien JE 85779.
442-443 Voir **16.**
444 Aiguière de Psousennès Ier. Or. Hauteur 38 cm. Tanis. XXIe dynastie. Le Caire, Musée égyptien JE 85892.
445 Coupe à pied du grand prêtre Pinedjem Ier. Or. Hauteur 21,5 cm. Tanis. XXIe dynastie. Le Caire, Musée égyptien JE 85894.
446 Vase à bec verseur de Psousennès Ier. Or. Longueur 30 cm. Tanis. XXIe dynastie. Le Caire, Musée égyptien JE 85898.
447-448 Masque d'Oundébaounded. Or, bronze, calcite, verre. Hauteur 22 cm, largeur 21 cm, profondeur 13,9 cm. Tanis. XXIe dynastie. Le Caire, Musée égyptien JE 87739.
449 Patère d'Oundébaounded. Or, argent, verre. Diamètre 18 cm, hauteur 2,5 cm. Tanis. XXIe dynastie. Le Caire, Musée égyptien JE 87742.
450 Aiguière (vase-*hès*) du roi Aménémopé. Or, argent, verre. Diamètre 7,7 cm, hauteur 20 cm. Tanis. XXIe dynastie. Le Caire, Musée égyptien JE 86098.
451 Pectoral du roi Aménémopé. Or. Hauteur 8,5 cm, largeur 8,8 cm, épaisseur 0,4 cm. Tanis. XXIe dynastie. Le Caire, Musée égyptien JE 86038.
452 Sarcophage intérieur à tête de faucon de Chéchonq II. Cartonnage fait de couches de lin, recouvert de feuilles d'or. Longueur 173 cm. Tanis. XXIe dynastie. Le Caire, Musée égyptien JE 85913.
453 Hirondelle de la momie de Chéchonq II. Or. Tanis. XXIIe dynastie. Le Caire, Musée égyptien JE 72168.
454-455 Pectoral aux serpents de Chéchonq II. Or, lapis-lazuli, faïence. Hauteur 7 cm, largeur 5 cm. Tanis. XXIIe dynastie. Le Caire, Musée égyptien JE 72170.
456-457 Pectoral au scarabée de cœur de Chéchonq II. Or, faïence, jaspe vert. Largeur 7,9 cm. Tanis. XXIIe dynastie. Le Caire, Musée égyptien JE 72170.
458-459 Voir **17.**
460-461 Bracelet du prince Nemrod. Or, lapis-lazuli, verre. Hauteur 4,2 cm. Saïs (?). XXIIe dynastie. Londres, British Museum EA 14594.
462 Pectoral de Chéchonq II avant son couronnement. Or, lapis-lazuli, turquoise, cornaline. Hauteur 8,2 cm, largeur 7,8 cm. Tanis. XXIe dynastie. Le Caire, Musée égyptien JE 72171.
463 Bracelet au scarabée de Chéchonq II. Or, lapis-lazuli, pâte colorée. Diametre 6,7 cm, largeur de l'anneau 1 cm, longueur du scarabée 2,5 cm. Tanis. XXIIe dynastie. Le Caire, Musée égyptien JE 72189.
464 Bague au scarabée de Chéchonq II. Or, lapis-lazuli. Tanis. XXIIe dynastie. Le Caire, Musée égyptien JE 72190.
465 Bracelet au sceau-cylindre mésopotamien de Chéchonq II. Diamètre de l'anneau 7,7 cm, hauteur du cylindre 2,8 cm. Tanis. XXIIe dynastie. Le Caire, Musée égyptien JE 72186.
466 Triade d'Osorkon II. Or, lapis-lazuli, verre. Hauteur 9 cm. Probablement Tanis. XXIIe dynastie. Paris, Musée du Louvre E 6204.
467 Bandeau. Or. Circonférence 52,4 cm, hauteur 2,6 cm. XXVe dynastie. Brooklyn, The Brooklyn Museum 37.702 E.
468 Le roi Chabaka. Bronze moulé. Hauteur 16 cm. XXVe dynastie. Athènes, Musée national AEE 632.
469 Amulette en tête de bélier. Or. Hauteur 4,2 cm. XXVe dynastie. New York, Metropolitan Museum of Art 1989.281.98 (don du Norbert Schimmel Trust).
470 Sphinx à tête de bélier. Électrum, verre. Hauteur 10,3 cm, largeur 3 cm. El-Kourrou, Soudan. XXVe dynastie. Boston, Museum of Fine Arts 24.972 (B.V. Bothmer).
471 Amulette. Or, cristal de roche. Hauteur totale 5,3 cm, hauteur de la sphère 2 cm. El-Kourrou, Soudan. XXVe dynastie. Boston, Museum of Fine Arts 21.321 (B.V. Bothmer).
472 Sommet de bâton. Améthyste, or. Hauteur 3,5 cm, diamètre 3,8 cm. XXVe dynastie. Collection privée.
473 Isis ailée. Or. Hauteur 6,9 cm, largeur 16,7 cm. Nouri, Soudan. VIe siècle av. J.-C. Boston, Museum of Fine Arts 20.276 (B.V. Bothmer).
474-475 Fragment de collier de perles du roi Aramatelko. Or. Hauteur 4,5 cm. Méroé. Vers 568-555 av. J.-C. Brooklyn, The Brooklyn Museum, Ch. E. Wilbour Fund 49.29.
476 Vase d'albâtre du roi Aspelta. Albâtre, or avec incrustations de verre, perles de cornaline, turquoise et stéatite. Hauteur 25,5 cm. Nouri, Soudan. 593-568 av. J.-C. Boston, Museum of Fine Arts 20.1070 (B.V. Bothmer).
477 Étui cylindrique du roi Aspelta. Or. Hauteur 11 cm, diamètre 3,2 cm. Nouri, Soudan. 593-568 av. J.-C. Boston, Museum of Fine Arts 21.339 a-b.
478 Isis et l'enfant Horus. Or. Hauteur 5 cm. XXVIe dynastie. Miho Museum, Japon.
479-480 Oiseau-*ba*. Or, lapis-lazuli, turquoise, verre. Largeur 7,1 cm, hauteur 3,6 cm. XXXe dynastie. Collection privée.
481 Relief de la tombe de Néferséchem-Psammétique. Hauteur 30 cm, largeur 134 cm. Mit Rahineh. XXXe dynastie. Le Caire, Musée égyptien JE 10978.
482 Paroi extérieure d'un sarcophage avec roi faisant offrande à Harpocrate et Isis. Bois stuqué et doré à la feuille, incrustations de verre. Hauteur 8,7 cm, largeur 11,3 cm. Tebtynis (près d'el-Breighat) au Fayoum. Époque ptolémaïque. Turin, Musée égyptien 1734.
483 Bracelet. Or. Diamètre extérieur 9,2 cm, poids 354 g. Sanctuaire de Toukh el-Kaarmous, Delta oriental. IVe-IIIe siècle av. J.-C. Le Caire, Musée égyptien JE 38077.
484-485 Boucles d'oreilles. Or, grenat, verre. IVe-IIe siècle av. J.-C. Collection privée.
486-488 Bracelet aux deux têtes de serpent. Or. Diamètre 6,5 cm. Alexandrie. Collection privée.
489 Bracelet avec les bustes de deux déesses. Or. Époque ptolémaïque. Collection privée.
490 Bracelet aux deux têtes de serpent. Or. Diamètre 6,3 cm. Époque ptolémaïque. Collection privée.
491 Bracelet aux serpents. Or. Diamètre 6,3-6,5 cm. IIIe-IIe siècle av. J.-C. Collection privée.
492 Bracelets aux serpents. Or. Diamètre 6,2-6,5 cm. IIIe-IIe siècle av. J.-C. Hildesheim, Pelizaeus Museum (prêt de la Niedersächsische Sparkassenstiftung).
493 Large bracelet à pendeloques. Or, verre bleu foncé et bleu clair, vert et rouge. Largeur 6,1 cm. Pyramide de la reine Amanichakhéto à Méroé. Ier siècle av. J.-C. Munich, Staatliche Sammlung Ägyptischer Kunst 2453.
494-495 Bracelet à la déesse ailée. Or, verre bleu clair, bleu foncé et rouge. Largeur 4,6 cm. Pyramide de la reine Amanichakhéto à Méroé. Ier siècle av. J.-C. Munich, Staatliche Sammlung Ägyptischer Kunst 2455.
496-497 Bracelet aux déesses ailées. Or, traces de verre bleu clair, bleu foncé et rouge. Largeur 4,9 cm. Pyramide de la reine Amanichakhéto à Méroé. Ier siècle av. J.-C. Munich, Staatliche Sammlung Ägyptischer Kunst 2495.
498-499 Bagues-sceaux du trésor funéraire de la reine de Méroé. Or. Hauteur 2,3 cm. Munich, Staatliche Sammlung Ägyptischer Kunst 2406, 2496.
500 Bijou du trésor funéraire de la reine de Méroé. Jaspe noir, or, verre bleu, vert, blanc et noir. Hauteur 3,2 cm. Munich, Staatliche Sammlung Ägyptischer Kunst 2499.
501 Bague-écusson du trésor funéraire de la reine de Méroé. Or, verre bleu foncé et bleu clair, blanc et noir. Hauteur 5 cm. Munich, Staatliche Sammlung Ägyptischer Kunst 2446 d.
502 Bague-écusson du trésor funéraire de la reine de Méroé. Or, verre bleu et vert et une cornaline. Hauteur 5,5 cm. Munich, Staatliche Sammlung Ägyptischer Kunst 2446 b.
503 Bague-écusson du trésor funéraire de la reine de Méroé. Or, verre bleu foncé et bleu clair, blanc et noir. Hauteur 3,7 cm. Munich, Staatliche Sammlung Ägyptischer Kunst 2446 c.
504 Bague-écusson du trésor funéraire de la reine de Méroé. Or, verre bleu (?). Hauteur 4,2 cm. Munich, Staatliche Sammlung Ägyptischer Kunst 2446 a.
505 Statue de la princesse Karomama. Bronze avec incrustations d'argent et d'or. Hauteur 52,5 cm. XXIe dynastie. Paris, musée du Louvre N 500.
506 Ibis. Argent, bois, verre. Hauteur 32,2 cm, longueur 21,1 cm. Vienne, Kunsthistorisches Museum.

Encadré page 80 : H.W. Müller (1) ; Harvard Expedition (4) ; E. Thiem (1).
Encadré page 100 : R. Stadelmann (2) ; E. Thiem (3).
Encadré page 170 : E. Thiem (1) ; Griffith Institute, Ashmolean Museum, Oxford (5).
Encadré page 204 : Archives Mission Montet (5) ; E. Fahrmüller (2).
Encadré page 238 : K.-H. Priese (1) ; F. Cailliaud, *Le Voyage à Méroé*, I, 1823 (1) ; R. Lepsius, *Denkmäler aus Aegypten und Aethiopien*, p. 40 b (1) ; photothèque Gallimard (1).

506 Ibis en argent, bois et verre

Première édition allemande
Battenberg Verlag Augsburg

Titre original : *Die Schätze der Pharaonen*
Réalisation : Thema Produktmarketing und Werbung GmbH, Munich, Allemagne
Maquette : Sabine Dohme, Thomas Steinkämper

Édition anglaise

Édition française
L'Or de l'Égypte ancienne
est une publication de SÉLECTION DU READER'S DIGEST
Avec la collaboration de l'équipe éditoriale de Sélection du Reader's Digest
Direction éditoriale : Gérard Chenuet
Responsable de l'ouvrage : Bénédicte Robbe
Lecture-correction : Béatrice Le Squer, Catherine Decayeux,
Emmanuelle Dunoyer
Fabrication : Frédéric Pecqueux
Couverture : Sarbacane Design

Réalisation de l'édition française : BOOKMAKER
Coordination : Magali Yassini
Traduction : Élisabeth David et Florence Maruéjol
Mise en pages : Marie Dusseaux

ISBN 2-7098-1188-X

Achevé d'imprimer : février 2001
Dépôt légal en France : septembre 2000
Dépôt légal en Belgique : D-2000-0621-88
Imprimé en République tchèque